TRAVERSÉE EN SOLITAIRE

« Espaces libres »

MARIE-MADELEINE DAVY

TRAVERSÉE EN SOLITAIRE

Albin Michel

Albin Michel
▪ *Spiritualités* ▪

Collection « Espaces libres »
dirigée par Jean Mouttapa et Marc de Smedt

À mes lecteurs,
auditeurs et amis.

Je ne fus jamais qu'un passant.

Nicolas BERDIAEV
(Autobiographie spirituelle)

La vraie vie est absente.
Nous ne sommes pas au monde.

RIMBAUD

Abréviations des livres bibliques cités

Ancien Testament

Genèse	Gn
Exode	Ex
Deutéronome	Dt
Juges	Jg
Samuel	IS, 2S
Job	Jb
Psaumes	Ps
Proverbes	Pr
Ecclésiaste (ou Qohélet)	Qo
Cantique des Cantiques	Ct
Sagesse	Sg
Ecclésiastique (ou Sirac)	Si
Isaïe	Is
Jérémie	Jr
Lamentations	Lm
Ezéchiel	Ez
Daniel	Dn
Osée	Os
Amos	Am

Nouveau Testament

Matthieu	Mt
Marc	Mc
Luc	Lc
Jean	Jn
Romains	Rm
Ephésiens	Ep
I Pierre	I P
Apocalypse	Ap
I Corinthiens	I Co
I Timothée	I Tm

Prologue

Ces pages ne souhaitent pas mémoriser une existence en tenant compte d'une quelconque chronologie. En dehors des propos consacrés à l'enfance et à l'approche de l'autre rive, rien n'est fixé dans le temps. Seules la première et la dernière partie correspondent au début de mon existence et à son terme.

Au cours de ce propos, des correspondances se retrouvent et des oppositions se répètent. J'ai tenté de retenir les points forts, ceux qui indiquent des crêtes et provoquent des mutations. Parfois, ce sont des incidents mineurs qui permettent d'observer des creux, des vertiges, de l'angoisse. Certains faits, jugés importants de l'extérieur, n'avaient pas à être retenus, car ils n'ont rien déclenché de positif ou de négatif. Leurs souvenirs, rapidement effacés, n'ont laissé aucune trace dans ma mémoire. Ils sont morts sans abandonner derrière eux le moindre cadavre.

J'ai toujours remarqué que les obstacles dressés par les événements ou les personnes s'affaissent aussitôt et comportent de larges échancrures ; à la façon d'un oiseau, il est aisé de passer au-dessus. On a souhaité ralentir mon pas ; erreur, on le décuple. Tout devient tremplin pour bondir en avant. C'est ainsi que les épreuves se montrent nécessaires et enrichissantes. Elles tirent de la paresse et de la nonchalance afin d'éveiller. Toutefois, envisagées comme un malheur, elles peuvent provoquer des dérives passagères, voire mortelles.

J'ai parlé longuement des hommes et des femmes que j'ai pu rencontrer et aimer. C'était pour moi une façon de leur témoigner ma reconnaissance. Ils m'apportèrent la richesse de leur personnalité. J'ai raconté à leur propos certaines anecdotes amusantes afin de rompre l'austérité d'une nomenclature un peu sèche et répétitive. Par discrétion, j'ai préféré ne pas nommer ceux et celles avec qui, présentement, je suis liée par l'amitié.

À l'égard de ma vie affective, je l'ai seulement esquissée, ici ou là, en quelques phrases. J'appartiens à une génération où la pudeur régnait. Je ne m'intéresse guère à l'étalement de ce qui appartient à la profondeur des sentiments. Je me suis située clairement aux plans religieux et politique, en précisant mon évolution.

Par ailleurs, je n'ai guère mentionné mes études et je n'ai pas eu l'occasion de parler de mes livres. Les uns correspondent à mon intérêt pour le XIIe siècle, les autres font écho à la troisième partie de cet ouvrage. J'ai aimé avec passion l'écriture et aussi la lecture. Passion que je conserve encore aujourd'hui.

J'aurais souhaité mieux savoir exprimer mon amour pour la solitude, lui prouver ma gratitude, la célébrer sur le mode d'hymnes de louanges. Elle seule donne accès à la chambre des trésors. C'est alors qu'éclate le chant de la bergère au berger, de l'aimée à l'amant. Puis surgit le silence devant la Présence innommable. Et le silence s'engouffre à la façon du vent. Il burine le visage :

Ne prenez pas garde à mon teint noir,
C'est le soleil qui m'a brûlée (Ct 1,6).

Le silence est devenu soleil.

On voudrait exprimer l'ampleur de la tente dressée et devenue la demeure d'un passant. Les mots défaillent.

C'est un jardin clos...
une source fermée, une fontaine scellée (Ct 4,12).

Ensuite, l'existence se poursuit d'une façon différente. Tout se calme et s'apaise. On pourrait évoquer le lac d'amour du béguinage de Bruges sur lequel voguent des cygnes blancs. Le symbole de leur dernier cri, avant de trépasser, présente le sens d'un message.

Chaque existence se déroule suivant sa propre singularité. Lorsque l'Absolu séduit, elle peut comporter un mouvement se dirigeant vers l'essence. Dans un tel cas, la démarche n'est pas toujours aisée, elle se transforme en une continuelle ascension, comportant parfois des reculs. Il est difficile d'échapper aux attraits de l'école buissonnière.

Quand le monde invisible s'entrouvre, le recueillement devient festif. Au-dedans, une atmosphère de fête se déroule. Et cette joie, propulsée dans l'espace, rejoint tous « les mendiants de l'Absolu ».

PREMIÈRE PARTIE

Je dis ma Mère. Et c'est à vous que je pense,
ô Maison !
Maison des beaux étés... de mon enfance.

MILOSZ

Enfance

Le retentissement de mon enfance, je pourrais dire sa sonorité, remplie de vibrations, relève uniquement de la vasteté d'un jardin bordé d'une rivière. Deux ponts la traversaient et donnaient accès à des îlots. C'était là mon domaine, mon espace privilégié que je chérissais d'une tendresse débordante, d'un amour exclusif. Certes, j'aimais ma famille, tout en me sentant rigoureusement différente de mes géniteurs. Ainsi, ma jeunesse fut suspendue aux mois de juillet et de septembre que nous allions passer chez ma grand-mère. Le mois d'août se déroulait entièrement au bord de la mer, en Vendée, et il me semblait d'une grande fadeur.

Ma joie fusait dès l'arrivée à la gare Montparnasse, avant de prendre un train dont la lenteur me permettait de savourer mes rêves futurs. Je portais un petit panier d'osier que j'avais commencé à remplir des semaines auparavant. Et je donnais la main à la chère Nini qui s'occupait des enfants tout en étant « bonne à tout faire » chez mes parents.

De la fenêtre du wagon, j'observais les maisons, distinguant les tuiles remplacées peu à peu par les ardoises sur les toitures. Avec Saint-Pierre-des-Corps, le climat changeait. La lumière se faisait éclatante, la Loire révélait son mystère et sa splendeur. Tout devenait festivité. Le vert m'apparaissait plus vert et le ciel plus bleu. À mesure que le parcours s'allongeait, une allégresse se répandait en moi. Ma mère me conseillait de lire ou de feuilleter des albums de dessins. Mais je n'en avais pas le loisir. Mon attention se trouvait retenue par les champs et les prés qui défilaient. J'aimais regarder les clochers des villages, les hameaux. Et je pensais aux hommes inconnus qui peuplaient la terre. Je leur envoyais des pensées de bonheur. J'ai d'ailleurs conservé cette habitude ; lorsque, d'un rapide ou d'un T.G.V., j'aperçois des villes ou des bourgs, j'adresse à leurs habitants des vœux fraternels.

À l'arrivée, après les effusions d'usage, je partais aussitôt dans le jardin. Il me semblait immense. J'allais saluer les arbres, j'embrassais les troncs les plus gros, frottant mes joues contre les écorces. Craignant d'attrister les arbres minces, je tentais de les enlacer. Ensuite, je m'étendais successivement sous les trois tonnelles. M'attardant devant les massifs de fleurs, je posais mes lèvres sur des roses épanouies, sans me rendre compte que ma tendresse les effeuillait. Ramassant les pétales tombés, je les mettais dans ma bouche, les mâchais avant de les avaler. Puis j'allais voir la rivière en guettant les poissons. Je croyais que ma présence provoquait leurs sauts. N'étaient-ils pas des amis heureux de me rencontrer ? Je courais dans la noue où paissait une mule qu'on nommait Fraya. Venant au-devant de moi, elle me laissait passer ma main sur ses naseaux de velours.

Dans l'herbe, je faisais lever des grenouilles minuscules ; parfois, je les prenais entre les mains pour les embrasser. Deux arbres creux retenaient particulièrement ma dévotion. Ignorant qu'ils étaient morts, que seule leur enveloppe extérieure témoignait de leur ancienne vitalité, j'aimais les prendre pour maison. Ils devenaient ma demeure, mon palais, mon lieu secret. Je savais que personne n'y pénétrait sauf moi. Je croyais que ma venue les réjouissait. Cachée dans cet antre, j'écoutais les ramages des oiseaux. Lorsque je me sentais intégrée dans la nature, au même titre qu'une branche ou une feuille de laurier, j'allais m'asseoir sur une souche d'arbre que j'avais surnommée « Madame Brune », du fait de sa couleur. Silencieuse, je n'avais plus d'oreilles que pour les chants : ceux des ramiers, des mésanges, des bouvreuils. La mélodie des eaux de la rivière passant sur les pierres d'une chaussée m'envahissait.

D'un geste de la main, je disais bonjour au soleil. Celui de Paris m'apparaît ne pas mériter ce nom. J'allais caresser une grosse pierre que je nommais « Madame Fontaine », car, près d'elle, une petite source affleurait. À genoux, je posais mon nez et ma bouche dans la flaque d'eau, pleine de terre mais je ne m'en souciais pas. Sur les cerisiers, les derniers fruits disparaissaient, dévorés par les guêpes et les abeilles ; elles faisaient du verger un espace bourdonnant.

Ces diverses rencontres possédaient leur mystère. Je le vivais intérieurement dans une douceur qui me baignait de paix et d'allégresse. La cloche sonnait deux fois à un quart d'heure d'intervalle pour annoncer le repas. Je me laissais pénétrer par la musique de son tintement. Dès le premier soir des retrouvailles, je n'étais plus la petite fille civilisée de Paris. Je me croyais oiseau, arbre, herbe, fleur. Et je portais en moi, avec ferveur, la densité de ces présences qui, non seulement m'habitaient, mais avaient opéré ma métamorphose. Il me semblait être devenue comme un cierge allumé, je me sentais vivre et j'aimais l'existence.

Mon seul étonnement était de m'entendre appeler par mon habituel prénom. J'hésitais à répondre. Était-ce vraiment moi qu'on interpellait ?

Dois-je l'avouer, ma famille m'était devenue étrangère. Je la considérais un peu comme de lointains cousins dont il convient de supporter la familiarité. Ma vraie parenté, je l'éprouvais à l'égard de la nature. Elle constituait mon seul univers. Le reste me paraissait décor de papier et de carton ; quelque chose de factice et de surajouté. La sève qui m'animait venait d'ailleurs.

Envisagée du dehors, une telle attitude risque d'être interprétée comme un manque d'amour et de tendresse. Je dirais plutôt qu'il s'agit d'un excès, d'un trop-plein. L'exclusivisme, les frontières, les limites imposés par une famille, une patrie, demeurent dérisoires. L'être humain n'est pas seulement ce corps qui se forme par la semence de l'homme dans le ventre d'une femme et termine son périple dans l'emplacement étroit d'un cimetière à moins d'être réduit en cendres. Fils du ciel et de la terre, il appartient, par son propre mystère, à l'ordre universel. Les religions elles-mêmes localisent, ancrent, tel un bateau amarré dans un port. La matière et l'esprit n'ont pas à être dissociés, ni l'extériorité de l'intériorité. Ne convient-il pas de partir du dehors pour aller au-dedans, de s'intégrer dans le cosmos pour mieux se relier au transcendant ? C'est en devenant faiseur de ponts qu'on rend fécondes les alliances. Lorsque l'enfant reçoit la grâce d'aimer la nature et de s'y intégrer, il découvrira un jour, dans la plénitude d'une liberté acquise, un chemin de lumière.

À la campagne, lorsque nos parents étaient absents, un de nos grands plaisirs d'enfants était de visiter la maison avec le désir de mieux la découvrir. Et nous disions successivement : « Bonjour salon, bonjour fumoir, bonjour chambre rouge, jaune, verte, orange, bleue. » Nous parlions à mi-voix pour respecter le silence des lieux. Même avec nos compagnons de jeux, dont certains étaient fort bruyants, nous pénétrions dans chaque pièce comme dans un sanctuaire.

Le salon, ses fauteuils et son canapé, retenait peu notre intérêt. Le grand plaisir consistait à s'asseoir sur le tapis et à contempler les tableaux. Les regards des portraits se posaient sur nous. Nous ne pensions pas un seul instant que ces morts avaient été vivants. Ils nous apparaissaient semblables à des ombres, créations fictives quelque peu fantomatiques ; ancêtres dont nous n'éprouvions pas la chaleur dans notre sang. Un grand-père officier de marine, l'œil perdu au loin, fixait un au-delà du temps. Un bisaïeul, avec ses favoris, nous faisait rire. Une très vieille femme portant un bizarre chapeau aux rubans noués sous le menton nous semblait appartenir à la préhistoire.

La représentation d'une fête de village avec des clowns, des singes, un chien tenant une sébile, nous fascinait. Nous sentions l'odeur de bois des tréteaux et presque la sueur des personnages se livrant à des prouesses de culbutes, de passages à travers des cerceaux enflammés. Dans un coin, des buveurs tenaient des timbales en étain contenant du vin rouge dont nous percevions le parfum.

Ensuite, nous allions dans le fumoir. Sur les murs, du papier peint représentait des bateaux à quai avec leurs mâts nus. D'autres, les voiles déployées, voguaient sur une mer calme dont les rides impliquaient le mouvement des vagues. Nous respirions le sel, le vent marin. Le désir de partir en voyage nous saisissait. Silencieux, nous rêvions d'aventures et de découvertes. Les deux bibliothèques fermées à clef contenaient des ouvrages reliés, rangés dans un ordre éblouissant, pour moi inimitable.

La chambre bleue était émouvante. Seules les filles y pénétraient. Les garçons se trouvaient incapables de supporter le choc qu'elle suscitait. Gênés, ils récusaient tout effort pour vaincre leur émotion. Cette pièce était située au deuxième étage ; les volets demeuraient ouverts mais la fenêtre toujours fermée. Ce lieu offrait une odeur particulière. Celle des papiers jaunis, de cahiers de classe et de manuels scolaires ; atlas de géographie, résumés d'histoire de France, traités de littérature française, textes anglais et allemands, fascicules présentant des morceaux choisis de grec et de latin ; une imitation de Jésus-Christ, un missel, le Nouveau Testament.

Sur une table, une vierge en plâtre, de couleur crème, entourée de photographies d'un jeune garçon, bébé, enfant, entre ses deux frères, collégien avec des camarades, et seul, portant dans ses bras des livres et des couronnes à la sortie d'une distribution de prix. Premier communiant avec son brassard, devant un prie-Dieu ; cavalier dans un manège, monté sur un poney puis sur un cheval. Dans la pénombre de l'angle du mur, un tableau recouvert d'une étoffe qui tenait le rôle d'un minuscule rideau. Le soulevant, on pouvait apercevoir le buste d'un jeune garçon, le corps recouvert d'un drap, la tête posée sur un oreiller, les paupières closes. Était-il mort ou dormait-il ? Un nœud de crêpe blanchâtre accroché au sommet du cadre indiquait un deuil.

Souvent, je venais me recueillir dans cette pièce qui évoquait une chapelle mortuaire. Mon oncle — resté pour toujours le petit Louis — était mort à seize ans d'une chute de cheval. On n'en parlait jamais. Il se tenait trop présent dans le cœur de ma grand-mère pour qu'elle puisse rappeler son souvenir. Elle était devenue veuve à la suite du décès de son fils, car son mari avait été incapable de surmonter son chagrin. Lorsque je montais dans la chambre bleue, je n'écartais pas à chaque fois le voile du cadre. Je me tenais assise sur une chaise basse et je méditais à ma manière, sur la vie, la mort, le mystère de l'au-delà. Rien ne me semblait particulièrement triste, mais empreint d'une immense gravité. Je faisais le signe de croix en entrant et en sortant de la pièce. Personne ne me l'avait suggéré. Mais j'en éprouvais le besoin en raison de l'atmosphère dont je ressentais la densité étrange.

Tout autre se présentait la chambre de mon oncle Octave. Des bibliothèques, des dossiers, des tables chargées de livres ouverts. Par terre, des piles de journaux entassés. Sur les murs, des reproductions de toiles de maître, le buste de Jaurès posé sur la cheminée. Entre les deux fenêtres, le portrait à l'huile d'une charmante jeune femme blonde. Dans le visage voluptueux, exprimant une vive appétence, le regard signifiait une attente, le désir véhément d'un partenaire. Un sein nu soulevé offrait la rondeur d'une petite pomme dont la pointe, vue de loin, évoquait un bouton de rose ou une bouche menue. Lorsque nous traversions l'appartement de mon oncle, en son absence, les garçons soulevaient le petit carton que ma grand-mère avait placé pudiquement pour camoufler le sein. Ils riaient tout en le replaçant avec lenteur.

« On va aller voir la jolie dame ? » demandait parfois un de nos compagnons de jeux.

L'un de nous faisait le guet afin que personne ne puisse nous surprendre. Personnellement, je me tenais le plus souvent debout dans l'embrasure de la porte entrebâillée. Je n'osais pas en franchir le seuil car je le savais interdit.

Le fameux tableau ne m'intéressait guère. Toute mon attention se trouvait retenue par une longue malle recouverte de poils gris. J'étais intriguée. Aucun de nous n'aurait osé en soulever le couvercle ; cette malle nous faisait peur. Nous avions l'impression qu'elle aurait pu contenir un corps vivant ou encore des animaux étranges qu'il convenait de ne pas découvrir. Sous les poils, des trous auraient pu permettre de respirer. Notre imagination échafaudait un contenu qui nous faisait rêver. Mais nous n'en parlions pas, sinon par chuchotements, par gestes signifiant nos interrogations.

Mon oncle faisait de la politique ; il était socialiste. J'ignorais ce que cela pouvait représenter, sinon quelque chose d'un peu étrange qui l'isolait de son entourage et qu'il convenait sans doute de répudier. Cependant, je l'admirais car je le savais extrêmement généreux à l'égard des faibles. Souvent des hommes venaient le consulter. Très bon juriste, il pouvait éclaircir des affaires embrouillées. En raison de ses nombreuses relations dans les milieux politiques parisiens, il aidait volontiers ses amis. Habitant à Paris le XVIIe arrondissement, il venait de temps en temps à la campagne. Il vénérait sa mère et lui manifestait un respect filial touchant. Chef de cabinet d'un ministre, il ne parlait jamais de ses activités.

Parfois, mon oncle se montrait d'une extrême violence. Il vociférait à mi-voix contre ce qu'il nommait « ses adversaires ». À ce moment-là, il faisait voltiger dans sa main sa canne au pommeau d'ivoire. Elle sifflait dans l'air, atteignant, dans son imagination, ceux qui lui étaient politiquement opposés. À de tels instants, ses yeux flamboyaient, sa moustache noire frémissait, il grimaçait. Je voulais imiter les jeux de sa physionomie, tout en restant sur le seuil de la porte. Pour justifier mon attitude, je tentais de m'inventer des ennemis, mais je n'en trouvais point. Alors j'imaginais la présence d'animaux fantastiques, dragons crachant des flammes, bêtes velues et immondes avec des formes éléphantesques portant des écailles hérissées.

Pour terminer notre expédition d'enfants, la coutume était de descendre les deux étages à cheval sur la rampe en s'accrochant aux barreaux pour ne pas aller trop vite. Les uns plus rapides et les autres plus lents se télescopaient en cours de route. On riait en criant de plaisir. En fin de parcours, il arrivait à l'un ou à l'autre de quitter brusquement la rampe et de rouler sur le parquet. Ceux qui tombaient se relevaient penauds, se tâtaient pour constater les points douloureux de leur corps, puis se secouaient au milieu des sarcasmes des autres. Lorsqu'un de nous s'était cogné durement la tête, il courait à la cuisine se faire consoler. Des linges mouillés d'eau froide, appliqués sur le front, étaient censés empêcher les bosses et les bleus de se produire.

L'escapade se terminait dans le grenier situé au-dessus de l'écurie et du garage. Un escalier très raide y donnait accès. Le grenier était vaste. Une partie bourrée de foin favorisait nos jeux et nous procurait, par son odeur, une certaine ivresse. À cela, s'ajoutait la perpétuelle découverte d'objets hétéroclites relégués et parfois oubliés : albums, ustensiles de tout genre, chapeaux de jardin dont on se coiffait, éventails anciens dont nous nous servions en prenant des poses adéquates.

Las de nos bagarres et de nos rires, nous quittions, d'un commun accord, le grenier en nous faisant glisser sur le foin, emportant dans nos cheveux des brins parfumés. Après, nous envahissions la cuisine où nous étions brossés comme des animaux et aussi recoiffés. On nous lavait le visage. La cuisinière Clémence nous passait un peu d'eau de Cologne sur les bras, les mains, le cou, le visage, pour retirer l'odeur d'herbe et de poussière. Lorsque nous nous étions salis, Nini nous changeait avant les repas en nous faisant mille recommandations. Ainsi, nous étions toujours proprets pour entrer dans la salle à manger. L'œil observateur de ma grand-mère se posait d'ailleurs sur nous. Avec complaisance, nous nous retournions à la façon des mannequins en pivotant sur nous-mêmes avec le plus grand sérieux.

Dans la maison, le seul personnage vraiment original était mon oncle. J'ai toujours particulièrement aimé les personnes douées d'une véritable personnalité qui émergent du commun. Les autres m'apparaissent fastidieuses, d'une banalité terriblement pesante. Il me semblait que mon père et ma mère se trouvaient porteurs de cette particularité qui m'était chère mais qu'ils ne savaient guère en témoigner, sans doute faute de pouvoir en créer l'occasion.

Ma mère optait pour l'effacement, la bonté, l'indulgence. Sa présence se montrait aussi légère qu'attentive. Douée d'un tempérament d'artiste, elle s'adonnait volontiers à la musique et à la peinture. Sa sensibilité extrême la rendait vulnérable. Mais elle appartenait à une époque où les femmes se sacrifiaient volontairement par vocation.

Mon père parlait fort peu. Il ne portait jamais sur autrui le moindre jugement de valeur. Son impatience naturelle fusait dès qu'on le dérangeait. Interrompre sa lecture provoquait de sa part des soupirs si amples qu'on se demandait comment les murs pouvaient y résister. Je n'aurais pas été étonnée de les voir s'effondrer comme un château de cartes. Certes, il chérissait ses enfants, jouait avec eux, mais leurs cris prolongés l'importunaient. Il avait besoin de calme, les bagarres l'horrifiaient et il n'aimait guère intervenir. Son grand plaisir était d'écouter ma mère jouer du piano, en regardant les volutes de fumée sortir de sa pipe. De tels intermèdes, en particulier le dimanche, ne devaient pas dépasser une ou deux heures. Sinon, il se lassait.

J'étais toujours étonnée par son manque d'habileté manuelle. Mon père devait avoir recours à sa femme pour planter un clou ou changer les plombs de l'électricité. Je ne l'ai jamais vu essuyer une assiette ou tenir un balai. Il laissait à son épouse le soin de ce qu'il pensait devoir normalement lui revenir. En revanche, il était très exigeant pour sa tenue vestimentaire ; il cirait lui-même chaque matin ses souliers et les faisait indéfiniment reluire sous l'œil amusé de ma mère qui lui abandonnait volontiers cette corvée journalière.

Souvent, je rencontrais mon oncle en me promenant dans le jardin. Il était fort bavard et toujours à la recherche d'un interlocuteur, fût-il incapable de le comprendre. Son besoin de s'exprimer semblait illimité.

Doué d'une ample culture littéraire, il bénéficiait d'une mémoire sans faille. Il devinait mon affection pour lui et me la rendait. Par prudence, je ne l'affichais guère devant témoin. À peine avais-je huit, dix ans, qu'il m'apprenait des textes de Molière, de Victor Hugo, de Voltaire. Avec une patience inlassable, il me les faisait répéter jusqu'à ce que je les retienne. Ce qui arrivait assez vite car j'avais aussi une assez bonne mémoire. Durant un été, j'avais environ treize ans, il m'initia à la lecture de Balzac et de Baudelaire.

Lorsque mon oncle me croisait dans une allée, il interrompait sa promenade pour me réciter des poèmes. Parfois, mais rarement, il tenait devant moi des discours auxquels je ne comprenais rien. Mais j'aimais sa voix qui jaillissait de ses entrailles, elle faisait trembler l'air ou oscillait d'elle-même : voix d'orateur de la première partie du XXe siècle — c'est-à-dire d'avant la guerre de 1939 — et qui paraîtrait aujourd'hui totalement ridicule. Ses intonations contrastées, l'immense clavier des sons qui bondissaient de ses lèvres, me fascinaient. Il me venait l'idée de taper dans mes mains lorsque les derniers mots étaient prononcés avec une sorte d'emphase qui m'enchantait du fait de son étrangeté.

« N'applaudis pas, me disait-il sur un ton péremptoire, il est impossible pour toi de saisir le sens de mon discours. C'était pour moi un exercice et tu es gentille d'avoir semblé m'entendre. »

Avec un accent un peu triste, il ajoutait : « Tu dois savoir qu'on applaudit pour deux motifs : c'est d'abord une façon d'exprimer sa propre satisfaction, et sa courtoisie. Cependant, il arrive au public de se manifester lorsqu'il est heureux que tout soit terminé. La fin d'une attention toujours difficile à soutenir provoque une certaine liesse. Quelquefois, on n'écoute pas, mais on feint de prêter l'oreille. Après, la détente survient et on peut s'ébrouer en bavardant. C'est un peu comme une sortie de classe dans une cour de récréation. »

Lorsque je donne des conférences, il m'arrive d'évoquer ce souvenir de mon enfance lorsque l'on applaudit. Et je me dis en moi-même : les auditeurs sont heureux de me voir terminer, j'aurais peut-être dû parler moins longtemps. Très vite, je n'y pense plus. D'ailleurs, il est aisé de discerner dans le battement des mains le contentement, la gratitude amicale, la simple imitation d'autrui en répétant son geste, ou bien encore le soulagement éprouvé au terme d'un pensum supporté avec un manque d'intérêt pour les idées exposées.

Dans ma famille, personne ne s'affichait particulièrement dévot. Les femmes assistaient à la messe le dimanche ; cela faisait partie du rythme de l'existence. Les hommes s'abstenaient, sauf lors des grandes fêtes de Noël ou de Pâques. On parlait rarement religion. Il s'agissait, je pense, d'un sujet quelque peu tabou puisqu'il n'intéressait pas les personnages masculins. L'exercice de la charité exigeait qu'ils ne soient pas agacés par des propos qui ne les concernaient point. Cependant, quelques usages qui n'avaient pas cours chez mes parents étaient chers à ma grand-mère. À déjeuner, avant de s'asseoir à table, mon aïeule se signait et marmottait une brève prière : « Mon Dieu, bénissez ce repas et donnez de la nourriture à ceux qui n'en ont pas. » Ma mère répondait « Amen » en inclinant la tête, tandis que mon père, lorsqu'il était présent, tentait de dissimuler le vague ennui qui l'envahissait. Si notre regard se posait sur son visage, ma sœur et moi pouffions de rire avec désinvolture tandis que, de la main, il nous était fait signe de nous taire.

Chaque après-midi, ma grand-mère allait réciter à haute voix un chapelet dans la cuisine. Elle le disait en rappelant les différents mystères. La cuisinière et Nini répondaient tout en astiquant les cuivres des nombreuses casseroles suspendues, des bougeoirs ou des plateaux et bibelots. Sinon, elles tricotaient. Ma mère n'y participait jamais et les enfants non plus. Il s'agissait d'un exercice privé qui ne devait pas s'interrompre durant son déroulement. Il n'était même pas suspendu lorsqu'un mendiant frappait à la porte. Aussitôt, quelqu'un prenait dans une petite boîte à camembert, posée dans un coin, une pièce de monnaie. Tous les samedis, elle était de nouveau remplie. Lorsque mon oncle se trouvait sur la terrasse, il parlait volontiers à ceux qu'on appelait « les pauvres ». Il demandait pour eux des tartines et une bouteille de vin. Durant cette distraction intempestive, ma grand-mère continuait imperturbablement le chapelet.

Les adultes éloignés, les enfants manifestaient leur soulagement de cette absence par des cris de joie. Je me précipitais à la cuisine pour faire des gâteaux que Nini plaçait aussitôt dans le four. J'aimais mélanger avec mes mains de la farine, des œufs, du beurre, du sucre et sentir ensuite l'odeur de la cuisson. Tout en malaxant, j'absorbais plus du tiers de la pâte crue, devenue onctueuse, que je digérais en général fort bien. Après, je dégageais les gâteaux de leurs moules, les recouvrais d'un papier de soie et j'allais aussitôt placer le tout dans un arbre creux le long de la route. Ce cadeau était destiné aux chiens errants ou aux chats sauvages qui, à l'époque, étaient fort nombreux. Assise au sommet d'un mur, près d'une grande barrière peinte en blanc qui servait de porte au jardin, je guettais mes amis.

On parlait volontiers de chiens enragés. Personne n'en avait jamais vu. Toutefois, on les évoquait avec frayeur. Tout animal, dépourvu de collier, semblait suspect et risquait d'être abattu. Pour économiser une balle de fusil de chasse, certains propriétaires de chiens âgés, devenus impropres à la garde des troupeaux, les pendaient. Conviés, des gosses pouvaient assister à l'exécution. L'amour des animaux apparaissait le plus souvent ridicule et sentimental. Cette dureté de cœur faisait partie des mœurs des campagnes. Ainsi, on baptisait volontiers d'enragé tout cabot inconnu. Un signalement fantaisiste signifiait la maladie. Une bave jaunâtre s'écoulait de la mâchoire de la bête contaminée.

Une fois, je vis un bâtard pourvu de poils longs. Sa langue pendante salivait. Il me fut facile de le rejoindre, de l'entourer de mes bras et de tenter de le consoler. Le chien me regarda avec intensité. Je compris qu'il était affamé. L'introduire dans la cuisine s'avérait impossible. Après l'avoir entraîné dans la cave, je pus le nourrir et le faire boire. Il poursuivit son chemin. Sans doute souhaitait-il retrouver une petite chienne. Mais j'ignorais, à l'époque, l'importance des pulsions ! Je m'imaginais qu'il souffrait d'être mal aimé.

Ayant une passion pour les Bohémiens, j'attendais aussi leur passage. Lorsqu'ils déambulaient sur la route, je descendais aussitôt de mon perchoir. Je caressais les museaux des chevaux ou des ânes. J'allais dans l'arbre creux chercher les gâteaux en attente des visiteurs et je les donnais aux enfants pour leurs chiens, mais ils les dévoraient eux-mêmes en me souriant. Je savais qu'il m'était interdit de parler à ceux qu'on nommait les romanichels. Ils étaient jugés chapardeurs et même dangereux. Pour susciter ma crainte, on prétendait qu'ils volaient les enfants. J'allais près d'eux sans éprouver la moindre peur et un peu déconfite de ne pas être entraînée dans leur roulotte. Les gens du voyage me fascinaient. Les barbes hirsutes des hommes, les vêtements insolites des femmes provoquaient mon étonnement. Les fillettes me demandaient l'aumône en tendant la main. Aussitôt, je vidais ma poche en leur abandonnant quelques sous. J'avais l'impression d'être allégée de ma « fortune » du jour.

En effet, dès huit ou neuf ans, je gagnais de l'argent. Ma grand-mère, tenant à la propreté des allées, me faisait ramasser les allumettes jetées par mon oncle qui fumait constamment des cigarettes. Craignant de me tromper en allant au-delà, je les comptais par dizaines. Et cela me rapportait quelques pièces. Nini favorisait mon commerce. Discrètement, alors que tout le monde dormait encore, elle allait au petit matin répandre dans le jardin les allumettes utilisées la veille à la cuisine. Elle devait forcer la dose par amitié pour moi. Dispersées sur le sol, je n'avais donc plus qu'à les prendre. Je savais son subterfuge mais je n'en éprouvais aucune mauvaise conscience. Malheureusement, une fois, mon travail cessa brusquement et fut suspendu pendant la saison d'été. Ignorant l'absence de mon oncle, Nini était allée disperser les allumettes dans le jardin durant le repas. Et sans réfléchir, je m'en saisis en allant me promener. L'après-midi, je les apportai triomphalement à ma grand-mère. Celle-ci me regarda d'un œil sévère. « Tu les as ramassées dans le seau à charbon ? » me demanda-t-elle avec un certain courroux. « Non, répliquai-je, elles étaient dehors. »

Ce fut tout. Dans la soirée, je pus remarquer les paupières rouges et gonflées de Nini. Elle ne me raconta rien. En voyant son visage, je me mis à pleurer. « Ma Nini, m'écriai-je, ma Nini, qui t'a fait de la peine ? » Émue par mes sanglots, elle retint ses larmes.

Durant le dîner, je prétextai un douloureux mal de tête pour ne prendre aucune nourriture. Personne ne s'inquiéta.

Je désirais attirer l'attention sur moi. Mon effort fut vain. Questionnée, j'aurais dit que j'étais malade parce que Nini avait pleuré. Au dessert, on servit une mousse au chocolat. J'en raffolais et tendis mon assiette. J'attirai des sourires tandis que ma soucoupe demeurait vide.

Une fureur soudaine s'empara de moi. Avant qu'on puisse m'en empêcher, je saisis le chat Nora, qui dormait sur mes pieds et, le plaçant sur la table, je mis son museau dans la mousse. Surpris, il leva la tête brusquement, la secoua en éclaboussant de chocolat la nappe, les gâteaux et les couverts.

Ma grand-mère semblait au bord de la syncope. Lorsqu'elle fut capable de parler, elle articula : « Cette enfant est très mal élevée. »

Ma mère reçut cette remarque de plein fouet comme une injure qui la concernait. Elle gémit à son tour : « Je ne sais pas ce que j'ai fait au bon Dieu, pour avoir une enfant pareille ! » Je connaissais la phrase par cœur et ne m'en souciais guère. Je la répétais parfois à une de mes poupées en imitant la voix de ma mère.

On m'envoya me coucher.

De la cuisine, Nini avait entendu le bruit des voix ; elle m'attendait dans ma chambre avec un petit bol rempli du dessert que j'aimais. Je ne voulais pas qu'elle se prive en me cédant la part qui lui revenait : nous décidâmes qu'on partagerait.

Je revois encore le sourire de cette femme adorable dont la tendresse se révélait débordante. Elle fut pour moi un modèle d'abnégation et de douceur. La voir traitée en servante me faisait souffrir. Et je me disais souvent : « Je voudrais être riche pour la combler de cadeaux. » Je n'avais rien à lui offrir, sinon des rubans, des bouts de dentelle, des morceaux d'étoffe soyeuse que je prenais, sans le moindre scrupule, dans le panier à couture de ma mère. Nini les replaçait discrètement, sans me le dire ; son honnêteté scrupuleuse refusait ces menus larcins. L'été, je lui donnais des feuilles d'arbres, des fleurs, des brins d'herbe.

Nini, avec ses cheveux noirs, séparés par une raie étroite, et sa peau un peu jaune, me semblait belle. Ma mère était légèrement jalouse de mon affection pour Nini. Je devinais son sentiment et je l'attisais en déclarant que Nini était la personne que j'aimais le plus. Lorsque ma grand-mère s'offusquait que je puisse préférer une « domestique », j'insistais en disant : « Nini est une sainte. » L'emploi de ce qualificatif avait pour effet de clore immédiatement les discussions. Pour appuyer mon dire, j'ajoutais : « Lorsque je serai grande, j'écrirai la vie de Nini. Elle sera canonisée.

— Il faut de l'argent pour régler les frais de procédure, précisait ma mère.

— Je trouverai de l'argent », disais-je, avec une suffisance quelque peu grotesque.

J'étais au courant car ma mère emmenait ses enfants chaque mois, durant l'année scolaire, voir notre tante qui était religieuse de Saint-Vincent-de-Paul, rue du Bac. Afin de les laisser en tête à tête, nous étions envoyés à la chapelle. Et ma tante nous recommandait : « Priez, mes enfants, pour que nous puissions régler les frais de la canonisation de... » Il s'agissait d'une ancienne religieuse de son ordre dont j'ai oublié le nom.

Ma grand-mère possédait quatre chats, ou plus exactement un matou appelé Nora et ses trois compagnes : Mitte, Colette, Ida. Elles répondaient à leurs noms. Tous vivaient dehors, chassaient les mulots et les souris, bondissaient très rarement sur les oiseaux qui venaient parfois se nourrir dans leurs assiettes posées sur la terrasse ; tout en grognant, ils regardaient de loin les voleurs effrontés. Le plus souvent, ils n'osaient point se manifester pour chasser les intrus, sachant que la moindre incartade serait sanctionnée par un jet d'eau froide sur leur fourrure. Quand la nécessité de cette punition s'imposait, chacun s'y astreignait avec diligence. Le jardinier ou encore sa femme — qui était employée comme cuisinière — s'emparait d'un des tuyaux placés sous les bacs à pompe d'arrosage. En quelques secondes, la correction giclait sous la forme d'une douche peu agréable à recevoir.

L'été, la fenêtre ouverte de la salle à manger permettait à la gent féline d'entrer et de sortir. Les chats ne s'en privaient pas. Ils venaient se frotter aux jambes des convives pour mendier un peu de nourriture en abandonnant des poils sur les bas et les chaussettes. Il était interdit de les nourrir afin de ne pas salir le sol. Parfois, profitant d'une discussion qui retenait les regards, une main rapide se baissait pour donner un morceau de viande absorbé aussitôt sous les pieds de la table. Si nous étions tous silencieux, un ronronnement se faisait percevoir. Il signifiait l'aveu d'un délit.

La voix feutrée, ma grand-mère murmurait en me regardant : « Tu sais bien que c'est défendu. » Aussitôt, je faisais glisser dans mon regard une grande innocence dont mon aïeule n'était pas dupe. Mais elle se taisait. D'ailleurs, elle était la première à ne guère tenir compte du règlement. Naturellement, nous étions tous censés ne rien remarquer lorsqu'il s'agissait des adultes.

La nourriture n'était pas spécialement fine, mais personne n'aurait eu l'incongruité de s'en plaindre. Les légumes frais et les pommes de terre provenaient du jardin, le poisson, plein d'arêtes, de la rivière. Il était pêché grâce à une nasse placée sous un pont. Le boucher passait une fois par semaine. Il déjeunait à la cuisine et son cheval se reposait en dévorant du foin à côté du garage, dans une partie de l'écurie où séjournait la mule.

Au mois de septembre, ma grand-mère invitait quelques amis chasseurs. Après le repas, ma mère se mettait au piano. Ma grande sœur récitait une ou deux fables et moi, je faisais des pirouettes dans le salon. Je me tenais sur la tête durant quelques minutes, quitte à me donner des nausées.

Chacun exhibait son savoir... le mien était fort court ! Pour me récompenser, un des jeunes gens, qui devait avoir une vingtaine d'années et qui m'apparaissait vieux, me faisait danser tandis que ma mère jouait une valse. Ni mon père ni mon oncle n'assistaient à ces petites festivités que l'un et l'autre trouvaient ridicules. D'ailleurs, ils étaient le plus souvent absents. Sinon, ils demeuraient dans leurs chambres respectives où ils se faisaient servir un frugal repas.

Nos mondanités se bornaient à de telles rencontres. Cependant, des amis venaient deux ou trois fois par semaine pour goûter. Je m'arrangeais pour ne pas les voir. D'ailleurs, personne ne nous appelait. Seule ma sœur aînée était invitée. Sa sagesse exemplaire et sa parfaite gentillesse rendaient sa présence agréable. Ma spontanéité soulevait toujours, à l'avance, une certaine inquiétude. Je disais, tout de go, ce qui me passait par la tête et qui n'était point toujours apprécié par les interlocuteurs. À part Nini, les grandes personnes m'ennuyaient. Je les trouvais barbantes et toujours accrochées à des détails totalement privés d'importance.

J'avais une étrange manie qui soulevait l'étonnement et parfois l'indignation. J'aimais manger les fleurs, en particulier les pétales de roses et parfois aussi, ceux des bégonias, des pivoines, des soucis et des lys. De temps en temps, je m'adonnais à des razzias. De tels festins étaient pour moi irrésistibles. « Cette petite va s'empoisonner », disait-on à mon propos. Mais je savais bien que mes amies les fleurs ne pouvaient me faire aucun mal. Ainsi, je dévastais les massifs : « Tu es comme les chèvres », me disait ma grand-mère. La comparaison ne me semblait pas désobligeante, je l'acceptais volontiers. En courant dans les allées, je chantais : « Je suis une chèvre, je suis une chèvre ! » Toutefois, ignorant le cri de cet animal, j'étais incapable de l'imiter. Et je bêlais à la façon des brebis. Avec amitié, le vent transportait les sons. Cette passion pour les fleurs me quitta assez vite, pour la plus grande joie de ma famille et plus encore celle du jardinier.

Je me sentais à la fois différente des autres enfants qui jouaient avec nous et réfractaire à toute influence familiale dont les habitudes auraient dû normalement s'imposer à moi. À cet égard, je n'ai hérité que de deux goûts positifs qui ne m'ont pas quittée. Amour du thé pris cinq fois par jour : au petit déjeuner, aux deux repas, à goûter et le soir vers 11 heures. Chez ma grand-mère, il était remplacé, à midi et à dîner, par une sorte de boisson tiède qui convenait aux enfants mais que les adultes devaient trouver insipide. Je n'ai jamais vu ma mère boire une goutte de vin, ni mon père prendre le moindre apéritif ou digestif. Le café était aussi totalement inconnu à la maison. En respirer l'odeur m'est encore pénible aujourd'hui.

À cet amour pour le thé, qui rythmait l'existence de mes parents, s'ajoutait celui de la lecture. À la maison, tout le monde lisait, pour son travail ou encore par détente. On ignorait les jeux de société et l'emploi des cartes. Chacun profitait de sa propre bibliothèque dont l'usage était réservé à son possesseur. Mon père n'aimait pas prêter ses volumes et ma mère ne souhaitait pas communiquer les siens. Ils avaient, l'un et l'autre, leur spécialité. Les romans modernes franchissaient rarement le seuil de la maison. En dehors de la littérature, ma mère goûtait la poésie et la musique. Ma sœur aînée jouait du violon dès sa petite enfance. Moi-même, je m'adonnais au piano, sans grand succès. À Paris, mon professeur avait un chat d'une grande douceur. Je le prenais sur mes genoux, mettant ses pattes sur les touches en les tenant dans mes mains et je lui faisais faire des exercices et des gammes jusqu'à ce qu'il miaule et tente de me griffer. Ensuite, je consentais moi-même à jouer. Étant bonne en solfège, je pouvais déchiffrer assez vite les partitions faciles. J'ai participé plusieurs fois à Paris, à des « concerts » donnés par des enfants dans des salons de familles amies. On nous avait appris à faire la révérence devant le public composé de parents. Nous devions ressembler à de petits chiens savants un peu idiots. Je me souviens que certaines mères pleuraient d'émotion devant les succès de leur progéniture. La mienne ne me faisait jamais le moindre compliment. Elle relevait volontiers mes erreurs, m'accusant d'un jeu trop rapide ou trop lent.

« Tu manques d'expression », me disait-elle. « Tu ne sens pas ce que tu joues. » Je promettais de faire plus attention. Mes progrès n'étant jamais remarqués, je me sentais quelque peu frustrée à l'égard de mes camarades, garçons ou filles, que leurs familles couvraient parfois de louanges devant témoins. Cette forme de rigueur m'était si habituelle que lorsque ma mère me louait pour un dessin humoristique que je raffolais de tenter de tracer, je la regardais avec stupeur en me demandant si elle n'était pas devenue soudain malade et, peut-être, un peu folle. Je m'inquiétais.

Avec le recul, je me suis très tôt aperçue que nous avions été élevés d'une façon plutôt sévère. Je ne l'ai jamais regretté. C'est ainsi que, dès mon enfance, j'ai pu prendre l'habitude de ne pas gémir pour un rien, de conserver pour moi mes petits chagrins.

De même, aucun de nous n'aurait eu l'incongruité de se plaindre du froid ou de l'excès de chaleur. Étions-nous malades, nous étions dorlotés avec tendresse. Le médecin de famille accourait et nous éprouvions, non sans bonheur, notre importance. Nous étions tentés de transformer en grippe le moindre rhume de cerveau. Cependant, manquer la classe était un événement qui prenait des proportions démesurées. Et si nous en étions privés, du fait d'une maladie contagieuse, comme la rougeole ou la varicelle, nous nous sentions punis. Ma mère nous faisait faire des dictées, apprendre des leçons, répéter des homonymes et des synonymes pour développer notre vocabulaire. Retarder notre niveau scolaire aurait été une calamité. Nous en avions conscience et nous nous prêtions volontiers à ses exigences. La paresse et le mensonge se présentaient comme deux fléaux que ma mère abhorrait. Quelquefois, en nous regardant dans les yeux, elle nous disait : « Mon petit doigt me prévient que ce n'est pas absolument la vérité. » Aussitôt, on rectifiait le tir au millimètre. Je regardais sa main droite qu'elle agitait. Ce petit doigt m'intriguait, il portait une bague à laquelle je prêtais volontiers le don de voyance. Il m'arriva de m'emparer d'un anneau de rideau. Sa largeur m'obligeait à l'enfiler au pouce. Mais je ne devinais rien. Le bois ou le métal ne pouvait guère remplacer l'or ! Du moins je le pensais.

Je me souviens d'un jour où j'ai eu une indigestion pour avoir barboté trop de pâte crue à la cuisine. Entre deux nausées épuisantes, ma mère me faisait répéter des conjugaisons. En raison de cette lointaine époque où les enfants commençaient leur scolarité dans leur famille, je savais lire à cinq ans. Mais je n'ai jamais pu acquérir le goût des chiffres, et le calcul mental me fut toujours étranger. Ma mère n'insistait pas. Elle se contentait de me regarder avec une certaine inquiétude en me disant : « Plus tard, tu seras incapable de tenir les comptes de ta maison. Comment feras-tu ? » Puis, à mi-voix, elle ajoutait : « Cela a toujours été pour moi un cauchemar. Ton papa en a horreur. Mais il ne fait pas les courses. Et c'est à moi que ce fardeau incombe. Une corvée que le devoir m'impose. » Elle disait « devoir » avec un accent si tragique que ce mot fut rayé définitivement de mon vocabulaire. Il me semblait réservé au comble du malheur.

Lorsque je rentrais de classe, ma mère me conseillait : « Fais tes devoirs, après tu seras libérée et tu pourras lire. » Elle aurait pu me dire « après tu joueras ». La lecture était considérée comme le bonheur suprême.

J'ai toujours pensé qu'il conviendrait d'apprendre aux enfants à se récréer de façon différente. Mais chacun possède ses propres détentes. Et ce qui repose l'un risque d'ennuyer l'autre. En ce vieux temps, les enfants qui étaient premiers lors des compositions recevaient chaque mois une croix épinglée sur le côté gauche au-dessous de l'épaule. À chaque décoration, ma mère me conduisait dans une librairie de la rue du Four, où une des jeunes vendeuses nous connaissait. Lorsque j'étais médaillée pour le français, j'avais droit à l'achat de deux petits livres, un seul pour les autres matières. Je trouvais cela un peu injuste, mais je n'osais faire aucune remarque. Après, nous allions nous asseoir dans une pâtisserie où j'avais l'autorisation de boire un chocolat accompagné de deux petites brioches, tandis que ma mère savourait un thé parfumé au jasmin.

Il nous était défendu de lire couché. Lorsque j'étais très prise par une lecture, il m'arrivait de me relever, de m'asseoir en chemise devant ma table alors que ma mère me croyait endormie. Durant toute mon existence, j'ai toujours respecté cette interdiction. S'étendre sur son lit était réservé au sommeil de la nuit. Sinon, il convenait de se tenir debout ou assis.

Actuellement encore, lorsqu'en voyage j'entre dans une chambre d'hôtel, mon premier regard concerne la longueur de la table et, ensuite, il se porte sur la baignoire (je me suis toujours imaginé que la pluralité des bains quotidiens m'était nécessaire pour renouveler mon dynamisme et entretenir ma bonne humeur). J'ai pris tellement l'habitude de vivre près d'une écritoire que je suis totalement désemparée dès que j'en suis privée. L'absence d'une tablette me rend malheureuse, voire infirme. Une chambre comportant une table minuscule me fait fuir. Je m'installe au café. Je peux n'y rien faire, regarder les passants en fumant des cigarettes et en buvant du thé ou de la verveine. Lorsque mes bras n'ont rien pour s'appuyer, j'éprouve l'impression d'être handicapée, mutilée, malheureuse. Je n'ai jamais — sinon très rarement dans ma jeunesse — fréquenté des salons pourvus de tables basses qui m'apparaissent convenir à des bébés assis par terre. J'ai toujours eu les grands fauteuils en horreur.

Lors d'une période sans médaille, donc sans nouveaux

livres, je me mis à écrire des histoires ; je venais d'avoir dix ans. J'avais fort peu d'argent de poche, suffisamment, cependant, pour acheter des cahiers et j'imaginais des récits plus ou moins fantastiques. Je les cachais sous un tapis afin que personne ne puisse les découvrir. Le samedi, jour de grand ménage, je les plaçais derrière les livres de ma petite bibliothèque. Malheureusement, ils furent un jour découverts. Ma mère vint me voir avec mes cahiers à la main. J'étais dans un état de détresse indescriptible. J'avais l'impression d'un viol, d'un assassinat. Pleurer aurait été inutile. J'aurais aimé mourir. Ma détresse passa dans mon regard. Les textes me semblaient souillés, l'écriture quasi effacée par le seul fait d'une lecture étrangère.

Comprenant mon émoi, ma mère tenta de me réconforter. « C'est bien d'écrire, me dit-elle. Tes récits sont pleins de charme. Mais avant de composer, il serait préférable de bien connaître l'orthographe. » Le lendemain, qui était un jeudi, elle m'emmena chez un grand papetier rue Saint-Honoré et m'acheta trois beaux cahiers reliés dont je pus choisir les couleurs. À l'intérieur, le papier tout blanc, privé de la moindre ligne, m'enchantait. À douze ans, je devais « publier » pour la première fois un récit d'une vingtaine de pages dont ma mère avait corrigé les fautes d'orthographe tout en me signalant plusieurs répétitions. Il s'agissait de l'histoire d'une petite fille prénommée Lise, que sa mère abandonnait parce qu'elle ne voulait pas apprendre à lire. Réfugiée dans un bois, elle avait été adoptée par une chèvre sauvage. Le texte parut dans une revue de lycéens. Si j'ai bonne mémoire, je ne reçus qu'une seule lettre. Elle émanait d'un professeur de français qui me signalait de nombreuses erreurs concernant les emplois de verbes. Ce ne fut donc pas un succès époustouflant !

J'eus l'occasion, ensuite, de faire paraître des poèmes dans des hebdomadaires scolaires sans importance. Puis, je fis partie d'un « club de jeunes auteurs », qui se réunissait dans une de nos familles. On nous conduisait et on revenait nous chercher. Tout d'abord, la maîtresse de maison nous servait un bon goûter. Après, venait la lecture de nos « œuvres ». Un jury était constitué. Chacun voulant en faire partie, c'était la bagarre. Les garçons se battaient et les filles se tiraient les cheveux. Alerté par nos cris, un adulte surgissait pour introduire le calme. On donnait des prix. Un sac de bonbons, quelques chocolats. Le récipiendaire devait se contenter d'avoir été distingué. Le temps de fermer son cahier et de savourer sa gloire, bonbons et chocolats s'étaient déjà dispersés entre des mains avides. « Mon chocolat, mon chocolat ! » exigeait le gamin tandis que les enfants mâchonnaient, sous son nez, ce qui lui appartenait ! J'ai totalement oublié la fréquence de nos réunions. Je me souviens seulement d'un certain Jacques qui avait composé un roman minuscule, jugé par nous un chef-d'œuvre. Il avait perdu ses parents dans un accident de train que son récit racontait avec maints détails. Nous pleurions en l'écoutant. Sa lecture terminée, nous avions été, à tour de rôle, l'embrasser sans dire un seul mot. Nous savions déjà l'importance du silence !

À la rentrée suivante, nous apprîmes, avec stupeur, que le fameux Jacques avait dû redoubler sa 4e. J'en avertis ma mère qui m'expliqua que ce petit garçon, privé de ses parents, n'était pas stimulé pour son travail scolaire. J'en fus effondrée ! Redoubler une classe équivalait pour moi à un tremblement de terre ou encore à une grave maladie. J'aurais certainement préféré être atteinte de la tuberculose — qui sévissait encore — ou attraper le choléra ou la peste, que redoubler une classe. Cela me semblait la pire des infamies !

Durant les vacances, deux heures étaient consacrées, chaque jour, aux travaux scolaires. Il convenait de ne pas oublier ce que nous avions pu apprendre durant l'hiver. Lorsqu'il faisait très beau, nous jetions des regards furtifs vers la fenêtre : un rappel à l'ordre nous obligeait aussitôt à baisser la tête sur nos cahiers. Lors de tels instants laborieux, Nini ne surgissait jamais. Elle se savait incompétente. Toutefois, lorsqu'elle transcrivait sur un feuillet les achats qu'elle avait pu faire, ma mère avait la gentillesse de ne jamais lui signaler ses fautes d'orthographe. Lorsqu'elle glissait sous ma porte des petits mots de recommandation, je trouvais que son mode d'écriture s'apparentait à un chant : elle écrivait phonétiquement. Nini est un oiseau, me disais-je, non sans admiration et avec un peu de regret de ne pas avoir le droit de l'imiter.

À la maison de campagne, j'habitais la chambre verte. Une pièce assez exiguë qui était tapissée d'un papier représentant des oiseaux de couleurs différentes sur fond verdâtre ; des oiseaux féeriques avec des plumages merveilleux. Avant de m'endormir, je leur parlais et, à mon réveil, je leur disais bonjour. Dans mes rêves, il m'arrivait de percevoir leurs ramages. J'avais l'impression d'entendre leurs rires. Parfois, ma mère me demandait : « Tu n'as pas peur toute seule ? » et je répondais « Non ». En réalité, je me sentais gardée par toutes ces ailes protectrices, dont j'éprouvais la douceur. Je dois à mon enfance un amour indéfectible pour tout ce qui s'apparente à l'aile et au vol. Ces oiseaux en papier présentaient des images qui pouvaient devenir vivantes lorsque ma tendresse savait les animer.

Si un des oiseaux s'était détaché du mur pour voler dans la chambre, je n'aurais pas été surprise. Par la fenêtre ouverte, des mésanges entraient. Elles se perchaient le plus souvent au sommet de la bibliothèque. Je pensais qu'elles venaient me visiter et j'aurais aimé les retenir. Mais elles s'enfuyaient rapidement en me laissant leurs confrères muets, quasi paralysés.

Leurs petits cris m'enchantaient et j'essayais de leur répondre en les imitant. Je ne connais rien de plus admirable dans la nature que les oiseaux. Ils représentent pour moi des anges. J'ai toujours été amoureuse du symbole de l'aile.

Le matin, les ramiers me réveillaient et je chantonnais avec eux. Je connaissais la cadence de leurs roucoulements. Naturellement, j'aurais souhaité aller les voir perchés sur les branches des arbres. Mais je ne devais pas me lever avant que ma mère ou Nini viennent dans ma chambre. C'est seulement vers dix ans, ayant acquis une relative personnalité, que je résolus de conquérir mon indépendance. Il me fallait pouvoir sortir le matin sans être vue, donc ne pas utiliser les escaliers, l'un passant devant la chambre de ma mère, l'autre débouchant dans la cuisine occupée de bonne heure.

Après mûre réflexion, je pris la décision de faire accrocher à la barre de ma fenêtre une corde à nœuds. J'en avais l'usage durant l'année scolaire, je pourrais donc la descendre avec facilité, quitte à ne pas la remonter si c'était trop compliqué. Nous avions pour nos jeux des trapèzes, des balançoires et deux cordes à nœuds. Une seule nous suffisait. Je mis le jardinier dans mon secret en lui demandant de m'aider. Il refusa.

Un jour, étant montée sous ses yeux en m'aidant seulement de mes mains et de mes pieds pour grimper sur la paroi de la maison, j'atteignis le salon avec facilité. Étonné par ma souplesse, il accepta de m'accrocher la fameuse corde dissimulée par le battant d'un contrevent. Le lendemain et durant toute une semaine, je descendis du premier étage, pas tellement surélevé, sans le moindre problème. Je traversais la route et allais gambader dans les prés ou les champs. Je montais sur la charrette d'un cultivateur que j'aimais bien, j'allais saluer les vaches qui paissaient tranquillement et m'amusais à passer entre leurs pattes, ou bien je regardais avancer la charrue dont un homme tenait les mancherons tandis qu'un garçon faisait avancer les bœufs en les stimulant grâce à un aiguillon posé, de temps à autre, sur leur front. Appelés par leurs noms, Jaunet-Blondin, Joli-Cadeau, Lapin-Levreau, Château-Bourgeois, les animaux se trouvaient personnalisés. Mon bonheur était illimité.

Malheureusement, un jour de vent, le volet se rabattit sur

moi. Surprise, je lâchai la corde. Ma chute fut suspendue par un massif épais de lauriers sur lequel j'atterris. Je n'eus plus qu'à me laisser glisser entre les branchages afin de prendre contact avec le sol. Mon visage et mes mains balafrés saignaient. Et je me demandais comment il serait possible de camoufler les marques de cette mésaventure.

À table, mes égratignures furent remarquées. On pensa qu'un chat m'avait griffée. Ne voulant pas laisser calomnier l'un d'entre eux, je proclamai à haute voix leur innocence. Il est probable que personne ne me crut. Ma mère me confia un tube de lanoline pour m'enduire le visage et les mains. Et tout s'arrangea promptement sans laisser la moindre trace.

Toutefois, le jardinier raconta tout à sa femme, sous le sceau du secret, et celle-ci en parla immédiatement à ma grand-mère. Je m'attendais à être grondée. Il n'en fut rien. J'appris seulement que mon aïeule, de nature assez peureuse, se mettait désormais à genoux chaque soir pour vérifier si un cambrioleur n'était pas dissimulé sous son lit. La distance qu'une petite fille pouvait franchir pour descendre d'un premier étage, un homme pouvait aisément l'escalader.

Lorsque j'allais embrasser ma grand-mère avant d'aller dormir, elle me disait de temps à autre : « Regarde sous le lit. » Aussitôt, m'aplatissant, je la rassurais. Une fois, j'eus le mauvais goût d'annoncer : « On dirait qu'il y a deux yeux. » Elle me répondit tranquillement : « Ce sont des reflets de la lampe sur le parquet ! »

La corde à nœuds fut oubliée ! Cependant, ma mère, qui n'était pas du tout sportive, s'inquiéta à retardement, en prétextant que j'aurais pu me casser un bras ou une jambe. Ce qui était certainement vrai. Comme on m'appelait depuis fort longtemps « le garçon manqué », je devais confirmer mon surnom.

Le garçon « manqué » aurait dû m'attrister mais je ne le retenais pas. Lorsque j'écrivais des petits mots de tendresse à ma mère, celle-ci me faisait remarquer que j'oubliais souvent de parler de moi au féminin. Avec superbe, je lui disais qu'elle en était responsable en m'appelant « un garçon manqué » ! À la campagne, je portais d'ailleurs toujours des pantalons ou des shorts s'arrêtant aux genoux. Déjà, dans mon enfance, je détestais les robes. Faisant beaucoup de bicyclette, grimpant aux arbres, chevauchant la mule qui nous servait de monture, j'étais gratifiée d'un pantalon jugé plus convenable à une époque où les petites filles n'étaient pas censées devoir montrer leurs cuisses. Seuls les mollets avaient le droit de prendre l'air !

Une autre fois, tandis que je me promenais de bonne heure le matin dans les îlots, de l'autre côté du jardin, j'entendis un bêlement et découvris un agneau tombé dans la rivière. L'eau était claire et j'avais l'habitude d'y nager plusieurs fois par semaine, sous le regard attentif d'un adulte. M'étant laissée glisser de la berge, je rejoignis le jeune mouton qui flottait, lui mettant la main sous le menton tout en faisant la planche. Quelques instants plus tard, j'appelais au secours. Je me savais incapable de remonter sur la rive avec mon compagnon. Le bras tendu de quelqu'un m'était nécessaire en raison de la hauteur du talus.

Personne n'entendit mon appel. Le froid et l'angoisse me gagnèrent peu à peu. L'agneau et moi poussions des gémissements de plus en plus faibles. Je pensais que nous allions mourir l'un près de l'autre. Je ne connaissais pas cet animal, il appartenait à des fermiers voisins. Mais je l'aimais déjà tout en constatant sa terreur que je commençais à faire mienne.

Finalement tout s'apaisa. Je me disais : nous arriverons l'un et l'autre ensemble au paradis. Croyant fermement à la vie après la mort, je nous voyais déjà accueillis par des humains et des animaux. Je ne ressentais pas le goût de les séparer les uns des autres ; une béatitude éternelle me semblait concerner aussi bien les hommes que nos frères dits inférieurs. En moi-même, je préférais ces derniers, je les trouvais moins pesants. Quitter ma famille et l'existence ne m'attristait pas. Je n'éprouvais aucun regret. Et je pensais déjà à ceux que j'allais retrouver : Gisèle, une camarade de classe tuée dans un accident, un petit chien griffon que j'avais adoré et qui se nommait Bébé.

Mon orientation vers l'au-delà prit fin grâce à l'intervention du jardinier. Il nous vit de loin, prit un bateau et repêcha l'agneau et la fille. Je l'avais obligé de retirer l'animal en premier. Dès qu'il fut posé à terre, il se mit à gambader pour rejoindre sa mère. Pas un regard pour moi. J'en fus quelque peu affligée.

Quant au jardinier, il tremblait d'émotion en me disant : « Faudra pas recommencer, mademoiselle, c'est trop dangereux ! Moi, je ne suis pas tranquille quand je vous sais en vacances ici ; ça me donne, la nuit, des cauchemars. On vous aime bien, mais on préfère vous savoir à Paris. Avec vos escapades, ma responsabilité est trop lourde. À chaque été, je prends un coup de vieux ! »

Je confiai à Nini mes vêtements mouillés qu'elle fit sécher discrètement sur un gazon éloigné de la maison. Et personne ne fut mis au courant d'une mésaventure dont je conserve, encore aujourd'hui, le souvenir.

Ma mère nous enseignait avec patience le sens d'autrui, la générosité. C'est pourquoi ma solidarité envers l'agneau m'apparut totalement naturelle. Je n'aurais pas pu agir différemment. Le comportement à l'égard des autres pouvait exiger des sacrifices qui devaient être acceptés allégrement, sans retour sur soi-même.

À peine avions-nous un peu grandi que ma mère donnait nos vêtements sans pour autant nous en prévenir. Nous les cherchions vainement en déplorant leur absence. Quant aux jouets, nous en avions fort peu. Et nous étions invités à les porter aux enfants pauvres d'un orphelinat que ma mère allait visiter une fois par mois. Dans mon enfance et mon adolescence, j'ai sans doute souffert de ne rien pouvoir conserver. Parfois, j'étais tentée de cacher les quelques cadeaux que je recevais et qui passaient rapidement en d'autres mains. Tous se trouvaient en transit, jamais à demeure.

Ce type d'éducation m'a été utile durant mon existence. Je n'ai jamais thésaurisé. Ma mère m'a appris, et je lui en sais gré, qu'il convient de se priver pour offrir, à condition toutefois — et c'est moi qui l'ajoute — que rien ne soit éprouvé comme un manque. Je suis persuadée qu'on s'allège en donnant ou en perdant. Cette sorte de magnanimité, dont ma mère fut prodigue et que mon père ignorait, ne concerna jamais les livres. Qu'ils soient reliés ou brochés, ils étaient conservés. Mis à part les albums d'enfants, dont je pouvais aisément constater la disparition, les ouvrages demeuraient à leur place dans les bibliothèques. Faisant partie du nécessaire, même lus, ils devaient rester à notre disposition.

Cette qualité de renoncement vécue par ma mère était sans doute d'origine religieuse. Elle possédait une expérience concrète du détachement sans éprouver le besoin de se référer à l'esprit de l'Évangile : d'où sa spontanéité.

Le contexte religieux dans lequel j'ai pu évoluer se montrait ambivalent. D'un côté, ma mère et ma grand-mère, la première étant plus ouverte à la poésie mystique et la seconde, plus étroitement attachée à des formulations extérieures. De l'autre côté, mon père et mon oncle. Ces derniers, durant leur scolarité, avaient été pensionnaires dans un institut tenu par des religieux. Ils en conservaient, l'un et l'autre, un pénible souvenir. Mon père y faisait très rarement allusion, sinon pour manifester sa défiance à l'égard des prêtres, en particulier au sujet de leurs mœurs vis-à-vis des garçons et aussi des filles. Toutefois, il demeurait prudent et mesuré. Ma mère n'aurait pas supporté qu'il s'abandonne à des diatribes concernant le clergé. Lorsqu'il formulait d'amères réflexions, les yeux clairs de ma mère affichaient sa désapprobation. Il se taisait aussitôt et s'efforçait de sourire en la regardant. Soucieux de ne pas la chagriner, il enfouissait en lui-même ce qu'il aurait souhaité exprimer.

Ma grand-mère devait recevoir, une fois par an, le curé de la paroisse. Cette entrevue se passait lorsqu'elle se trouvait seule. Mes parents ne connaissaient aucun prêtre à titre privé. Lorsque, adolescente, j'ai exprimé à ma mère mon étonnement de cet ostracisme, elle m'a répondu que mon père — qui avait fait la guerre de 1914 — avait comme camarade un moine qui, lors des moments de repos, à l'arrière des lignes, faisait venir des personnes de mœurs légères. Elle n'en disait pas plus, tout en me regardant avec tristesse. L'expression « femme de plaisir », ou le mot « bordel », n'aurait point pu franchir ses lèvres. Bref, j'ai grandi dans un certain anticléricalisme qui me laissait totalement indifférente. De tels sujets me semblaient secondaires.

Quant à mon oncle, il se montrait nettement opposé aux clercs. Pour mieux faire passer sa véhémence, il se référait, volontiers, à des textes de Voltaire. Il émaillait ses propos de citations sans la moindre pédanterie. Toute conversation prolongée devenait discours. Ma grand-mère esquissait un geste discret pour signifier sa lassitude. Alors, mon oncle entamait aussitôt sa péroraison.

Son insistance concernait l'hypocrisie de la religion ou, plutôt, le fiel distillé sournoisement par le cœur des dévots. Il n'était pas athée, bien au contraire, sa foi était certaine. Avec le recul, j'ai compris qu'il avait été déçu par les chrétiens au cours de son existence. Ses oppositions violentes camouflaient son amertume. Scandalisé en profondeur durant sa jeunesse, il s'était montré incapable de surmonter ce qu'il nommait la destruction et l'infantilisme opérés par les clercs.

La religion vécue par ma famille était, sans doute, assez extérieure. Il en était ainsi à cette époque. Cependant, lors des épreuves, elle se montrait vivante et constructive. Le fond se révélait indubitablement chrétien. On « portait sa croix » avec plus de résignation que d'allégresse. En ces anciennes années, la religion engendrait davantage la tristesse que la joie. Elle était faite d'observances plus ou moins contraignantes imposées du dehors. Sans doute l'écho résonnait-il au-dedans. Il était difficile, toutefois, de le percevoir. Je ne suis pas certaine que la religion animait l'existence. Elle la baignait, sans doute, mais sans l'imprégner.

À chaque décès de parents ou d'amis, des messes étaient célébrées pour les défunts. Dans de tels cas, j'avais l'impression qu'on remettait au clergé le soin de s'occuper des morts. Ce qui me semble une erreur fondamentale, car c'est aussi à chacun de prier pour ceux qui nous quittent.

En un temps où les superstitions sévissaient, je n'en ai jamais relevé la moindre trace chez mes parents. Seul mon oncle interprétait certains signes ; il croyait aux maisons hantées, aux crissements des meubles auxquels il attribuait une signification. Il pensait que les défunts se manifestent parfois aux vivants. Constamment, il faisait allusion aux thèmes métaphysiques qui l'obsédaient : problèmes concernant en particulier la divinité du Christ. Influencé par la pensée de Renan, il en était pétri.

Lorsque ma grand-mère avait les yeux fatigués, il lui faisait la lecture, choisissant les textes qui pouvaient lui convenir. Je l'ai entendu lire des biographies de saints auxquels il n'ajoutait aucun commentaire. Volontiers, il assistait debout aux prières récitées par sa mère le soir, sinon avec dévotion, du moins avec respect.

Toute conversation concernant la sexualité était bannie, aucun livre érotique ne franchissait le seuil des maisons. Ma grand-mère n'aurait jamais reçu une femme avec son amant, un homme avec sa maîtresse. Mes parents n'opéraient aucune discrimination. Déjà, une différence de génération se faisait sentir. Accueillir ou rejeter signifie un jugement de valeur contraire à l'Évangile. Le « ne jugez pas » se trouvait toujours parfaitement observé. On préférait parler d'idées plutôt que de personnes. Il convenait de ne jamais médire de quelqu'un ou, encore, de l'accuser en son absence. Telle est la formule de charité que j'ai vu tenter de pratiquer dans ma famille durant mon enfance.

Toutefois, il demeure évident que l'éducation reçue, l'hiver ou l'été, manquait d'ouverture par excès de cloisonnement. Quelque chose de fade et de lourd — que je n'aurais pas su traduire par des mots — s'apparentait à des murs. J'éprouvais ces limites comme des obstacles, des forteresses. Et mon désir latent, s'exprimant le plus souvent avec gaucherie, était d'opérer des fissures, d'ouvrir des portes, en un mot, de briser des carapaces dont l'opacité me semblait difficile à supporter.

Cependant, à la campagne surtout, je jouissais d'une très grande liberté, disons même d'une autonomie. Mais le monde intérieur qui m'habitait aurait eu besoin, pour s'épanouir, d'un climat différent : d'une certaine atmosphère que je n'ai jamais découverte non plus dans les familles de mes camarades de jeu ou de classe. Ce monde, un peu bourgeois, s'insérait dans un contexte précis, vertueux sans doute, du moins dans les apparences, nettement austère, mais terriblement frelaté, teinté d'une bonne conscience fort peu exigeante.

Certes, il s'avérait indécent de parler d'argent. Mais on supputait les héritages. Dans des conversations, on y faisait allusion à mi-voix lorsque des parents éloignés, devenus âgés, susceptibles de mourir, étaient plus ou moins dépourvus d'héritiers directs.

À la suite d'un décès, on comparait les biens, ceux qu'on avait reçus à ceux dont s'étaient emparés d'autres bénéficiaires. Tout était pesé dans une balance. Une pendule, un meuble ancien devenaient un sujet de brouille définitive entre des frères et des sœurs.

De telles jalousies se révèlent coriaces, elles perdurent actuellement. La seule différence consiste en ceci : autrefois, on affichait des visages et des conduites vertueux ; aujourd'hui, il n'est plus en usage de dissimuler ses passions. Il est de bon ton de les exhiber. « Un cochon qui sommeille » est toujours identique même lorsqu'il revêt les formes d'un vampire. Personnellement, je préfère le monstre à visage découvert au serpent venimeux revêtant la peau d'une couleuvre inoffensive, capable de mordre dans la pénombre. Ces différences étant signalées, la vie d'autrefois, assez ouatée, pouvait sembler plus agréable. Elle favorisait les combats se déroulant dans l'obscurité et nourrissait une agressivité froide et camouflée. La religion d'alors entretenait les tendances hypocrites. Sans doute, dans certains cas, aidait-elle à maintenir un fond de droiture et d'honnêteté. J'ignore si on croyait à l'enfer. C'est peu probable, en raison des plaisanteries faites à son propos. Toutefois, on pensait volontiers à la punition des fautes, dans ce monde ou après la mort. Les individus étant offensés les uns par les autres, on prêtait volontiers à Dieu des sentiments humains : les courroux, la vengeance, la destruction des pêcheurs. Justicier, le Dieu-idole pouvait sévir. L'obéissance aux lois présentées par l'Église offrait une garantie, c'est-à-dire une assurance concernant la condition post mortem. Les consciences pouvaient demeurer enfantines ; elles se trouvaient assujetties à un « tu feras, tu ne feras pas ». En tout cas, rien n'avantageait la personnalité. Les individus doués d'originalité passaient pour redoutables ; ils dérangeaient en apportant un parfum de liberté dont on refusait l'odeur. Les esprits indépendants étaient taxés d'orgueil. Récusés, ils évoquaient le pire : le démoniaque.

Je n'ai jamais observé autour de moi la peur comme en parle si bien Jean Delumeau. La religion basée sur la crainte ne sévissait plus à mon époque. Plusieurs de mes amis ont fréquemment fait allusion à leur enfance marquée par la hantise du péché mortel. Je n'ai pas connu cette névrose dans mon milieu familial. L'emploi du mot « péché » était rare. Même les prêtres, dans l'enseignement du catéchisme, n'en faisaient guère mention, sinon durant la retraite précédant la première communion.

Ce contexte, plus ou moins frelaté, se retrouvait dans l'existence quotidienne des enfants. Ceux-ci grandissaient dans un milieu trop protégé. Bannies du langage, la laideur, la perversion se trouvaient évacuées. Certes, les manuels d'histoire évoquaient le malheur, les guerres, les assassinats, les épidémies, la misère. Toutes ces calamités appartenaient à un passé lointain dont le souvenir n'exerçait aucune prise sur nos imaginations juvéniles. Le bien était censé toujours triompher et le mal être inévitablement puni. Dans les contes transmis aux enfants, le méchant était découvert ; souvent, il regrettait ses erreurs. Tout finissait bien.

Dans ma famille, la coutume exigeait que, chaque 31 décembre, les enfants, un par un, donc sans témoin, demandent pardon à leur mère de la peine qu'ils avaient pu lui faire durant l'année. Nous nous mettions à genoux. Relevés par les bras maternels, nous étions embrassés avec tendresse. Nous nous serions volontiers passés de cette manifestation insolite. Elle exigeait un effort dont nous portions le poids durant les jours précédents.

Cet acte, que nous jugions pénible, n'était que la répétition des différents pardons sollicités dans le courant des mois. Toute erreur, reconnue, aboutissait à un aveu : confession privée suivie d'une sorte d'absolution. Allégements continuels qui évitaient de rejeter dans l'inconscient des souvenirs trop pesants. Il suffisait de reconnaître ses fautes pour en être absous. Le repentir demeurait superficiel. On obéissait simplement à un rite extérieur, source de bien-être ; sorte de facilité provoquant une tiède neutralité, voire un certain confort dit spirituel.

De tels comportements animaient nos jeux. Lorsque nous nous amusions aux gendarmes et aux voleurs, au terme de longues recherches et bagarres, il arrivait toujours un instant où le voleur se reconnaissait coupable et exprimait ses regrets. Alors, il ne subissait aucune punition. Gendarmes et voleurs se réconciliaient. C'était une occasion, pour les garçons, d'embrasser les filles. Et celles-ci acceptaient de tenir les rôles de voleurs. Quant aux garçons, ils pouvaient ainsi exercer leur supériorité en assumant la fonction du gendarme qui fait respecter la loi. À cette époque, les truands n'étaient pas magnifiés, et les victimes jugées grotesques. Nous n'avions pas le jugement perverti par les films d'horreur de la télévision. Je suppose qu'aujourd'hui les enfants opteraient pour les tueurs et non pour ceux qui cherchent à les arrêter au péril de leur vie.

Nous étions intéressés par la lecture des Écritures saintes qui nous offraient constamment des exemples de réconciliation et d'amour partagé. Très tôt, j'ai lu la Bible. Il y en avait plusieurs à la maison. Contrairement à ce que j'entends souvent dire, il ne manquait pas de familles catholiques pour la consulter. Ma grand-mère récitait quotidiennement un ou deux psaumes pour sa prière du soir. Ma mère aimait citer les grands et les petits prophètes qu'elle méditait, grâce à une double traduction anglaise et française. J'avais à ma disposition un psautier relié de couleur rouge, que j'ouvrais avec soin. Tout me semblait vivant et j'éprouvais, d'une façon confuse mais véritable, les louanges de la nature envers son créateur. Je me sentais intégrée dans cet univers dont je percevais le bondissement d'allégresse. Mon intériorité fut animée bien avant de connaître l'usage de ce terme. L'été, j'entendais, matin et soir, le chant des oiseaux, l'écoutant comme une prière vers laquelle je m'orientais.

À Paris, durant l'année scolaire, tout me quittait. Je passais brusquement du sacré au profane, du profond au superficiel. Je ressentais le sens d'un manque, sans savoir le localiser d'une façon concrète. Mon amour de la nature a perduré. Quelques années mises à part, en faveur d'un intellectualisme outrancier, la nature aura toujours été ma mère et ma nourrice. Elle m'a appris le sens du mystère et de la beauté.

Dans ces pages, j'ai sans doute peu parlé de l'essentiel sinon par des allusions, pas toujours discernables. C'est pourquoi je reviens sur mon propre tempérament qui fut nettement religieux, au sens étymologique de ce terme. Je me savais reliée. Dans le contact profond où j'étais avec le monde invisible, cette alliance me suffisait. Je n'éprouvais pas la nécessité d'y ajouter autre chose qui m'aurait semblé superfétatoire.

Les offices célébrés dans les églises ne retenaient guère mon attention. J'y assistais sans y participer. Cependant, la liturgie intérieure m'était familière. Une liturgie privée de langage. Aucune prière ne sortait de mes lèvres. Cette liturgie n'était rien d'autre qu'un regard animé par une confiante tendresse. Sans doute comportait-il une certaine permanence.

Ce regard découvrait une présence mystérieuse qui me séduisait. Il ne s'agissait pas d'une présence lointaine, étrangère. Plutôt d'un tête-à-tête d'une extrême douceur. Toutefois, il me semblait que l'arrivée d'un homme, d'une femme, d'un enfant, même d'un camarade de jeu, risquait de la faire fuir. Et cela, de la même manière que le moindre geste provoque l'envol des oiseaux.

Devrait-on parler d'une présence sauvage ? Non. Il serait plus juste d'évoquer une exigence de repos, de recueillement, orienté vers un face-à-face jamais atteint. Je crois à l'innocence. L'innocence du miroir toujours vierge. Or, il n'est possible de contempler ses reflets que dans la solitude. C'est pourquoi j'ai aimé très tôt la solitude. Je ne l'éprouvais pas comme un isolement. Certes, je n'aurais pas parlé de plénitude car ce terme m'échappait. Il n'appartenait point à mon vocabulaire. Cependant, le mot m'aurait convenu. Une plénitude comparable à une rondeur. Quelque chose de clos, de fermé sur soi-même. Pas de fissures, de portes, de fenêtres. Un secret. Celui de se sentir aimé et d'aimer en retour. Une clôture translucide. Une clôture de cristal qui permet de voir à travers. De son centre, émergeait un geyser. Source intarissable qui ne venait pas de moi. Elle se manifestait au sein d'une forme qui se trouvait être la mienne. Ce jet d'eau brûlante aurait pu provenir d'ailleurs, de n'importe qui, de n'importe quoi. Impossible de le monopoliser, d'en avoir le privilège. En ce temps merveilleux, j'ignorais que ce flux pouvait se déplacer, aller ailleurs ou, cruellement, tarir faute d'amour pour l'entretenir.

Jaillissement semblable à une flamme. En elle, tout devient paille pour l'alimenter. Le bois vert sèche aussitôt afin de mieux brûler, c'est-à-dire que rien n'échappe à ce feu consumant, ne laissant derrière lui aucune trace de cendre. Feu de joie ! En dehors de lui, tout devenait dénué d'importance.

Je ne me posais pas la question : est-ce que chaque être possède, par instants, une telle béatitude ? Tel n'était pas mon problème. Cependant, j'éprouvais en moi une dualité : d'un côté, la petite fille gaie, espiègle, aimant courir, jouer, rire. De l'autre, une enfant grave, silencieuse, souhaitant se retirer à part, se tenir seule dans la nature, sans bouger.

Mon intériorité se manifestait seulement grâce au contact avec la nature, les arbres, les gazons, les fleurs, les oiseaux. Je n'en possédais plus aucune conscience durant les mois d'hiver. Tout au moins je percevais le mystère comme un murmure lointain et je me trouvais dans l'obligation de cloisonner mon secret, de le refouler au-dedans de moi-même, sinon, comment ne pas le trahir ? Je pouvais en parler aux buissons, aux haies, au moindre brin d'herbe, à une feuille, une fleur, à la mousse, aux fougères, aux oiseaux, aux insectes. À Paris, j'étais entièrement privée d'interlocuteurs. La nature remplissait, pour moi, un rôle médiatique. Elle provoquait une certaine conscience en me permettant une communion.

Aurais-je aimé rencontrer quelqu'un avec qui parler ? Peut-être ! Je n'en suis pas rigoureusement certaine. Il m'arrivait, je crois, de guetter des regards et de mendier un échange qui ne s'offrait jamais. Je savais sans doute, confusément, qu'il n'y avait pas lieu de l'attendre. Très tôt, j'ai compris que la vie était un désert au niveau spirituel. Simplement du fait d'une totale absence de langage adéquat et d'un manque d'attention donnée à l'essentiel.

À certains instants, j'aurais souhaité chanter ma joie. Je la célébrais à ma manière en m'unissant à la création. Quelque chose d'indéfinissable l'habitait sous une forme de louange : cette nouveauté de vie que manifestent les oiseaux au printemps et que la plupart des hommes ignorent. À Paris, mon isolement me pesait ; parfois, je le trouvais écrasant. Et je me réfugiais, involontairement, au plus profond de moi.

Ainsi, de mon enfance, je conserve la mémoire d'un immense amour pour la nature. Celui-ci permet un déchiffrement opéré dans un miroir. En partant du reflet, le regard est naturellement orienté vers le modèle. Dans un tel mouvement, non seulement le microcosme et le macrocosme célèbrent leurs noces, mais il est possible de parler du mariage des deux symboles juxtaposés : le haut et le bas signifiant l'éternité et le temps. Ainsi, l'existence est appelée à se transfigurer dans la lumière.

Peu à peu, le temps passa. Un jour, tout bascula d'une façon imprévue. Ma sœur aînée mourut un 16 septembre : mon enfance et mon adolescence prirent brusquement fin.

C'était une jeune fille pleine de charme, d'une douceur et d'une gentillesse incomparables. Elle avait vingt ans et moi, quinze, depuis quelques jours. Ce deuil, tragique pour mes parents, m'atteignit profondément. Trois ou quatre semaines plus tard, Nini, bouleversée par ce décès, devint dépressive. Elle nous quitta pour aller habiter dans sa ville natale. Son départ m'accabla. Au printemps suivant, ma grand-mère succomba à une pneumonie. Mon oncle hérita de la maison de campagne et nos séjours d'été furent interrompus.

C'est ainsi que se termina mon adolescence, sur une série

d'épreuves. Ma vitalité, mon amour de l'existence triomphèrent assez aisément de cette période dramatique. Mes études secondaires terminées, je m'inscrivis en Sorbonne pour la philosophie et l'histoire médiévales.

Un mois après mes dix-huit ans, je quittais ma famille pour m'installer boulevard Saint-Michel. Ce qui est banal aujourd'hui apparaissait scandaleux à mon époque. Imposer une souffrance à mes parents fut pour moi cruel. J'aimais ma famille, mais je ne pouvais pas agir autrement. J'éprouvais une véhémente nécessité de liberté. Afin de provoquer mon retour au bercail, on ne m'aida guère financièrement. Je pus m'assumer en donnant des répétitions à des enfants. L'année suivante, je devins la secrétaire de Julien Benda. Et ma vie d'étudiante se déroula normalement. Existence frugale, austère, plutôt pauvre mais heureuse. Séduite par mes études, je travaillais avec ferveur. Peu de distractions ; d'ailleurs, je n'en éprouvais guère le goût. À la Sorbonne, j'avais fait la connaissance d'une jeune fille suisse-allemande qui devint mon amie et d'un étudiant, fils de Russes exilés. Celui-ci me fit connaître des milieux orthodoxes, de lettrés et de théologiens. Ce fut pour moi un enchantement.

En dépit de réserves qui peuvent passer pour négatives, je conserve un bon souvenir de ma jeunesse. Je ne l'aurais pas souhaitée différente de ce qu'elle fut. L'ombre a favorisé mon amour de la lumière. Si je n'avais pas éprouvé, parfois, l'impression de vivre dans une cage, la liberté de l'esprit ne m'aurait pas fascinée. De même, les différences sociales retenues autour de moi devaient m'inciter à ne leur conférer aucune importance. Enfin, ce passage par une religion extérieure m'a obligée à l'intérioriser en me dégageant peu à peu des formes carcérales pour mieux retenir l'essentiel : l'attirance invincible du mystère.

Très tôt, j'ai pu comprendre que « le royaume est au-dedans ». Et c'est vers ce dedans que j'ai tenté, plus ou moins maladroitement, d'orienter mes pas.

Interlude

L'ÉPREUVE la plus pénible, sans doute, de ma jeunesse s'est déroulée pendant les années où j'ai été élève en théologie à l'Institut catholique de Paris. Les professeurs, jésuites, se montraient excellents mais l'enseignement donné, obéissant à certaines consignes, me semblait navrant, quelque peu dérisoire, en tout cas, privé d'intérêt.

À l'époque, en théologie, j'étais la seule femme. Il m'avait été demandé de m'asseoir au sommet du petit amphi, c'est-à-dire de prendre la place la plus éloignée de la chaire professorale, près de la porte. Mis à part ceux qui partageaient mon banc, personne ne m'apercevait. Devant moi, s'alignaient des têtes tonsurées. Il était d'usage, pour les clercs, de porter sur le crâne le symbole du soleil, suivant une ancienne tradition, aujourd'hui abandonnée. Je pensais qu'il s'agissait plutôt de la lune en son plein. En dehors de deux ou trois étudiants, on m'ignorait. Je ne souffrais pas du tout de cette mise à l'écart. L'essentiel pour moi consistait à suivre ces cours, à faire les devoirs et à passer des examens, sans toutefois pouvoir prétendre utiliser les titres qui y correspondaient. Très vite, en suivant l'enseignement théologique, je me suis rendu compte que je me fourvoyais. Par entêtement, j'ai voulu poursuivre l'expérience, car je n'aime guère abandonner en cours de route ce que j'ai commencé.

Pendant la guerre, ce devait être en 1941, mais je n'en

suis pas certaine, j'ai pu obtenir un rendez-vous avec le recteur de l'Institut catholique, Mgr Baudrillart[1]. Je voulais lui demander la possibilité d'honorer mes grades en théologie. Sa réponse fut à la fois brève et déconcertante :

« Il n'en est pas question, me dit-il. Vous êtes une femme !

— Je l'étais déjà il y a cinq ans. J'ai obtenu de suivre les cours à titre d'essai. Celui-ci s'est avéré concluant.

— Vous êtes une femme ! » reprit le prélat, tel un refrain qui se voulait désobligeant.

Il prononçait le mot « femme » comme on aurait dit « peste » ou « choléra ». Être une femme ! C'était là une constatation que je ne pouvais nier. Si on m'avait donné le choix, j'aurais peut-être opté pour le sexe masculin. Et encore, je n'en suis pas certaine. Je m'accommodais fort bien de ma féminité. L'essentiel pour moi était de pouvoir vivre mon existence d'une façon masculine, c'est-à-dire indépendante et libre, en un temps où les femmes se tenaient le plus souvent sous l'autorité d'un mâle.

Baudrillart, tout prélat qu'il était, me semblait de mauvaise humeur. Sans doute regrettait-il sa faiblesse à l'égard des occupants dont la défaite ne s'amorçait pas encore.

Nullement impressionnée par le costume de mon interlocuteur et par sa fonction, j'aurais aimé être impertinente. Mon désir de ne pas dépasser les bornes de la bienséance l'emporta. Je me suis contentée de lui dire, en le quittant :

« Durant la guerre, certaines femmes ont été et sont magnifiques ! Quelques hommes éminents se montrent absolument minables ! »

Sans le saluer, je sortis. En quelques secondes, j'avais oublié les grades de théologie. Je ne songeais qu'à la douloureuse Occupation.

Dans la rue, j'avais cependant envie de fredonner un

1. Mgr Baudrillart a été recteur de l'Institut catholique de 1907 à 1942, date de sa mort.

vieux cantique de mon enfance, en remplaçant le mot « chrétien » par celui de « femme » :

Je suis une femme
Voilà ma gloire,
Mon espérance et mon soutien,
Mon chant d'amour et de victoire
Je suis une femme,
Je suis une femme!

L'enseignement de la théologie a changé, et les mesures disciplinaires aussi. L'ostracisme clérical, à l'égard des femmes, a pris fin. Les théologiennes pullulent. J'exagère un peu. Mais elles sont nombreuses. D'ailleurs, les laïcs ont remplacé, parfois, les clercs défaillants. Tout a été renouvelé. Cependant, les possibilités de déviation demeurent suspectées. Au besoin, on sévit et les condamnations tombent comme des couperets. Il est normal de vouloir préserver l'intégrité d'une doctrine.

À la Catho, durant mes études de théologie, les étudiants étaient, le plus souvent, séminaristes aux Carmes. Ils formaient la majorité des auditeurs. Quelques prêtres et laïcs s'y ajoutaient. Parmi eux, l'abbé Rémy Pasteau, devenu un ami. Un homme tout en finesse, un peu perdu dans ce milieu clérical. Formé à la Grégorienne (Rome), il en avait conservé une certaine distinction. J'emploie un terme gentil, j'en pense sans doute un autre, difficile à préciser ; quelque chose d'un peu précieux, s'apparentant au XVIIIe siècle, ou encore de légèrement oxfordien, d'un collège d'Oxford, avant sa démocratisation.

Devenu vicaire dans une paroisse de Paris, l'abbé Pasteau suivait, de temps à autre, quelques cours. Il partageait, volontiers, mon banc et nous pouvions, à mi-voix, échanger quelques propos. Malheureusement, cette amitié fut brusquement rompue. Mobilisé comme lieutenant, il participa à la « drôle de guerre » en 1939-40. Venu en permission, un peu avant Pâques, il passa chez moi pour m'emprunter un livre. Je ne devais plus le revoir. Il fut tué le jour de la Pentecôte 1940. Ayant voulu secourir un blessé, il l'avait chargé sur son dos, l'un et l'autre furent abattus.

J'ai encore, présentes, les dernières phrases qu'il m'adressa :

« Je n'ai pas trouvé de chef dans le milieu clérical. J'espérais en rencontrer dans l'armée. C'est, hélas, une identique carence, un manque de formation partout. »

Lui ayant demandé si ses camarades de régiment s'intéressaient aux questions spirituelles, il me répondit :

« Oui, ils m'interrogent volontiers lorsqu'ils ont peur. Sinon, ils plaisantent à propos des femmes. Peu importe !... »

Sa disparition me fit d'autant plus de peine que j'appréciais sa fantaisie. Exigeant pour lui-même, il pratiquait, envers autrui, une grande ouverture. Littéraire, il avouait, sans ambages, son admiration pour Gide.

Rémy Pasteau avait été le seul camarade à qui je pouvais confier mon désappointement à propos des cours de théologie. Le plus souvent, il se taisait en écoutant attentivement mes remarques. Une certaine tristesse se répandait sur ses traits. Quelquefois, il esquissait un « oui » approbateur.

En effet, l'enseignement de la théologie me déconcertait. Lorsqu'un Père de l'Église était par exemple étudié, le professeur énonçait successivement, en guise d'introduction, les propositions « justes » qu'il convenait de retenir et celles jugées « fausses », qu'il fallait récuser. Certes, je simplifie un peu. Toutefois, on partait toujours d'un a priori intolérable à mes yeux. J'aurais préféré une présentation suscitant la réflexion et provoquant une discrimination.

Le Père de l'Église n'était plus un personnage de chair et d'os, avec son intelligence, sa sensibilité, sa foi, ses doutes, ses problèmes, évoluant au sein d'une époque précise. Il se trouvait réduit à une dimension inhumaine, une sorte d'équation algébrique, un théorème. J'avais l'impression d'assister à l'autopsie d'un cadavre.

Je me souviens d'une citation de Polycarpe de Smyrne, dans son *Épître aux Philippiens*:

« Quiconque, en effet, ne confesse pas que Jésus-Christ est venu dans la chair est un antéchrist. Et celui qui ne confesse pas le témoignage de la croix est du diable. Et celui qui altère les paroles du Seigneur dans le sens de ses propres passions... est le premier-né de Satan. »

Cette assertion se montrait assez précise pour ne pas avoir besoin de commentaires.

Tertullien et sa *Prescription contre les hérétiques* proposaient une règle de foi. Elle ne devait provoquer aucune question pour les chrétiens. Ceux qui se permettaient d'en poser devaient être regardés comme des hérétiques.

Les *Stromates* de Clément d'Alexandrie soulevaient quelques problèmes. Ces traités étaient jugés trop favorables à la gnose. Certains textes de Clément retenaient particulièrement mon attention. En effet, selon son enseignement, la tradition n'est pas chose commune et publique. Il convient « de cacher *la sagesse,* exprimée *dans le mystère,* que le Fils de Dieu a enseignée. Le prophète Isaïe a la langue purifiée par le feu avant de pouvoir manifester sa vision. D'où la nécessité d'une ascèse "de la langue et des oreilles avant d'avoir part à la vérité" ». Dans son ouvrage *Foi et Gnose,* paru en 1945, le père Th. Camelot considère les propos de Clément comme une allusion à une tradition orale, transmise de bouche à oreille. Sur cette tradition chrétienne ésotérique, réservée aux « gnostiques » aucun professeur n'insistait. Une telie théorie était jugée dangereuse. Il convenait de l'éviter. Toute approche de la gnose suscitait la défiance et la désapprobation. Seule la tradition écrite monopolisait l'attention.

Bien entendu, je n'étais pas gnostique, au sens de Marcion et de Valentin, mais en appétit de connaissance. Par ailleurs, l'hétérodoxie et l'hérésie ne me tentaient d'aucune façon. Je recherchais uniquement ce qui pouvait favoriser l'approche de la Déité grâce à la conversion du cœur et de l'intelligence. Mon souhait était de recevoir un enseignement concret, vivant, animant l'être dans sa totalité, le rendant meilleur, plus orienté vers l'essentiel. Une théologie s'adressant surtout au mental, froide, conceptuelle, désincarnée, me faisait horreur. Il me semblait qu'une théologie véritable favorisait l'état de prière, d'amour et de connaissance. Un propos de Clément d'Alexandrie me fascinait : « La vie du gnostique doit correspondre à son enseignement. » Cette affirmation était pour moi fondamentale.

Irénée avait opposé la tradition publique de l'Église, transmise par la hiérarchie, à une tradition secrète. Celle-ci ne parvient pas seulement par les hérétiques du IIe siècle, comme certains ont pu le croire. Déjà à cette époque, les Pères, à commencer par Irénée, s'y réfèrent volontiers. Il importe de distinguer l'enseignement donné par le Christ à la foule, celle qui se tient « en bas », de l'enseignement oral transmis à certains apôtres après la Résurrection. Paul n'ignore pas la science des « secrets célestes » cependant, il a combattu la gnose judéo-chrétienne (cf. Galates) ; il a, surtout, mis l'accent sur le Christ crucifié et non sur le Christ mort et ressuscité [1]. La prudence de l'apôtre s'explique : tous les hommes ne sont pas capables de s'approcher de la science des mystères.

Le gnostique [2], l'homme profond, intériorisé, devenu vivant, est avant tout l'homme de l'unité. En lui, se correspondent le dedans et le dehors, le dire et le faire. Cette orientation, vers une telle unité, plus ou moins atteinte, devait tenir un rôle majeur durant mon existence. J'avais conscience que tout écart entre l'extériorité et l'intériorité constituait la véritable souillure. Les accidents de parcours,

1. Sur ce thème important, voir J. Daniélou, « Les Traditions secrètes des Apôtres », dans *Éranos Jahrbuch 1962*, Zurich, 1963, p. 199-215.

2. Il importe de ne pas confondre les gnostiques des premiers siècles avec les gnostiques d'aujourd'hui : un abîme les sépare.

le désordre sexuel, les vindictes passagères, la gourmandise, n'étaient que peccadilles comparées au mensonge qu'établit la distance entre ce qu'on est et ce qu'on énonce par la parole ou l'écriture.

Origène était le mal-aimé. On se gaussait de sa mutilation volontaire. Quant à ses propos, ils étaient jugés dangereux. La différence entre les simples fidèles, et ceux capables de percevoir le sens pneumatique (spirituel) de l'écriture, n'était pas prise en considération. Il convenait de ne point insister sur la tendance à dénaturer, au cours des siècles, l'enseignement du Christ. Or, dans les énoncés théologiques présentés, il s'agissait bien de tout systématiser, d'où le poids et la fadeur qui en résultaient. Peu à peu, pour mieux adapter le christianisme à la faiblesse humaine, on l'avait édulcoré. Afin d'entretenir la crainte, « commencement de la sagesse », les sanctions se tenaient perpétuellement suspendues au-dessus des déviationnistes. En interprétant les textes bibliques au pied de la lettre, on en laissait ignorer le sens spirituel. La littéralité l'emportait. Ce qui s'apparentait au pneumatique, c'est-à-dire à l'Esprit, devait être passé sous silence. « Toute la Loi est spirituelle », précisait Origène, « mais le contenu de la Loi n'est pas connu de tous, mais de ceux-là, seulement, à qui est donnée la grâce de l'Esprit-Saint dans la parole de la sagesse et de la connaissance. »

Et je me demandais, non sans anxiété, si l'Esprit-Saint n'avait pas déserté les Instituts catholiques, les séminaires et les homélies des prédicateurs. Toutefois, la violence de mes réactions me stimulait. Elle provoquait mes choix. J'optai pour les écoles d'Alexandrie où le christianisme, issu du milieu sémite, absorbait la culture grecque. Le juridisme de Rome, son aspect doctrinal, ne me retenait pas. Spontanément, je repoussais ce type d'attitude.

Les études de théologie me semblaient ne tenir aucun compte d'une recherche loyale et authentique. On enseignait ce qu'il fallait croire, tel l'enfer qui était *de fide.*

L'esprit critique se trouvait totalement récusé. Les tendances mystiques effrayaient. Jugées malsaines, inquiétantes, elles devaient être éliminées. Rien n'était envisagé en profondeur. L'amour et la connaissance n'étant pas impliqués, tout demeurait superficiel, en dépendance, soumis à l'autorité de lois sèches et décapantes.

J'attendais beaucoup de cette formation. Ma naïveté prouve mon ignorance d'alors. En réalité, je ne conserve aucune amertume ; seulement, le souvenir lointain d'une immense déception. Je me sentais non seulement frustrée mais flouée, ce qui était tout à fait différent.

Comment ne pas penser à la fameuse phrase de Bernard de Clairvaux : « Malheur à la science qui ne tourne pas à aimer » ! Certes, les professeurs de théologie pratiquaient la vertu d'humilité. Je ne mets pas en doute la qualité de leur comportement et de leur vie. Toutefois, il était difficile de ne pas songer au texte de Paul : « Ô profondeur de la science de Dieu » (Rm 11,33). « Ô Timothée, garde le dépôt en évitant les discours vains et profanes et tout ce qu'oppose une science qui n'en mérite pas le nom » (I Tm 6,20).

J'aurais pu parler avec des professeurs, leur avouer mon émoi et leur demander des précisions complémentaires. Je n'osais pas. Je craignais, aussi, de ne pas savoir m'expliquer, ou encore, d'être déçue par leurs propos.

De grandes différences s'affirmaient au sein du corps professoral. Les jésuites se montraient extrêmement courtois, tout en étant réservés. Les prêtres séculiers faisaient plutôt triste figure comparés aux fils de saint Ignace. Le père Lebreton (S.J.) rayonnait. On pouvait aisément deviner l'intensité de sa vie spirituelle personnelle. Ses cours étaient ennuyeux. Il lisait volontiers le texte de ses ouvrages consacrés à la Trinité. Parfois, sa voix changeait, elle devenait profonde. Quelque chose passait... sa foi, sa ferveur, son amour pour Dieu... On pourrait peut-être dire... sa sainteté.

À l'Institut catholique, les jésuites régnaient en théologie et les dominicains en philosophie. De ces derniers, j'ai suivi, parfois, les cours de métaphysique. En ce temps-là, ils se montraient terriblement thomistes et leurs élèves aussi. Personnellement, j'avais en horreur la scolastique ; les commentateurs de Thomas d'Aquin, tel Cajetan, provoquaient mon irritation. Mais j'aimais bien les dominicains. Ils se montraient d'une grande simplicité et leur cordialité était certainement sincère.

Certains d'entre eux faisaient preuve d'humour. Jeune étudiante, j'avais été entraînée, en banlieue, par une chartiste, Jeanne Daguillon, chez le père Mandonnet. C'était l'hiver. Nous arrivons chez lui et nous trouvons les fenêtres grandes ouvertes. On grelottait ! Pour se protéger du froid, le religieux portait une calotte et un foulard autour du cou.

« J'aère, nous dit-il, je viens de recevoir un jésuite et ça sent les *Exercices* de saint Ignace. C'est une odeur collante ! »

Nous aurions dû rire mais nous étions tellement interloquées que nous sommes demeurées bouche bée.

Néanmoins, j'étouffais. J'avais la certitude que ce milieu religieux m'emprisonnait tant il se montrait conditionné, soucieux avant tout d'échapper au moindre dérapage doctrinal. Et je me demandais dans quelle mesure il ne s'agissait pas de provoquer, chez les étudiants, une abdication de l'intelligence et du discernement. La crainte de frôler les « erreurs du modernisme » paralysait les esprits. La prudence, vertu cardinale, n'était pas invoquée ; les théologiens se trouvaient traqués comme des lapins en saison de chasse !

Malheureusement, je ne connaissais personne avec qui m'exprimer ouvertement. J'éprouvais l'impression d'une anesthésie graduelle de plus en plus envahissante. Je préférais, de beaucoup, les cours donnés à la Sorbonne. Ils me convenaient mieux. Je n'étais pas du tout gênée par l'agnosticisme ou l'athéisme de certains professeurs. La liberté de penser me semblait indispensable pour l'acquisition du savoir et de la connaissance. L'aspect juridique de l'enseignement catholique me posait maints problèmes et me faisait envisager la fausse religion, c'est-à-dire une religion dévoyée de son origine, comme un danger réel pour la personnalité humaine et, principalement, pour ses rapports avec le divin.

Je n'oublie pas qu'il s'agit d'une époque aujourd'hui totalement révolue. Mais elle fut la mienne et je devais, obligatoirement, au sein d'une souffrance indicible, en supporter les conséquences.

C'est ainsi que je me suis détachée lentement, d'ailleurs, sans m'en rendre compte, d'une façon claire, de la théologie chrétienne, disons, plutôt, de la théologie catholique telle qu'on l'enseignait autrefois.

Peu à peu, la formation religieuse, reçue dans mon enfance, me revenait à la mémoire. J'avais l'impression d'avoir été la proie d'une lente intoxication. Je ne la véhiculais pas dans mon sang, mais dans ma tête.

J'étais tentée d'évoquer certains cantiques qu'on nous faisait chanter à la messe, lorsque j'avais neuf ou dix ans, avant la communion solennelle [1].

Hélas! Quelle douleur
Remplit mon cœur
Fait couler mes larmes!
Hélas! Quelle douleur
Remplit mon cœur
De crainte et d'horreur!

Autrefois,
Seigneur, sans alarmes,
De tes lois
Je goûtais les charmes:

1. Suivant les décrets du pape Pie X, les enfants faisaient auparavant ce qu'on nommait la communion privée.

Hélas! Vœux superflus!
Beaux jours perdus,
Vous ne serez plus.

La mort déjà me suit;
Ô triste nuit,
Déjà, je succombe!
La mort déjà me suit!
Le monde fuit;
Tout s'évanouit.

Je la vois
Entrouvrant ma tombe,
Et sa voix
M'appelle et j'y tombe.
Ô mort, cruelle mort!
Si jeune encore!
Quel funeste sort!

Je retiens ce cantique, parmi d'autres, aussi ridicules. Pour faire chanter à des enfants un texte aussi funèbre, il fallait être un peu fou, demeuré, ou simplement endormi!

Avant mon passage à la Catho, j'ai rencontré des hommes sympathiques mais terriblement étroits du fait de leur profession de foi thomiste. Je retiendrai deux exemples : Maritain [1] et Garrigou-Lagrange [2]. J'avais environ seize ans, lorsque je fis la connaissance de Jacques Maritain. Une amie, plus âgée, m'avait conduite chez lui. Je fus séduite par ce philosophe et aussi par sa femme Raïssa. Cette première visite — et celles qui suivirent — furent pour moi d'une

1. Maritain (1882-1973) philosophe, converti au catholicisme, a influencé toute une génération d'étudiants. Son existence fut, toujours, en accord avec sa pensée. Tous ceux qui l'ont connu ont été subjugués par sa foi.

2. Garrigou-Lagrange († 1964) fut un mystique. Professeur à l'Angelicum (Rome) il forma de nombreux dominicains. Ses ouvrages, peu lus aujourd'hui, marquèrent une époque.

extrême importance. Toutefois, le thomisme de cet éminent converti me semblait freiner son intelligence et rendre pesante sa foi. Il ne comprenait pas la pensée de Bergson, et cela m'apparaissait une énorme carence ! Je devais rencontrer chez lui Garrigou-Lagrange. Lui aussi était doué d'une sorte d'aura. Sa douceur, au sens de Bernard de Clairvaux, apaisait. Par sa seule présence, il rendait meilleur. J'appris qu'on l'appelait « Garrigou l'archange ». Ce titre lui convenait parfaitement. On le surnommait aussi Grigou l'archange. Il dénonçait, parfois, ses confrères au Vatican, lorsqu'il les jugeait insuffisamment thomistes.

Effrayée par cette dualité, je souffrais. Je me sentais en proie à un écartèlement terriblement malsain, quelque chose de décadent, de faux, d'illusoire et même de dangereux pour la conscience. Comment voir clair à travers ce brouillard ?

À certains instants, j'avais l'impression de côtoyer une certaine perversité d'esprit, aussi inconsciente que dangereuse. Sorte de secte, dont les adeptes devenaient les innocentes victimes. On ne saurait parler de « disciples » mais, plutôt, de « partisans » ayant subi, préalablement, un lavage de cerveau [1]. Ces hommes, valables par leur intelligence et par la rigueur de leur foi, se rendaient-ils compte du danger qui les menaçait et qu'ils faisaient courir à autrui ? Ils se croyaient dans la vérité, marchant sur une voie juste. Durs envers ceux qu'ils jugeaient dans l'errance, ils flairaient les déviations doctrinales comme un épagneul breton traque les lièvres en bavant de plaisir. Eux aussi, philosophes et théologiens scolastiques, ils devaient éprouver une satisfaction maligne en s'adonnant à leur chasse préférée avec une parfaite bonne conscience.

---

1. D'une certaine manière, les thomistes « pur sang » d'alors me font penser aux traditionalistes d'aujourd'hui, dont la suffisance est intolérable. Toutefois, la différence est grande puisque Mgr Lefèvre († 1991) s'élevait contre la papauté et Vatican II. Par ailleurs, les thomistes pouvaient être humbles dans leur cœur. On ne saurait suspecter leur bonne foi.

Ces tortionnaires de la pensée ne craignaient pas de briser des vies. Grâce à leurs relations en haut lieu, c'est-à-dire dans les milieux du Vatican, ils pouvaient aisément provoquer des sanctions : index, suspension d'enseignement et, parfois même, excommunication. J'ai rencontré des universitaires chrétiens, des écrivains animés par une foi profonde, dont la vie a été ravagée, blessée à mort par des censeurs bien intentionnés dont l'agressivité pouvait aboutir à des assassinats d'ordre moral[1]. Même le père de Menasce, juif converti, devenu dominicain, doué d'une vive intelligence, affectueux, sensible, amical, était atteint de ce virus scolastique. Par compassion pour autrui, il lui arrivait de pouvoir en dominer les effets coercitifs.

De tels comportements sont des succédanés de l'esprit inquisitorial, celui qui provoqua tant de morts physiques et spirituelles injustifiées, ils faisaient fi de tout respect à l'égard des croyants sincères qui tentaient de sauvegarder leur liberté de penser. Ancrés dans une telle attitude, aux antipodes de la plus élémentaire charité, ils ne craignaient pas de broyer des intelligences et de meurtrir des cœurs. Ces dénonciateurs inhumains, infidèles à l'esprit de l'Évangile, trouvaient une motivation pour nourrir et déployer l'agressivité naturelle que chaque homme porte en lui. En effet, à toutes les époques, des formes différentes et opposées d'indignation prétendent se justifier. Les passions se glissent partout, d'une façon sournoise. Ce qui apparaît fréquemment en politique se manifeste aussi dans le domaine religieux.

Il serait souhaitable que le christianisme soit vécu dans son mouvement originel, en tenant compte aussi de l'évolution des dogmes. Suspendre son dynamisme est une façon

1. Par discrétion, je tais les noms de dominicains et de jésuites qui ont été mis à l'écart durant un certain temps. Actuellement, non seulement ils sont réhabilités, mais certains ont été promus dans la hiérarchie ecclésiastique. De tels comportements, provenant du Vatican, évoquent les sanctions issues du stalinisme.

de le nier et, par conséquent, de le détruire. À la veille de la guerre de 1939 et pendant celle-ci, les conséquences de l'encyclique *Pascendi* de Pie X (1907) flottaient encore dans certains esprits de philosophes qui se souvenaient, en particulier, de Laberthonnière († 1932), d'Édouard Le Roy († 1954), de Tyrrell († 1909), et de la mise à l'index de leurs œuvres. D'où la prudence excessive des théologiens. Vatican II a fait la « nique » à ceux qui torturèrent les modernistes que le néo-thomisme combattit avec violence. En fait, l'histoire se moque de ceux qui tentent de figer la pensée en freinant l'évolution. Mais les prophètes, ceux qui perçoivent l'avenir et tentent de le vivre, sont occis. Ils ne voient pas le triomphe de leurs méditations et de leurs recherches. On peut avoir l'impression de matraquages « policiers » pour rien ! Est-il nécessaire que des victimes, disons des holocaustes, assurent la pérennité de l'essentiel ?

Telles furent les conséquences des tragiques méprises dont j'ai été parfois le témoin.

Afin de rompre ces remarques, quelque peu austères, je raconterai un fait amusant qui a l'avantage d'illustrer mon précédent propos.

L'incident se passe pendant la guerre. J'avais pu obtenir un visa pour aller en Suisse où je devais entrer en contact avec des douaniers dont on m'avait communiqué les noms et adresses. Pour motiver mon voyage, je fis venir de Mayence à Fribourg un manuscrit du XIIe siècle. Grâce à un excellent appareil Leica, prêté par une amie de la Bibliothèque nationale, je pus photographier une quarantaine de pages qui m'intéressaient.

Au retour, dans le train, j'ouvris ma valise. Sur une banquette en face de moi, deux officiers suisses observèrent, avec attention, le dossier des photographies que j'avais soulevé pour prendre une revue. Ces hommes descendirent en cours de route et durent me dénoncer. En effet, à la station d'Anet, où j'aurais dû changer, deux policiers, en civil, vinrent m'arrêter. La fouille de ma valise ne révéla rien d'anormal; seules les photographies intriguaient. Une femme me fit déshabiller; bien entendu, je ne dissimulais dans mes vêtements aucun document suspect. Au cours de l'interrogatoire, je compris qu'on me prenait pour une espionne!

J'ai, aussitôt, demandé l'assistance d'un prêtre, d'un pasteur ou d'un professeur de latin. L'un d'entre eux aurait pu aisément se rendre compte qu'il s'agissait d'un commentaire médiéval du Cantique des Cantiques. Les habituelles abréviations auraient exigé la présence d'un paléographe, pour une lecture exacte. Néanmoins, un regard rapide aurait été suffisant pour comprendre que les textes incriminés ne comportaient aucun caractère subversif. Peu cultivés, les policiers étaient intrigués par l'usage d'une langue qu'ils ignoraient.

Mon souhait ne fut pas retenu. Personne ne fut appelé pour me secourir. Un des policiers, sans doute de formation protestante, m'assura que le latin était uniquement employé dans les offices religieux catholiques.

Finalement, on me demanda d'indiquer des noms de personnes de Paris, susceptibles de donner des renseignements sur moi et de confirmer mon intérêt pour les études médiévales.

Je dus refuser en prétextant que je ne voulais pas déranger mes amis. En réalité, j'étais condamnée à me taire. En effet, pour ne pas attirer l'attention, j'avais demandé l'autorisation d'aller en Suisse, sous un nom d'emprunt, porté sur un passeport parfaitement libellé. Seuls mes camarades de Résistance le connaissaient. Aucun professeur ou collègue n'aurait pu deviner qu'il s'agissait de moi.

J'étais prise au piège.

On décida de me conduire à Berne.

Soudain, j'ai pensé à l'abbé Journet[1], que j'avais été voir

1. Théologien suisse, écrivain thomiste, promu cardinal, grand ami de Maritain. À sa mort, son corps fut inhumé dans le cimetière des chartreux de la Valsainte (canton de Fribourg).

l'avant-veille au Grand Séminaire de Fribourg, à qui j'avais confié mon activité clandestine, sans toutefois le mettre au courant de mon pseudonyme.

Un policier lui téléphona. Il flaira, aussitôt, qu'il s'agissait de moi et accepta de se rendre à Anet.

Le temps de trouver un chauffeur, de parcourir la brève distance, il arriva.

Tout s'arrangea promptement. La police décida de me faire conduire au poste frontière de Genève pour s'assurer de mon retour immédiat en France. Je sentais encore flotter une vague suspicion à mon égard.

Après avoir remercié l'abbé Journet, j'attendais de lui une petite phrase amicale. Il se montrait toujours rempli d'une bonté compréhensive. Or, j'étais un peu lasse, après six heures d'interrogatoire serré.

En guise d'adieu, les paroles de mon « sauveur » furent des plus imprévues. Devant les policiers, sans doute ébahis, il me dit, avec son accent inimitable : « Mon enfant, n'oubliez pas le très beau texte de saint Thomas d'Aquin. Dans la I^{a} II^{ae} de la *Somme théologique*, il déclare : ... . » Je ne me souviens plus des mots qu'il cita. Sa ferveur thomiste n'était jamais absente !

La surprise passée, car je m'attendais à tout autre chose, je pus lui sourire avant de m'engouffrer dans la voiture des policiers.

L'anecdote ne manque pas d'humour. Elle indique, au sein d'une époque précise, un type de comportement qu'il est difficile de comprendre si on ne l'a pas vécu. Toutefois, ce mouvement néo-thomiste qui, d'ailleurs, se heurtait à de virulents adversaires, ne concernait qu'un petit nombre de chrétiens cultivés, philosophes et, surtout, métaphysiciens. D'une certaine manière, et le terme n'est point péjoratif, ce fut une mode qui, heureusement, devait assez vite disparaître.

Durant plusieurs mois, je me suis sentie submergée, et j'aurais pu me noyer dans les eaux de ce déluge. Une arche de Noé survint qui m'arracha aux flots ou, plutôt, me permit de naviguer avec aisance. Je ne l'avais pas construite de mes propres mains. Elle me fut proposée et, durant des années, elle me servit de maison : une merveilleuse demeure qui me rendit heureuse.

Dans la Genèse, l'arche de Noé vogue sur les eaux à la façon de l'œuf du monde couvé par l'oiseau aux ailes d'or de la tradition. D'où l'évocation d'une nouvelle Genèse dans laquelle s'inscrit l'arche d'alliance.

Je suis, d'ailleurs, persuadée que tout être rencontre l'arche aux instants cruciaux de son existence. L'important est de ne pas la prendre comme une protection définitive. Je la verrais, plutôt, telle une île avec tout le symbolisme que ce terme comporte, ou encore, semblable à la barque du soleil, chère à l'Égypte ancienne, signifiant le voyage vers l'éternité. À cet instant, les périls se situent derrière soi. Mais on ne le sait pas encore. Pascal évoque « le plaisir de se trouver dans un vaisseau battu par l'orage, lorsqu'on est assuré qu'il ne périra pas ». Je ne possédais pas encore la certitude d'avoir dépassé toute possibilité de naufrage.

Mon arche de Noé comportait trois étages qui n'étaient pas remplis par des paires d'animaux[1], mais habités, à la fois, par des théologiens mystiques du XIIe siècle, des écrivains rhénans, des théologiens et philosophes orthodoxes.

Le professeur Étienne Gilson[2], dont j'ai été l'élève, m'avait suggéré d'étudier le XIIe siècle ; c'est lui, aussi, qui me conseilla de faire de la théologie pour mieux comprendre les écrivains médiévaux. Avec passion, je découvris des théologiens mystiques qui devinrent mes amis. Sorte de

1. Allusion au texte de la Genèse 6, 14 sv.
2. Étienne Gilson (1884-1978), professeur successivement en Sorbonne, à l'École Pratique des Hautes Études (Sorbonne) et au Collège de France.

compagnons, si proches, qu'ils s'inscrivaient dans mon existence quotidienne et vivaient avec moi. Par leur intermédiaire, j'ai éprouvé la séauction de la vie monastique médiévale. Elle me semblait répondre à une exigence d'absolu. C'est ainsi que je pus étudier, avec une constante ferveur, deux ordres qui me sont demeurés chers : les chartreux et les cisterciens.

Le monachisme chrétien n'est pas une innovation : à toutes les époques, des hommes de races différentes, lettrés ou analphabètes, ont été séduits par ce qu'on nomme Dieu. Ou bien, récusant l'entité divine, n'en éprouvant nullement la nécessité, ils choisirent de mener une existence entièrement ordonnée à l'essentiel, c'est-à-dire au perfectionnement, à l'acquisition de la sagesse et de la sainteté. Ces hommes, à un certain moment de leur jeunesse ou de leur âge mûr, quittaient le monde. Premier pas, sans doute vers un renoncement plus vaste. Amorce d'un abandon jamais atteint : celui de se quitter soi-même.

Étudier le monachisme du XIIe siècle exige de connaître ses précurseurs. L'absence d'un seul chaînon, au sein de cette lignée, risque d'en briser l'harmonie [1]. Les solitaires d'Égypte, les Pères du Désert, vont revivre dans les grandes fondations de la fin du XIe dont le XIIe siècle verra l'épanouissement. Je n'ai pas été retenue par l'ordre bénédictin ; non par manque d'intérêt, simplement du fait qu'il est né à une époque que je connais fort peu. Toutefois, il constitue la base de la vie cénobitique occidentale. Benoît est bien le père du monachisme européen illustrant la civilisation chrétienne [2]. Une présentation des sources spirituelles de l'Europe mettrait l'accent sur les nombreux monastères et abbayes, pépinières d'écrivains, de mystiques, de poètes, de philosophes et d'artistes.

Ces hommes témoignent d'une double beauté : celle du

---

1. À cette époque, j'ignorais l'importance du monachisme bouddhiste.
2. Voir les ouvrages de Dom Pierre Miquel, ancien abbé de Ligugé.

dehors et celle du dedans. Pour l'extérieur, il suffit de citer Sénanque, Sylvacane, le Thoronet avec les cisterciens. Quant aux chartreux, la nature qui leur sert de cadre présente un caractère sauvage ; quelque chose de difficilement accessible. On peut y déceler le symbole de la profondeur d'une existence vouée uniquement à Dieu. Les ermitages des contemplatifs de la Grande Chartreuse s'élèvent face aux rochers ; ceux de Portes surgissent dans la forêt. Quant à la beauté intérieure, elle appartient au secret. Cependant, elle éclate dans certains textes. Parfois, elle ruisselle, s'écoule, se manifeste à travers, par exemple, le *Traité de la vie solitaire* de Guillaume de Saint-Thierry, destiné aux chartreux du Mont-Dieu (près de Reims), les lettres de saint Bruno, Les *Méditations cartusiennes* de Guigues I, Guigues II, Guigues du Pont, l'œuvre de Bernard de Clairvaux et de la féconde école cistercienne.

La solitude matérielle possède son importance ; elle apparaît, cependant, secondaire comparée à celle du cœur. À la solitude de Dieu, monade parfaite, correspond le moine unifié (*monos, monachos*) dont la vocation refuse les vains divertissements et la curiosité pourvoyeuse d'éparpillement. Ainsi, le monastère, la cabane du solitaire constituent l'athanor, le creuset des transmutations allant du sensible à l'intelligible. Et cela jusqu'au jour où l'être devient lui-même le vase alchimique des métamorphoses.

En lisant les traités médiévaux, je comprenais mieux l'importance du choix de l'Absolu. Le moine est un homme libre. Il survole à la fois le temps et l'espace. En faisant don de sa vie à l'Innommable, il partage son mystère.

L'interprétation des textes anciens est suggestive. Le moine proclame l'alliance du ciel et de la terre, il est le médiateur entre le divin et l'humain, le « mélangeur » des eaux supérieures et des eaux inférieures. Pont entre le terrestre et le céleste, le moine veut se comparer à l'arc-en-ciel dont le sens symbolique est de relier le haut avec le bas. Annonçant un changement heureux, l'arc-en-ciel présage une modification du temps : le calme après l'orage, le sec succédant à la pluie. Considéré à un niveau subtil, il est signe de fiançailles, de noces entre des contraires. Les sept couleurs, dont l'arc-en-ciel est revêtu grâce aux reflets décomposés des rayons du soleil, représentent les vertus, les dons de l'Esprit-Saint et, dans l'ésotérisme islamique, les activités divines. Le sens exprimé par un texte de la Genèse : « Je mets mon arc dans la nuée et il deviendra un signe d'alliance entre le ciel et la terre » (Gn 9, 12) convient parfaitement au moine de l'époque médiévale.

Une telle alliance repose sur une communauté d'hommes solitaires. Les deux termes s'excluent : communauté et solitude sont antinomiques. Mystérieusement, les solitaires se retrouvent. Il n'ont pas besoin de se connaître et de se parler. Leur communication se déploie dans le monde invisible, là où ceux qu'on appelle communément les morts et les vivants communient au-delà du temps et de l'espace.

L'importance donnée à la solitude par les ermites et les cénobites du XIIe siècle avait, déjà, été magnifiée par Philon d'Alexandrie († 45). À cet égard, la fréquentation assidue de son œuvre m'a beaucoup appris. Philon n'emploie pas le mot *monachos*, toutefois, *monos* et ses composés se présentent constamment dans son vocabulaire. Je dois à ce juif hellénisé d'avoir pu comprendre l'importance de la solitude à l'égard de l'unité intérieure. Cette unité est présente en Adam lorsqu'il vit, solitaire, avant l'apparition de la femme (*De Opificio mundi* I, 53, 12). Les animaux qui choisissent l'isolement s'opposent à ceux qui ont besoin d'un statut grégaire (*De Praemiis et poenis* 5, 356, 3). Par ailleurs, il fut un temps où l'esprit n'avait pas de relation avec les sens, la perception sensible était ignorée (*De Cherubim* 1, 184, 16). Si le philosophe s'éloigne du troupeau et se retire des occupations humaines, c'est pour se mettre uniquement au service de Celui qui est (*De mutations* 213). Le *De Cherubim* fait allusion à la vie contemplative et solitaire des thérapeutes dont pourront s'inspirer les ermites des IIIe et IVe siècles, idéal repris, plus tard, par les chartreux. Cette solitude n'est pas un isolement, comme le dit Guillaume de Saint-Thierry, bénédictin, devenu cistercien et ami des chartreux du Mont-Dieu :

Celui avec qui Dieu est,
N'est jamais moins seul
Que lorsqu'il est seul
... il s'appartient
Pour se réjouir de Dieu en lui
Et de lui en Dieu.

L'étude — non exhaustive — du mot « moine », d'ailleurs absent de la Septante [1], m'intéressait. C'est, toutefois, plus tard, grâce aux travaux de A. Guillaumont [2], de J. Leclercq [3] et de Françoise Morard [4], que je pus acquérir une connaissance plus ample de ce terme qui me révélait trois notions différentes. Tout d'abord, par son contenu, il signifie la solitude, la séparation, l'unicité, l'isolement. Ensuite, il s'ouvre sur une large perspective. En effet, le monachisme dépasse toute réalisation chrétienne. Le moine est un pont entre l'Orient et l'Occident indépendamment de ses options théologiques, philosophiques et spirituelles. Enfin, fils de l'éternité, il chevauche l'histoire, le temps et l'espace. Séparé de tous, hors du commun des hommes, il devient un trait d'union entre les diverses civilisations, plus ou moins fugaces. Il se présente comme un « rassembleur », un créateur d'unité en faveur de l'Unique.

1. Le texte grec de la Septante (trad. grecque de l'A.T. écrit en hébreu) aurait été élaboré en Égypte vers 282 avant J.-C. Selon la majorité des auteurs, il est normal que la Septante ignore l'emploi d'un terme très spécialisé de son temps.

2. « Philon et les origines du monachisme », dans *Actes du Congrès de Lyon sur Philon d'Alexandrie 1966*, Paris, 1967 ; « *Aux origines du monachisme chrétien. Pour une phénoménologie du monachisme* », Abbaye de Bellefontaine, *Spiritualité orientale*, n° 30, 1979.

3. *Étude sur le vocabulaire monastique de Moyen Âge*, Rome, 1961.

4. *Monachos, moine. Histoire du terme grec jusqu'au IVe siècle* (thèse), Fribourg (Suisse), sans date (vers 1974-1975).

Appartenant à des nationalités différentes, venus des horizons les plus divers, ces hommes ont fui leur patrie car la *xeniteia* (l'exil) fait partie de l'ascèse monastique. Sur ce modèle, se grefferont les échanges d'étudiants. Ceux-ci quittent leur pays d'origine pour aller suivre des cours de professeurs réputés dans des villes lointaines. De tels déplacements sont difficiles à réaliser à une époque où les voyages soulèvent mille périls. Aucun problème de langage ne se pose. L'Europe médiévale est unifiée par la langue latine. Celle-ci s'exprime dans la liturgie, la parole, l'écriture, les traités, l'enseignement. Bientôt, elle sera menacée par l'emploi, de plus en plus fréquent, des langues vulgaires.

Le monachisme européen relie les différentes nations. D'ailleurs, l'Europe du XIIe siècle est unifiée par la foi. Celle-ci anime la vie quotidienne de la naissance à la mort, elle se manifeste dans l'art roman, les pèlerinages. Le rôle des moines s'étend, non seulement au spirituel, mais au social et à l'économie. Plus encore, l'esprit du monachisme n'est pas strictement enfermé dans ses cloîtres, il déborde et s'écoule à l'extérieur, à la façon du chant des cloches des abbayes éveillant de mystérieux échos, signes évocateurs de la présence divine et de ceux qui tentent de s'orienter vers sa lumière. L'authenticité des moines est d'autant plus significative que les mœurs des clercs sont trop souvent relâchées. Toutefois, le monachisme présente aux laïcs un climat, une ambiance, un mode de vie qui ne sauraient leur convenir. L'option pour une dimension verticale ne concerne pas la plupart des hommes (y compris quelques prélats déjà suspendus aux choix politiques). Ceux-ci doivent vivre et s'épanouir dans l'horizontalité.

Les caractéristiques fondamentales de l'Europe monastique du XIIe siècle (bénédictine, et surtout cistercienne, les chartreux n'exercent aucune influence) vont se glisser subrepticement dans le christianisme. Or, l'ascèse comportant le retrait du monde, le détachement du sensible et de la sexualité ne concerne pas la majorité des individus. Cette austérité risque de nuire à l'esprit créateur, de freiner l'élan dynamique, l'appétit de vivre : elle menace, de ce fait, l'équilibre psychique.

Certes, on ne verra pas les laïcs imiter les moines. La réalité est plus obscure, moins éclatante ; l'action est souterraine, mais on ne saurait la nier. De même que les enfants s'élèvent avec agressivité contre des parents possessifs et autoritaires, on verra des chrétiens se révolter contre une Église qui prêche ce qu'elle ne saurait vivre. En dehors du monachisme et sans se référer à la hiérarchie religieuse, quelques groupes d'hommes, épris de pauvreté et d'humilité, vont lutter contre le lucre, la simonie, la débauche. Ils seront vilipendés, dispersés, pourfendus, non seulement par les pouvoirs ecclésial et temporel, mais par certains moines chargés de mater les rebelles ou, encore, agissant de leur plein gré pour défendre l'orthodoxie. Ces corpuscules s'expriment, le plus souvent, d'une façon maladroite, dénuée de ruse. On pardonne, rarement, la naïveté. Lorsque celle-ci se jumelle avec une certaine innocence, on l'accuse d'un manque de discernement. Un tel jugement n'est pas faux. On devrait savoir que toute autorité relève, de près ou de loin, des Césars. En tout cas, elle s'y apparente. Ce qui est authentique ne saurait se maintenir dans le temps. Seuls les compromis assurent la pérennité. La religion de l'Esprit crucifié a pu l'oublier au cours de l'histoire : si on veut le nombre, la qualité disparaît. Les chartreux le savent en maintenant seulement une poignée d'hommes et de femmes dans leurs monastères.

Comme il faut bien vivre, en dépit des refoulements et de la mauvaise conscience, peu à peu, d'une façon extrêmement lente, la religion chrétienne cessera d'animer l'existence ; elle deviendra postiche, extérieure, contraignante. Mal interprétée, elle suscitera non seulement un dessèchement du cœur, mais un manque total de compréhension et de respect à l'égard d'autrui. La vérité ou, du moins, ce qu'on appelle ainsi, sera, de plus en plus, imposée de l'extérieur.

Tout virevolte et bascule. Il ne s'agit plus, pour les hommes, d'une relation (*religare*) naturelle avec le divin, d'un art de vivre devenant une source d'épanouissement, mais de l'exercice d'un mode d'emploi qu'il importe de suivre sous peine de châtiments. Toute non-observance appelle des sanctions. Non seulement celles-ci bloquent l'existence, mais elles s'étendent à la condition post mortem. Les lois temporelles, administratives, sont, en quelque sorte, appliquées au spirituel. Ainsi, la religion devient, de plus en plus, psychique, pesante et pénible à pratiquer. Elle réglemente le dehors et déserte le dedans.

Telles sont les réflexions que me suggéra, peu à peu, l'étude du XIIe siècle. Dans cette arche à laquelle j'ai fait précédemment allusion, je ne cessais de méditer sur les écrits des auteurs mystiques. Ils comblaient une certaine aspiration de moi-même. Certes, je n'étais pas dupe de l'ombre et des jeux de cette époque, mais je voulais, surtout, retenir sa beauté. Les chartreux m'apprenaient la densité et la profondeur de la solitude ; à travers les textes cisterciens, je retrouvais l'amour de la nature, des arbres, des fleurs, des oiseaux[1]. Les textes, remplis de citations bibliques, témoignaient d'une expérience de la parole divine, doublement révélante pour tous les hommes et pour chacun en particulier. Bernard de Clairvaux, devenu un de mes compagnons quotidiens, m'enseignait l'importance de l'eau vive dont l'homme est porteur.

« Si vous êtes sages, disait-il, vous ne serez pas seulement un canal de grâce mais aussi un vase. Le canal déverse l'eau à l'instant même où il la reçoit ; un vase se remplit tout d'abord, il communique seulement sa surabondance...

1. Bien entendu, les mystiques du XIIe siècle ne se rencontrent pas que parmi les moines. Les victorins sont aussi d'une grande importance. L'École de Chartres a présenté des auteurs éminents. Je n'ai retenu, dans mon propos, que ce qui a été pour moi fondamental.

Apprenez à ne répandre que votre plénitude» (*Serm.* 18, 3, Ct).

Conseil éminemment précieux. Il serait opportun de le transmettre à ceux qui, de nos jours, sont dévorés par le désir de présenter à autrui un savoir dont ils ne possèdent pas encore l'expérience.

Bernard m'apprenait la montée vers les «trois ciels». Le Fils conduit au premier, par l'humilité; le deuxième est accessible grâce à l'Esprit enseignant l'amour. Quant au troisième ciel, celui du Père, seule la contemplation en permet l'accès (*Les Degrés de l'humilité et de l'orgueil* VIII). Parfois, l'Abbé cistercien confiait ses expériences à ses moines. Le récit des visites du Verbe qu'il recevait transformait leurs cœurs. L'humanité du Christ, Bernard la traversait pour aller plus loin. Ce poète de la mère divine, parfait styliste, célébrait le silence de la Vierge dont la douceur anime, non seulement ses sermons concernant les fêtes mariales, mais son commentaire du Cantique des Cantiques, chant d'amour nuptial dont les expressions pourraient sembler érotiques. Bernard s'exprime avec la simplicité d'un cœur pur. Pour l'homme grossier, l'emploi de termes identiques prendrait un sens concret évocateur. Ayant l'expérience de l'amour, Bernard m'enseignait l'art d'aimer.

Je parlais peu, autour de moi, de ma tendresse envers les chartreux et les cisterciens. Dans «les provinces de la dissemblance» — pour employer le langage de Bernard — la vie monastique n'est guère comprise; on ironise facilement à son propos. Le sens de l'absolu échappe. L'homme médiocre ne croit pas qu'un garçon puisse se faire moine par amour de Dieu. Il pense, volontiers, que sa fuite du monde provient d'une impossibilité d'adaptation, d'un dépit sentimental, de la nécessité de trouver un refuge, d'une certaine paresse qui l'empêche de s'intégrer dans le monde du travail.

De tels propos ne suscitaient pas mon étonnement. Ils

évoquaient pour moi un texte de Lao-tseu, dans *La Voie et sa vertu*:

Lorsqu'un homme grossier entend la Voie
Il éclate de rire.
La Voie, s'il ne riait, ne serait plus la Voie.

Souvent, on se tait pour ne pas provoquer l'ironie et les sarcasmes à propos de ce qu'on aime. Les attirer sur soi est sans importance car ils glissent aussitôt, sans laisser la moindre trace. Toutefois, ne pas pouvoir faire allusion à ce qu'on aime décuple la solitude, lui confère une ampleur plus vaste.

Une petite anecdote illustre mon amitié pour Bernard. C'était en 1943, si je ne me trompe pas, en décembre. J'avais été chargée de donner à la section religieuse de l'École des Hautes Études un exposé sur « La notion de l'image et de la ressemblance chez les auteurs cisterciens du XIIe », devant une trentaine d'auditeurs sympathiques. Je parlais, environ, depuis dix minutes lorsque la porte s'ouvrit : deux officiers allemands entrèrent. Je me sentis blêmir, ma mâchoire se contracta, tous mes efforts furent concentrés pour affermir ma voix. Je supposais que deux ou trois soldats se trouvaient dans le vestibule et qu'on venait m'arrêter.

Ai-je eu peur ? L'impression éprouvée se situait au-delà de la peur. Elle devait déclencher tout un processus de ce qui pourrait m'arriver plus tard.

À de tels instants, l'imagination entre en scène : je me voyais déjà fusillée. Songeant que je n'aurais, sans doute, plus jamais l'occasion de m'exprimer, j'ai désiré aborder un sujet qui m'était cher. Abandonnant, aussitôt, celui que je traitais, je choisis de prendre le thème de l'amour chez Bernard de Clairvaux, exposé dans ses commentaires du Cantique des Cantiques. Peu importait si les personnes présentes ne s'expliquaient pas ce changement brutal. Après quelques instants, me voici prise au jeu. J'oublie, momentanément, les présences insolites ; la suavité de l'amour décrite par l'Abbé cistercien, la tendresse de ses propos m'envahissent. Je me sens heureuse. Je cite, de mémoire, des textes qui m'enchantent.

L'heure est passée et je termine. L'angoisse, éclipsée, revient au galop. Les deux officiers s'approchent du bureau. À mon grand étonnement, ils se présentent : un commandant et un capitaine. Je place mes mains dans mes poches, pour montrer qu'elles ne sont pas disponibles. Il m'est impossible de serrer les doigts des occupants. Les deux hommes le devinent et n'insistent pas. L'un d'eux, officier de réserve, enseigne la philosophie médiévale dans une université allemande ; il souhaiterait me rencontrer. Je décline l'offre, sous un prétexte fallacieux. Je ne peux pas agir autrement.

Les auditeurs se sont dispersés rapidement. Ont-ils éprouvé quelque crainte à mon propos ou pour eux-mêmes ? Je l'ignore. Personne ne m'attend comme d'habitude, au bas de l'escalier. Je rentre seule. Les textes de Bernard flottent encore en moi. Me voici hésitante. Peut-être aurais-je dû distinguer, durant quelques instants, le médiéviste de l'Allemand ? J'en ai été incapable. Je suis trop engagée dans la Résistance pour avoir la liberté d'agir d'une autre manière. Si le commandant avait été en civil, ma réaction aurait été, sans doute, différente.

De retour dans mon studio, je pense, de nouveau, à l'incident qui vient de survenir. Pour l'oublier, je monte au deuxième étage de l'arche protectrice, je prends le livre des traités de Maître Eckhart, et choisis, comme lecture, le livre *De la consolation divine*. Ai-je besoin d'être consolée ? Non : mais j'éprouve la nécessité d'une orientation de ma pensée vers l'essentiel. Comment échapper à la souffrance ?

« Si ma souffrance est en Dieu, et si Dieu souffre avec moi, comment souffrir peut-il m'être une souffrance ? Si ma souffrance est en Dieu et si ma souffrance est Dieu ?[1] »

---

1. *Les Traités*, trad. Jeanne Ancelet-Hustache, Paris, éd. du Seuil, 1971, p. 131.

Ainsi, la souffrance n'est pas un malheur, elle se transforme en béatitude.

D'une façon générale, dans les cas concrets où la souffrance étreint, il est aisé de remarquer qu'elle s'évapore dès qu'elle passe en Dieu. Ceux qui ont l'expérience de cette mutation comprendront la signification de ce propos. Les autres pourront croire qu'il s'agit d'imagination, et que l'homme se console lui-même. C'est tout autre chose. Aucune explication ne serait convaincante. Il convient seulement d'être passé par là.

Eckhart retient trois sortes d'afflictions : l'une relève de la privation des biens extérieurs. L'autre atteint les parents et les amis. La troisième concerne le sujet lui-même : « mépris, tribulations, douleurs physiques, souffrance du cœur ». Dès que l'homme renonce à souffrir, il se détache de la souffrance en se tournant vers Dieu. Et la souffrance s'éloigne avec son cortège de peur, d'angoisse et de tristesse. Selon Eckhart, lorsque l'homme se délie de l'extériorité, il cesse d'appartenir au temps et au provisoire. Il peut donc ne plus ressentir l'âpreté de ce qui relève du passager. « Toute souffrance vient de l'attachement et de l'amour. Si, donc, je souffre au sujet des choses éphémères, c'est que mon cœur aime et chérit, encore, les choses éphémères. »

Ce propos d'Eckhart n'est pas valable uniquement pour l'instant présent. En l'appliquant au passé, il gomme totalement tous les souvenirs affligeants. De ce fait, il introduit dans une nouveauté de vie, il rend neuf. Il en est de même à l'égard du futur, maladies, déréliction, isolement, approche de la mort, pour soi ou pour autrui. Ainsi, tout ce qui pourrait susciter l'angoisse perd sa possibilité de morsure. Un survol s'instaure : « C'est en vain qu'on jette des filets à ceux qui ont des ailes » (Pr 1, 17).

Toutefois, une question se pose. Si quelqu'un ne croyait pas en Dieu, les résultats seraient-ils identiques ? J'en suis persuadée. L'important, ici, ne consiste point en une croyance mais en le non-attachement à soi-même. Le non-attachement à soi conditionne tous les autres renoncements.

Ce non-attachement n'a pas à s'afficher au-dehors. Le montrer serait ridicule. Et cela pour deux motifs : tout d'abord, la fragilité de ce renoncement, de cette vacance qui devrait devenir un état et qu'il convient de constamment renouveler. Ensuite, un tel comportement ou, plus exactement, une telle orientation, appartient au secret du Roi.

De temps à autre, je me pose une autre interrogation. Si tous les hommes étaient des renonçants, comment se porterait le monde ? Plus de guerres, de jalousies, d'agressivité ; le règne d'une justice équitable, d'une charité ordonnée pourrait survenir. Il s'ensuivrait, peut-être, l'apparition d'un monde insipide. Les passions surmontées, le refus des excès, une moindre attention donnée au corps, feraient péricliter nombre de professions : médecins, psychiatres, pharmaciens, gurus, professeurs de yoga, etc. Quelle débâcle ! Quel chômage en perspective. Quant aux partis politiques, ils ne pourraient plus s'affronter, s'injurier, tenter de se détruire, réciproquement, au mépris des intérêts d'une nation. Le tirage des journaux se réduirait, les radios et télévisions devraient modifier leurs informations et désinformations. Il faudrait licencier une partie du personnel !

Ne soyons pas inquiets. Nous pouvons être certains qu'une telle « menace » de calme et de paix ne se produira jamais ! Le seul événement heureux, réalisable, consisterait à pouvoir vivre dans un ordre relativement harmonieux. Seuls les excès s'avèrent répréhensibles.

J'en reviens à mon propre cheminement. Tout d'abord, la quiétude cartusienne m'a séduite. En même temps, je me suis promenée dans les vallées intérieures de Cîteaux. Les Rhénans, en particulier Eckhart, m'ont ensuite propulsée vers un ailleurs que j'étais incapable d'atteindre. Ballottée par les eaux tumultueuses d'un déluge déclenché par mes études théologiques, je me trouvais, en quelque sorte, assise dans l'arche. Le vaisseau me sauvait tout en me retenant prisonnière.

Toutefois, une large fenêtre s'ouvrit : elle ne donnait pas sur la mobilité des flots. Eckhart me dirigeait vers la région de l'au-delà, dépassant les pays de la ressemblance et de la dissemblance, que j'avais rencontrés avec les Pères des premiers siècles et les auteurs médiévaux. Cet au-delà, je ne pouvais pas encore en saisir la portée et en trouver l'accès. Il m'aura fallu très longtemps, toute une existence, pour découvrir cette profondeur dépassant les noms et les formes. Lorsqu'il me sera donné, plus tard, d'en franchir le pré-seuil, tout deviendra éblouissement !

Sur une telle cime, ne peuvent se poser que de véritables sages ayant dépassé le psychique pour vivre dans la dimension de l'esprit. Je n'aurai jamais l'impudence d'y prétendre. Savoir que cela existe permet de s'orienter vers... Et c'est déjà immense, incomparablement vaste ! Toutefois, la sortie de mon arche devait coïncider avec l'entrée dans une abyssale solitude. Et cela, d'une façon définitive. Mais je l'ignorais.

En attendant, il me fallait parcourir le troisième étage de l'arche. Être mise en contact avec la mystique orthodoxe qui fut pour moi une révélation.

Si je tentais de la qualifier, je dirais qu'elle se montra transfiguratrice. Avant de comprendre le sens de l'Orient intérieur, l'Orient extérieur, peuplé de mystiques, surtout russes et grecs, devait non seulement me nourrir, mais commencer l'assèchement de ma terre inondée.

Grâce à des lectures de textes et à une conversation avec un moine russe, de passage en France après avoir vécu durant de nombreuses années à l'Athos, j'ai pris contact avec la mystique orientale chrétienne.

Elle m'enchanta. Elle apportait une réponse à mon attente. Comme l'a montré Paul Evdokimov, « la connaissance de Dieu... ne relève pas de la spéculation soit philosophique soit théologique. Elle est le mystère de la Révélation divine et relève donc de l'expérience directe de celle-ci[1] ». Maxime le Confesseur situe cette expérience au-delà, non seulement des concepts, mais de la pensée. La fonction des concepts consiste à souligner les différences et les séparations, tandis que l'expérience est à la fois rencontre et participation.

Indispensable, la véritable ascèse s'intériorise, elle n'est pas imposée du dehors, d'une façon uniforme, elle se singularise avec l'individu. Le jeûne du cœur est plus important que celui du corps, le silence du mental plus efficace que l'abstinence des mots. Accepter le non-dire à l'égard de l'indicible l'emporte sur le discours. Et chacun va vivre l'ascétisme d'une façon différente. Certains auront besoin d'une liturgie extérieure collective, avec une certaine pompe, un déploiement de vibrations musicales, des chants. Pour d'autres, la liturgie vécue au-dedans s'amplifie dans la solitude ; elle ne résonne que dans le silence.

Aucune comparaison ne saurait s'établir. Toute imitation débouche sur la facilité. La connaissance de soi permet de savoir ce qui est nécessaire. Les plantes se distinguent. Les unes ont besoin d'humidité, les autres s'accommodent du sec. Les animaux exigent des nourritures différentes. Les oiseaux n'usent pas des mêmes aliments que les poissons, les moutons, les vers et les papillons. C'est à chacun de découvrir les lois de son espèce. D'où la variété des expériences. Car c'est toujours à l'expérience qu'il convient de revenir.

En effet, l'essentiel se perçoit uniquement grâce à l'expérience. Chacun le sait mais semble l'oublier en faveur du savoir livresque, conceptuel, mental. Vouloir rationaliser le mystère est d'ordre blasphématoire. L'eau gelée ne remplit plus sa fonction. Sa fluidité et son ruissellement font partie de sa propre nature. Selon Gabriel Marcel, le mystère peut

1. Paul Eudokimov, *La Connaissance de Dieu selon la tradition orientale*, Lyon, éd. Xavier Mappus, 1967, liminaire non paginé.

devenir « éclairant ». Les mystiques d'Orient s'y emploient avec des balbutiements et des fulgurances. Ils s'expriment en toute fidélité à Grégoire de Nysse, disant : « Les concepts créent des idoles de Dieu, l'émerveillement seul saisit quelque chose. » L'appréhension est comparable à une clarté. Cette dynamique de la lumière se rattache aussi à Grégoire de Nazianze. Celui-ci rapproche le mot *theos* du terme « brûler » : Dieu est feu.

Dans ce mouvement, l'intellect anime « les pâturages du cœur ». L'homme est le « lieu de Dieu », selon Évagre le Pontique. En effet, il possède en lui la ressemblance divine du fait de son origine. Cette ressemblance évoque le fameux grain de sénevé (Mt 13, 31 ; Mc 4, 31 ; Lc 13, 19). Semé, il doit croître. Et ce développement se produit grâce à la contemplation. Toutefois, séparer l'action de la contemplation peut se faire dans le langage. En fait, cette distinction est aussi erronée que l'opposition entre l'amour et la connaissance qui s'imbriquent l'un dans l'autre et ne forment qu'un tout.

Loin de séparer, la mystique orientale tend à unir en abolissant les distances engendrées par les concepts. La théologie est alors prière, état d'oraison continuelle, sorte de terreau d'où la pousse émerge pour fleurir et produire des fruits. Syméon le Nouveau Théologien parle de « l'homme parfait ». Il est « tout entier possédé du Saint-Esprit, c'est la gnose supérieure, de laquelle vient l'aptitude à la fonction du théologien ». Ainsi, le théologien n'est pas celui qui disserte sur Dieu et présente des spéculations savantes. Il s'éprouve à la façon d'un vase qui accepte d'être rempli. Habité par Dieu, il devient la demeure de Dieu, son réceptacle. Et par ce biais, on revient au propos de saint Athanase : « Le Dieu se fait homme pour que l'homme devienne Dieu. » Devenir Dieu signifie se déifier, c'est-à-dire laisser Dieu être Dieu en nous-même par l'action de l'Esprit-Saint.

Ainsi l'homme n'est rien d'autre qu'un miroir. Lorsque l'Éternel le regarde, il se voit lui-même. Et lorsque l'homme s'observe, ce n'est pas son propre visage qu'il saisit, mais les reflets de la face divine. À cet instant, toute solitude est brisée définitivement, l'isolement est derrière soi. Attiré vers le dedans, l'homme habite en lui-même : *Habitare secum*, dira Grégoire le Grand[1].

Et les énergies divines se déploient dans l'homme. L'existence revêt une tout autre dimension. En réalité, l'homme n'habite plus en lui-même, il se meut au sein de la dimension divine. D'où sa béatitude secrète. Qu'il l'exprime au-dehors, il passerait pour fou !

Qu'elle soit orientale ou occidentale, peu importe, la mystique permet de comprendre que « le royaume est au-dedans ». Les Écritures suffiraient à un contemplatif. Toutefois, il est souvent malaisé de saisir l'esprit sous la lettre ; le sens véritable enveloppé de symboles doit être constamment déchiffré. D'où le besoin des commentateurs.

Mystère et mystique se jumellent. Comme le remarque Evdokimov, certains titres sont ici révélateurs : *Catéchèse mystagogique* pour Maxime le Confesseur : *Mystagogia* est employé pour désigner les méditations du même auteur. Et l'on parlera de la *Théologie mystique* du pseudo-Denys appelé aujourd'hui Denys le Mystique.

Certes, les mystiques du Moyen Âge me demeuraient chers, je ne les abandonnais pas. Toutefois, la patrie de mon âme s'avérait orientale. Celle-ci m'apportait une dilatation de tout mon être. Quelque chose de céleste, de paradisiaque, de chaleureux. Je respirais dans une ampleur d'une extrême densité.

Attirée par la présence du mystère, je comprenais que la théologie positive, affirmative, ne me convenait pas. Je préférais la théologie apophatique, négative, qui oriente vers l'ineffable. Toute spéculation est récusée du fait de son insuffisance, alors l'inconnaissance surgit. « La docte igno-

1. « Vie et miracles du vénérable abbé Benoît II », 3,5 dans Grégoire le Grand, *Dialogues*, t.II, coll. S.C. 260, Paris, Cerf, 1979, p.142.

rance », dirait Raymond Lulle. Il s'agit toujours de lumière, mais d'une clarté jaillissant « dans la ténèbre plus que lumineuse du silence ». Ce propos de Grégoire de Nysse, que j'avais rencontré en étudiant les Cappadociens, me semblait merveilleusement illustré par la théologie orientale. Je me sentais plus grecque que latine, plus orientale qu'occidentale. Ce n'était pas l'Extrême-Orient qui me retenait et dont j'avais déjà une relative connaissance, mais l'Orient chrétien.

Dans cet Orient chrétien, je relevais une présence de la création, une dimension cosmique, un amour de la nature, des animaux, qui correspondaient au monde de mon enfance. Ce qui m'intéressait ou, plus exactement, me fascinait, concernait à la fois le *Deus absconditus* et l'*homo absconditus.* L'un et l'autre sont cachés, c'est-à-dire mystérieux et, par conséquent, à découvrir. La démarche de l'homme pourrait se concrétiser dans la continuelle attente d'une levée de voiles. Ceux-ci perdent leur opacité, acquièrent une transparence. C'est dans ce sens qu'Isaac le Syrien a pu parler de « la flamme des choses ». Seul l'homme caché de cœur, l'homme au cœur profond (cf. I P 3, 4), l'*homo cordis absconditus,* distingue partout la présence de cette flamme. Elle émerge de toute créature et se montre visible pour celui qui se trouve en capacité de lumière.

Désormais, le monde n'est plus obscur, il devient un immense espace de feux follets, avec des lueurs et parfois des brasiers. Seule la parenté avec la lumière en permet la continuelle vision.

Lorsque la nuit est venue, si on survole une grande ville, on peut distinguer, par les hublots de l'avion, une multitude de points lumineux. On pourrait évoquer un firmament étoilé. La présence divine fait, de ce monde, un ciel rempli de lumières. Qui peut le voir ? Sinon celui qui sait que le monde d'en bas réflète celui d'en haut.

Une amie m'a rapporté le propos d'un petit enfant disant

à sa mère, un soir d'été : « Maman, regarde le ciel, les lampes sont allumées ! »

L'émerveillement, c'est cela : voir la création dans sa splendeur théophorique.

Durant des années, je me suis posé la question de mon adhésion à l'orthodoxie. J'y pensais d'une façon constante, même lancinante. Lorsque je rencontrais quelques moines orthodoxes, je ne leur parlais jamais de mes problèmes personnels ; la conversation concernait l'approche du mystère. Avec eux, je me sentais à l'aise, heureuse, détendue, considérée dans ma singularité et non d'une façon globale. Avec les deux ou trois religieux catholiques que je pouvais voir, c'était tout autre chose. J'avais l'impression d'être jugée, jaugée, située en marge, ne répondant pas au gabarit d'objets identiques fabriqués en série. L'intellectualisme de certains prêtres m'intéressait, mais il déclenchait en moi le sens d'un manque. D'heureuses exceptions se présentaient, et j'en étais ravie. Les uns (les orthodoxes) se réclamaient du Christ ressuscité ; les autres (les catholiques) évoquaient un Christ crucifié. Et la différence était grande.

J'ignorais que la résurrection succède à la grande mort opérée par le détachement. Je croyais que la mort physique donnait normalement accès à la lumière. Et je me trompais. Le corps de gloire se forme durant l'existence. Il s'ébauche lorsque l'éternité anime le temps. Ses racines ne prennent plus leur sève dans le passage, l'homme traverse le monde visible pour rejoindre l'invisible et la beauté. En raison de mon impossibilité de prier avec un groupe, je préférais entendre des disques liturgiques orthodoxes et grégoriens plutôt que d'assister à des cérémonies. En fait, je n'en ressentais nullement la nécessité. Il arrive un instant où l'on sait qu'on n'est plus dans les cérémonies : le culte, les événements de l'histoire du Christ, les différentes actions des personnes trinitaires, tout est présent en nous.

Certes, je pouvais admirer des icônes dans des églises, visiter des expositions d'icônes anciennes. Mais j'étais entièrement dépourvue de la moindre dévotion envers des images. Je conserve uniquement le souvenir d'une icône peinte par une moniale orthodoxe. Elle représentait un prophète vu de dos. Il ne s'agissait pas d'une copie. Cette femme avait été inspirée. Ce dos semblait poussé par le vent de l'Esprit, ployé par le souffle, légèrement arrondi par la densité qu'il recevait gratuitement. L'homme, dont on ne voyait pas la face, possédait un dos devenu visage. Les vêtements qui le couvraient laissaient passer une luminosité. Sorte d'abat-jour à travers lequel filtrait la clarté : corps de gloire en marche, pèlerin d'éternité.

Pour la prière, la méditation, je préférais, et préfère encore, la nudité à l'ornementation. J'éprouve la chaleur des icônes, je la ressens d'une façon très aiguë, mais les représentations me distraient, elles éparpillent mon attention. À cet égard, j'opte pour la pensée de Bernard de Clairvaux, s'élevant contre le faste de Cluny.

Pourquoi ne suis-je pas devenue orthodoxe ? Je peux répondre en toute sincérité à cette interrogation.

Tout d'abord, j'ai compris, d'une façon concrète, que j'étais sensible à la présence d'orthodoxes d'origine russe. Les Français, devenus orthodoxes, tentaient d'imiter leurs frères, ils n'y parvenaient pas. Souvent, je les trouvais fades et limités, donc dénués de cette ampleur que je décelais dans le monde russe. Ce n'était pas un jugement de valeur mais une constatation.

Il s'agissait de Russes exilés, de réfugiés politiques. Ceux-ci se révélaient totalement distincts de leur progéniture, comme j'ai pu le constater, d'ailleurs, en donnant quelques cours à Saint-Serge. Un immense écart entre les pères et les fils.

Nicolas Berdiaev disait : « La Russie c'est l'Europe et l'Asie.[1] » Lorsque je rencontrais des orthodoxes européens, même grecs, je ne m'éprouvais pas concernée. C'était tout à

---

1. Voir p. 147.

fait autre chose. Puis le problème des différentes juridictions me gênait. Ceux qui en faisaient partie ne s'aimaient guère entre eux, d'où leurs querelles et rivalités fallacieuses.

Quand je parlais avec des orthodoxes, moines ou laïcs, ils me tenaient toujours des propos désobligeants à l'égard des catholiques. Je ne le supportais pas. Ils disaient « les Romains », non seulement avec dédain, mais avec un manque d'amour qui me peinait. L'ironie plissait leurs lèvres !

À cet égard, une anecdote fut pour moi très significative : j'allais voir, une ou deux fois par an, un moine orthodoxe, que je vénérais. J'assistais aux vêpres du samedi et, ensuite, je pouvais lui parler durant quelques instants.

Un jour, ou plutôt un soir, je fus frappée par son visage. Tandis qu'il officiait, ses traits tirés accusaient, non pas une fatigue physique, mais une émotion intense qui le bouleversait totalement. Même sa voix trahissait un choc qu'il avait sans doute récemment éprouvé.

Après la fin des prières, il vint me rejoindre et m'entraîna à l'écart. Il lut probablement, dans mon regard, une interrogation. Devant son état inusité, je ne savais que dire.

Il m'éclaira en me racontant que le matin, lors d'une célébration liturgique, il avait donné la communion à une femme qu'il croyait orthodoxe et qui était catholique. Il l'avait appris, ensuite, par une de ses amies, déjà convertie.

Son émoi était immense. Il prononçait « une catholique » comme il aurait dit un chimpanzé, une vipère, un monstre appartenant à l'époque paléolithique !

Atterrée, je me taisais. Je suis partie après l'avoir salué amicalement. Cela se passait près de la porte de Versailles. Je me souviens d'être rentrée chez moi, à pied, par la rue de Vaugirard. J'aurais été incapable de prendre le métro ou un autobus. Je souffrais trop. Il me fallait porter, dans la solitude, ma peine. Certes, je peux comprendre que les sacrements relèvent de communautés distinctes, d'appartenances à des Églises diverses. Toutefois, cette absence de charité, de compréhension humaine, m'apparaissait navrante. Je n'ai jamais été revoir ce moine dont j'ai appris, récemment, le décès. J'aurais pu le trouver en état d'ébriété ou, encore, enlaçant une femme avec tendresse : cela m'aurait gênée durant quelques instants sans provoquer une rupture de ma confiance à son égard. Mais une telle attitude, si peu fraternelle, m'horrifia.

Elle me semblait s'apparenter à une forme de racisme. Ce racisme, nous le savons, n'est pas étranger aux confessions et aux religions. On le retrouve à travers l'histoire avec des tueries sanglantes, des assassinats. Une fois de plus, il convient de le constater, religion et politique se ressemblent.

Un moine, que je vénérais, me posa un jour la question suivante : « Aimeriez-vous, après votre mort, rejoindre les anges et les saints ?

— Je ne nourris en moi aucune ambition de ce genre », répondis-je. Devant sa physionomie contractée, j'ajoutai : « Je crois que je préférerais me trouver avec des papillons et des oiseaux ! »

Il goûta peu mon humour et se contenta de préciser : « Si vous souhaitez être avec les anges et les saints, vous devez devenir orthodoxe. »

J'ai, aussitôt, pensé à ma mère. Celle-ci emmenait, volontiers, ses enfants assister à la revue du 14 juillet, sur les Champs-Élysées. Lorsque les divers régiments défilaient, nous aurions aimé applaudir en imitant les autres badauds. Nous n'osions pas car notre mère ne manifestait rien. Quand la marine passait, elle aurait pu se désosser les doigts en les frappant les uns contre les autres, avec violence. C'était pour elle une façon de prouver sa tendresse pour son père qui était officier de marine.

Personnellement, je ne possède, en aucune manière, le sens des hiérarchies militaire, sociale, intellectuelle, voire spirituelle et même angélique avec Denys le Mystique.

Bien entendu, ce ne sont pas ces divers incidents qui m'ont empêchée d'adhérer à l'orthodoxie. Le véritable motif est beaucoup plus grave. J'ai compris, d'une façon assez subite, que les conversions confessionnelles demeurent extérieures. Elles ne concernent pas la dimension profonde. Appartenant à l'horizontalité, elles se situent dans le domaine de la psyché.

L'adhésion à l'Esprit, au *pneuma*, peut, dans certains cas, exiger une sortie des confessions pour s'orienter vers un sommet d'ordre universel. Les confessions m'apparaissent semblables à des fleuves se jetant dans la mer. Lorsqu'on a compris cela, toutes les traditions sont respectées et estimées. Toutefois, elles sont totalement relativisées.

On ne saurait voguer, en même temps, sur plusieurs fleuves. Au niveau symbolique, un fleuve désigne une voie. Sauf exception, il est sans doute plus sage de conserver son propre cours d'eau comme lieu de pèlerinage. Toutefois, si on en choisit un autre, parce qu'il semble mieux convenir, il importe de ne pas mépriser celui qu'on a quitté.

Or, nous pouvons remarquer que tous ceux qui abandonnent leur confession religieuse, en faveur d'une forme différente, dénigrent, immédiatement, ce qu'ils ont laissé afin de justifier leur nouvelle adhésion. C'est un peu comme un homme qui, prenant une nouvelle femme, mépriserait celle dont il vient de se séparer volontairement. L'exemple proposé est imparfait, car nombre d'hommes se montreront, durant toute leur existence, en appétit de femmes. Au niveau spirituel, il peut survenir un instant où on se retire d'un fleuve, en tant que voie, afin de plonger dans l'eau vive, qui les réunit tous. La lumière se passe de formes. Ce qu'on lui demande, c'est d'éclairer.

Mon amour pour la mystique orientale ne m'a pas quittée. Mais une éventuelle option pour l'orthodoxie ne m'a jamais effleurée depuis ce temps fort lointain; la page est tournée définitivement.

Qu'ils soient catholiques ou orthodoxes, je rencontre très rarement des moines. Leur appartenance m'est devenue indifférente. Quant aux laïcs, je respecte profondément leurs diverses options, ou encore leur absence de toute religion. Je suis uniquement sensible à l'orientation de leur existence vers la profondeur.

Ainsi, j'ai pu, successivement, visiter les trois étages de mon arche. N'ayant plus de motif pour l'habiter, il m'a fallu la quitter. Heureusement, je pouvais conserver les trésors qui m'avaient été découverts : les mystiques médiévaux, les Rhénans, la mystique orientale. Quant aux années consacrées aux études théologiques, je pus comprendre qu'il s'agissait d'une épreuve bienfaisante. J'avais terriblement souffert, mais cette douleur ne fut pas vaine. J'étais comparable à la femme dont parle l'Évangile, elle souffre pour enfanter. Ensuite, elle oublie ses douleurs en regardant son fils (Jn 16, 21). Le fils désigne, ici, un état nouveau : sorte d'engendrement secret.

En sortant de l'arche, je croyais découvrir la paix de l'âme. Ce fut un au-delà de la paix. Je me suis trouvée en dehors de tout vaisseau protecteur, sans maison, sans terre, sans toit, allégée de toute possession ; mes mains nues ne portaient aucun bagage. J'aurais pu chanter le *Cantique de la nudité* de Tauler.

Après le déluge, j'ai bien rencontré une terre sèche. Mais c'était un désert !

J'ai dû hurler, tel l'enfant passant de la nuit au jour. Pas de doigts de sages-femmes pour me secouer, m'étirer, me laver. J'étais seule.

Ce fut un éblouissement. Sorte de vision rapide qu'on ne saurait retenir : vertige.

J'étais bien trop encombrée, intérieurement, pour m'y mouvoir à l'aise. Toutefois, je n'avais pas conscience d'être chargée.

L'entrée dans le désert est, à la fois, grâce et conquête. Mon existence n'aura été rien d'autre qu'une tentative de traversée. Ébauche et non réalisation, orientation vers... des pas, des bondissements, des retraits, un cheminement vers une Terre promise... toujours cachée. Parfois, l'aube d'un dévoilement : stupeur !

À ce moment-là, je pris conscience d'une vocation solitaire, sans pour autant m'en émouvoir. Les conséquences de ce qui devait devenir, plus tard, une adhésion personnelle, m'échappaient. Des décennies me furent nécessaires pour intérioriser le désert.

Auparavant, il me fallait mieux connaître l'existence. Terriblement intellectuelle, « même bornée » par cet intellectualisme outrancier, je nourrissais pour les études une passion démesurée. Je travaillais énormément. Jouissant d'une merveilleuse santé, je n'éprouvais guère le besoin de me reposer. Je pouvais dormir peu, me nourrir d'une façon frugale. Ce que je voulais, c'était apprendre, sortir de mon ignorance. La philosophie m'enchantait. Toutefois, j'aurais pu faire mienne la phrase que Dostoïevski met dans la bouche de Kirilof dans *Les Possédés* : « Dieu a été le tourment de ma vie. » Il l'est encore et le sera toujours.

Les cours de théologie m'avaient éloignée de la religion extérieure.

Je flottais dans des eaux polluées en dépit de mes études médiévales. J'éprouvais un terrible malaise. Il me fallait m'aérer, traverser d'autres dimensions moins austères, plus banales sans doute. J'avais besoin d'acquérir une dimension humaine dont j'étais, en partie, dépourvue.

DEUXIÈME PARTIE

Dans la solitude, tu te dévores toi-même;
Lorsque tu es au milieu des gens,
Tu es dévoré par plusieurs;
Choisis!

NIETZSCHE
(Humain trop humain)

Rencontres et croisements

IL se présente pour moi deux sortes de rencontres. L'une comporte le contact assidu avec des textes essentiels, l'autre concerne des échanges avec des personnes. J'ai toujours tenu pour nécessaire de se protéger de toute influence. Sinon, l'être vacille. Le voici réduit à n'être qu'une girouette en étroite dépendance de la direction des vents.

Chestov m'apprit à lire avec attention les auteurs philosophiques et aussi certains écrivains dont les idées se situaient aux antipodes des miennes. J'ai compris, grâce à lui, qu'avant de critiquer il importe d'entrer, sans complaisance mais avec respect, dans la position d'autrui. L'homme banal juge erroné ce qu'il est incapable de saisir. Il aperçoit seulement les idées qui circulent dans son aire. Ce qui dépasse son niveau lui semble inopportun et soulève son irritation.

Le philosophe russe donne des conseils que j'ai tenté de suivre... Les voici : « Quand tu écoutes ton interlocuteur, ou bien quand tu lis, n'accorde pas une trop grande signification aux paroles ou même aux phrases entières... Souviens-toi que ton interlocuteur, même s'il ne le veut pas, est obligé d'employer, pour s'exprimer, les formules toutes faites du langage. Fais attention à l'expression de son visage, écoute le son de sa voix : cela t'aidera à atteindre son âme à travers ses paroles [1]. »

---

1. Texte cité par Boris de Schloezer, dans sa Préface à l'ouvrage de Chestov, *La Philosophie de la tragédie - Sur les confins de la vie*, Paris, Flammarion, 1956, p. 8. Je cite ces phrases d'après cette édition, mais je les connaissais déjà auparavant.

Ainsi, l'écoute et la lecture possèdent leur ascèse. Se situer à la place de l'autre exige un certain renoncement à soi-même qu'il est malaisé de maintenir. Les paragraphes achevés, il deviendra possible de confronter une pensée avec sa propre vision.

Chestov ajoute : « Non seulement dans la conversation, mais dans le livre même, on peut saisir le son, le timbre de la voix de l'auteur et les moindres nuances d'expression de ses yeux, de son visage. Ne fais pas la chasse aux contradictions ; ne discute pas ; n'exige pas de preuves ; écoute attentivement [1]. »

Apprendre à écouter. C'est là une marque de bienveillance à l'égard d'autrui. Refuser de se laisser envahir par une lassitude qu'apporte, parfois, un récit confus, chargé de broderies inutiles. L'écoute, dans la lecture, exige de récuser un regard rapide parcourant un texte en diagonale. On se rend compte, très vite, de la valeur d'une écriture : il suffit de quelques pages pour émettre un jugement. Le péril consiste à manquer de subtilité, à ne pas remarquer l'essentiel qui filtre entre les lignes, ou qu'un seul point d'interrogation soulève.

On pourrait dire qu'une certaine virginité est importante à l'égard de la lecture. Sinon, on passe à côté de ce qu'un écrivain a voulu exprimer. Il est facile de le constater à propos du *Journal* d'Henri Le Saux. Certains critiques ont parcouru ce livre avec un a priori qu'ils n'ont pas remis en question. D'où l'erreur de leurs jugements trop pressés et manquant totalement de finesse. Une intelligence prompte doit se garder d'oublier le contexte dans lequel une phrase s'insère.

« La vérité ne dépend pas de la logique, affirme Chestov, ni même du raisonnement, le résultat de tes recherches, s'il y en a un, ne sera ni une formule, ni une règle, ni un principe, ni une idée [2]. »

---

1. *La Philosophie..., op. cit.*, p. 8.
2. *La Philosophie..., op. cit. ibid.*

De tels conseils furent autrefois pour moi d'une importance primordiale ; ils me sont encore précieux aujourd'hui.

Ce philosophe, comme l'a très bien montré Boris de Schloezer, a composé « des hymnes à la gloire du chaos, de la folie et de la nuit »[1]. Comme le dira son interprète, si Chestov tente de glorifier « la folie, la nuit, le chaos... ce n'est pas pour eux-mêmes. C'est que la paix, la lumière, la sagesse des philosophes lui font horreur : ce ne sont que des écrans derrière lesquels l'homme se terre pour dormir »[2].

Une telle affirmation me touche. Maintes fois, je me suis demandé, durant ma jeunesse et encore maintenant, si les amis de la sagesse — y compris moi-même — ne cherchaient pas inconsciemment une forme d'aliénation pour faciliter un certain retrait de la dureté de l'existence. Et cela d'autant plus que, très souvent, les propos de sagesse concernent uniquement le dire et l'écriture ; ils ne modifient pas l'existence, ils lui restent extérieurs.

En raison de leur ignorance, la majorité des individus demeurent incapables de discernement. Ils foncent dans des cages et des cercueils qui sont autant d'invitations à la somnolence, comme l'a montré Alain dans sa fameuse leçon sur « les marchands de sommeil ».

Ainsi, j'ai pu comprendre que la sagesse n'est parfois qu'une pseudo-sagesse, un ersatz, donc un écueil à l'égard d'une approche de la vérité. Elle reste un jeu, tant que la vie quotidienne n'en est pas transformée.

La religion de l'âme est aussi une façon de se terrer sans pour autant s'engager. Dans ce cas, l'invisible n'est pas découvert, mais on peut se donner l'illusion à soi-même de posséder une certaine connaissance et de la faire partager par autrui. Tel est le danger d'une sagesse illusoire.

Concernant la recherche de la sagesse, une propédeutique apparaît nécessaire. Elle me semble correspondre à la

1. Ces expressions appartiennent à Chestov.
2. *La Philosophie...*, *op. cit.*, p.8.

lecture et nettoie le mental, brise les habitudes et chasse les pensées et jugements hérités d'une famille ou issus des habituels comportements. Il s'avère impossible de faire l'économie d'une lecture décapante. Recourir à des écrits mystiques serait dangereux. On risquerait de confondre le psychique et le pneumatique. C'est la dimension psychique qu'il importe de décanter en soi-même avant d'accéder à celle de l'esprit, ou *pneuma*. Il convient de choisir les auteurs susceptibles d'opérer un déblaiement. Pour moi, ce furent Dostoïevski et Nietzsche. Mais il est possible de retenir d'autres écrivains. Toutefois, il est évident qu'il s'agit d'une épreuve difficile à traverser. On peut y « laisser des plumes » ! Peu importe, une telle aventure vaut le risque d'être tentée.

J'ai lu Nietzsche avec irritation. J'ai même été, à certains instants, atterrée. À d'autres moments, il s'établissait entre lui et moi une certaine connivence. Rien n'est jamais définitif. Il faut toujours aller plus loin, c'est-à-dire dépasser son angoisse, ses refus, ses consentements qu'on donne malgré soi, car ils sont, en quelque sorte, arrachés.

Chestov savait qu'on l'accusait de se répéter. En fait, se répéter est une façon de frapper sur un clou qu'on souhaite enfoncer ; ou encore, imiter les forgerons d'autrefois : tenir une pièce de métal sur une enclume afin de lui conférer une forme. Il s'agit, pour soi, d'affirmer et même de se convaincre, non d'influencer ses propres lecteurs. Montrer que les choses les meilleures sont dangereuses, si on manque de préparation pour les comprendre et les vivre, ne peut provoquer qu'un agacement chez autrui. L'homme moderne veut s'initier rapidement à la sagesse sans la moindre métanoïa. Il pourra ainsi continuer à aimer l'argent, le profit, la possession des femmes, des hommes, et laisser proliférer ses diverses passions. Mais il y a plus grave, il ne se contentera pas de jouer avec des corps, ce qui est d'ailleurs fort banal ; il faut passer par là quand on débute à l'école primaire de la vie. Mais il tentera de diriger des âmes, ce qui est tout à fait différent et infiniment plus important. « Ce que l'âme désire — dira saint Augustin —, c'est de se soumettre d'autres âmes... agir sur celles-ci c'est le désir de l'âme orgueilleuse[1]. » Dans de tels cas, le dormeur parle de libération comme un débutant, encore voué au balbutiement, s'exprimerait au nom d'une expérience qu'il ignore totalement. Il importe de s'éveiller soi-même avant de prétendre éveiller les autres. D'ailleurs, souhaiter éveiller autrui est une prétention chimérique. On peut uniquement sortir ensemble du sommeil. La véritable recherche de la philosophie se montre toujours désintéressée. L'opposition au matérialisme risque de satisfaire des esprits. Une telle attitude s'avère insuffisante. Elle doit s'accompagner d'une certaine violence à l'égard des différentes formes d'un idéalisme bâtard, source de servage et de bonne conscience. Il se peut aussi qu'on tente de se réfugier dans la sagesse pour ne pas succomber à la folie provoquée par l'horreur de l'existence.

Nietzsche, Dostoïevski, « des stimulants à rebours », dira Chestov. On pourrait parler, à leur propos, de malades de l'esprit dont l'action est bienfaisante car infiniment décapante. Tout ce qui console et propose des refuges est à éviter, y compris parfois la métaphysique ! Kierkegaard dira très justement : « Le summum de ce que peut faire un homme pour un autre... est de le rendre inquiet[2]. »

Ainsi, ces deux philosophes qui me séduisirent autrefois ont exercé sur moi non pas une influence mais une purification. Celle-ci s'avérait nécessaire. J'étais trop encombrée par une scolarité prolongée à l'université. L'enseignement m'apparaissait le nec plus ultra de tout ce qu'on peut réaliser. Or, je pus comprendre, avec Alain, que tout professeur est « commerçant en sa boutique ».

---

1. *De musica,* liv. VI, 2e sect., chap. XIII, 41, dans *Dialogues philosophiques,* trad. Guy Finaert et F.-J. Thonnard, éd. D.D.B., Paris, 1947, p. 447.
2. *Post-scriptum,* trad. Paul Petit, Paris, Gallimard, 1941, p. 260.

Tout d'abord, mon amitié concerna des universitaires. Je plaignais un homme ou une femme qui n'avait pas reçu une telle formation. Je ne me rendais pas compte de la stupidité d'un tel jugement. L'éditeur F. Aubier, pour lequel j'éprouvais une immense sympathie, me fit rencontrer chez lui Lavelle et Le Senne. J'ai souvent déjeuné avec eux. Joseph Vrin, place de la Sorbonne, était pour moi un ami. J'allais souvent dans son magasin ; je grimpais à l'échelle pour découvrir des livres qui m'étaient gentiment prêtés. Entre étudiants, nous appelions la « boutique » la librairie de la place de la Sorbonne et cela par affection en songeant à Péguy. Chez Joseph Vrin, j'ai pu voir Étienne Gilson et parler brièvement avec Laberthonnière. C'est là qu'étudiante j'ai aperçu deux fois Chestov et retenu, durant longtemps, la présence de son regard.

Je n'ai pas connu Bergson, mais j'ai pu lire son œuvre avec passion et en particulier son ouvrage *Les Deux Sources de la morale et de la religion* [1]. C'est ainsi que je fus préparée à converser avec Jean Baruzi, chez moi ou dans un café du boulevard Saint-Germain, sur un thème qui m'était cher : la mystique. Sortir définitivement d'une théologie « pétrifiée » fut pour moi une joie indiscible. Enfin, je pouvais recevoir une confirmation de ce que je pressentais comme vrai et qui me convenait mieux encore que les propos des écrivains du XIIe siècle. Cette rencontre avec une pensée libre, féconde parce que libre, dégagée de toute école, me comblait d'aise. Toutefois, je ne possédais pas encore une maturité suffisante pour en profiter au maximum. J'étais insuffisamment dégagée d'une précédente intoxication. Lire Bergson, parler avec Jean Baruzi fut pour moi la meilleure des cures.

Afin de pouvoir saisir l'importance du mouvement philosophique d'avant la guerre de 1939, il conviendrait de lire la

1. Paris, Alcan, 1932. Ma lecture de cet ouvrage fut beaucoup plus tardive.

suggestive présentation de textes choisis de Jean Baruzi, par Jean-Louis Vieillard-Baron (professeur de philosophie à l'université de Tours). Celui-ci a clairement résumé l'orientation philosophique de cette époque. Philosophie nouvelle, respectueuse du mystère et opposée à l'intellectualisme. Une telle tendance s'affirme dans un texte de Bergson : « La philosophie, telle que je l'entends... n'est que la résolution... de regarder naïvement en soi et autour de soi [1] . » Commentant ce propos, Vieillard-Baron précise : « C'est cette naïveté que refusent les esprits cloisonnés dans les limites étroites des disciplines et techniques académiques [2] . » Avec Lachelier s'offrait une voie antidogmatique ; sous l'influence de Bergson une « métaphysique concrète » s'élabore. Déjà s'annonce une approche phénoménologique qui s'imposera plus tard dans l'étude des religions [3].

Dans une telle perspective, ni Bergson ni Baruzi n'ont souhaité fonder une école. L'un et l'autre furent réfractaires aux systèmes. Dans cette dynamique libératrice s'inscrivent divers professeurs, dont William James, observateur de la psyché ; Henri Delacroix, avec ses études sur Eckhart et Thérèse d'Avila ; les cours et travaux de Bergson, sans oublier ses exposés sur Plotin. Ainsi les mystiques n'étaient plus dédaignés ou méprisés. Des laïcs — et non des prêtres — pouvaient en signifier l'importance. Bergson écrira : « Les mystiques — je parle des grands mystiques, de ceux qui furent des génies — sont des hommes qui eurent une vision claire et directe de la vie intérieure [4]. » Faisant allusion à Baruzi recevant de Bergson une impulsion concrète, Vieillard-Baron emploiera l'expression d'« intériorité vivante » et de « mystique où il trouva son lieu de prédilec-

---

1. *Les Études bergsoniennes*, t.VIII, année 1968. Texte publié dans Jean Baruzi, *L'Intelligence mystique*, Paris, Berg International, 1985 p. 12. Le titre n'est pas de Jean Baruzi mais de son présentateur. Il convient parfaitement au contenu de l'ouvrage.
2. *Idem.*, p. 12.
3. *Idem.*, p. 16.
4. *L'Intelligence mystique, op. cit.*, p. 19.

tion[1] ». Grâce aux études respectives de Bergson et de Jean Baruzi, de nouvelles générations de philosophes purent s'approcher non seulement des mystères, mais établir des rapports entre l'art et la philosophie, considérer le rôle des signes, des images, des symboles et des rêves. Ainsi, une voie neuve ne s'imposait pas mais se dessinait.

Il nous est difficile de mesurer aujourd'hui l'importance d'une telle ouverture. Celle-ci était d'autant plus nécessaire qu'un étouffement des intelligences et des consciences avait déjà brisé des hommes avant le développement du néo-thomisme. Les générations qui vécurent avant la Première Guerre mondiale souffrirent de la querelle moderniste. Les sanctions venues de Rome se montrèrent cruelles : Loisy, prêtre et professeur d'hébreu, puis d'exégèse à l'Institut catholique de Paris, vit ses ouvrages condamnés avant d'être lui-même excommunié. Heureusement pour lui, il enseigna l'histoire des religions au Collège de France. Suspecté de déviation, Laberthonnière, oratorien, directeur des *Annales de philosophie chrétienne*, n'aura plus le droit de publier ; l'abbé Brémond, auteur de *L'Histoire littéraire du sentiment religieux en France* (11 volumes), fut suspendu ; Édouard Le Roy († 1954), mathématicien et philosophe, particulièrement visé par l'encyclique « Pascendi », souffrit tragiquement de rencontrer des oppositions qui non seulement freinaient mais suspendaient ses recherches[2]. Dans une lettre adressée à Henri Brémond, Maurice Blondel emploiera l'expression de « Terreur noire » à propos de la fameuse encyclique[3]. Les conséquences de cette querelle moderniste devaient perdurer pendant des années dans les milieux philosophiques du clergé et aussi chez les laïcs chrétiens.

J'avais lu quelques articles sur la querelle moderniste,

---

1. *Ibid.*
2. J'ai eu l'occasion de parler avec Édouard Le Roy par l'intermédiaire de Jean Baruzi. Son ouvrage *Dogme et critique* fut mis à l'index.
3. Voir la Présentation de J.-L. Vieillard-Baron, *op. cit.*, p. 21-22.

mais c'est Jean Baruzi qui m'éclaira avec objectivité sur les durables séquelles d'une période dramatique pour des esprits épris de liberté. Toutefois, il demeura étranger à cette querelle et fut plutôt concerné par des représentants du système néo-thomisme qui attaquèrent son étude sur Jean de La Croix. Ces thomistes pouvaient difficilement comprendre les propos de Jean Baruzi concernant la mystique. Se situer dans la profondeur de l'intériorité, donner le primat à l'expérience individuelle, autant de perspectives susceptibles de provoquer l'inquiétude des théologiens sectaires. Pour Baruzi, la mystique n'est pas nécessairement liée à la religion, à cet égard l'expérience de Plotin apparaissait significative. Toutefois, au sommet des mystiques, il se présente d'indéniables points communs. Ce thème sera d'ailleurs repris et affirmé par la philosophe Simone Weil.

Dans une conférence donnée à Genève en 1951 sur « Le problème de la vie et les formes les plus hautes de l'expérience religieuse », Baruzi abordera le Tao, les Veda et le bouddhisme. Il sera attentif aux convergences. C'est dans la paix de l'âme qu'il pourra les retenir. En se situant au-delà des rites particuliers des religions et des croyances « collectivement fixées », le métaphysicien et mystique Jean Baruzi s'intéresse à l'Extrême-Orient. Il peut le faire avec d'autant plus de sérieux et d'honnêteté intellectuelle qu'il possède une profonde connaissance des textes bibliques et en particulier de l'évangile de Jean et des Épitres de Paul.

Ces diverses rencontres provoquèrent ma réflexion à l'égard de la philosophie et de la mystique. Comment ne pas opter, avec Bergson, pour « l'ouvert » en abandonnant « le clos » ? Un monde différent, plus littéraire, devait me permettre de nouveaux échanges. J'avais besoin non pas de distractions mais de re-création.

Ainsi, au lendemain de cette phase universitaire, quelque peu cloisonnée, je fis la connaissance de nombreux écrivains et artistes grâce à Suzanne Tézenas et à Marcel Moré.

C'est par eux que je pus avoir accès à un immense éventail d'individus différents, éclatants, parfois, d'originalité. Ce fut pour moi un enrichissement extraordinaire. Ma période universitaire avait enfin basculé et je me trouvais à l'aise et détendue dans un milieu littéraire et artistique. J'avais énormément d'amis et de relations.

Ce fut une époque à la fois fertile et ouverte sur l'extérieur. Ma merveilleuse amie, Suzanne Tézenas, connaissait une quantité d'écrivains et d'artistes. Elle invitait les personnes avec qui je souhaitais parler. D'où les agréables dîners, les goûters le dimanche, les séjours en été à Veyrier-du-Lac, dans sa magnifique propriété. Ces échanges furent pour moi fructueux, enrichissants.

Devrais-je parler, à ce propos, d'une période mondaine? En aucune manière. Ce fut, plutôt pour moi, un temps post-universitaire dont j'avais besoin, sinon je me serais emmurée dans mes études. Cette époque s'avéra pour moi salvatrice.

«Je n'aurai jamais été si préoccupé de l'éternité que lorsque je me serai mêlé des choses du temps.» Cette phrase de Mauriac, écrite dans l'épilogue des *Nouveaux Mémoires intérieurs*[1], ne saurait me concerner. Me mêler à autrui me dispersait. L'ennui éprouvé pouvait parfois stimuler mon goût pour la solitude mais cette solitude n'était pas forcément reliée, elle concernait plutôt une séparation d'autrui. Cependant, j'ai pu remarquer que mes rencontres avec des hommes jugés «blasphémateurs» par des bien-pensants, m'étaient autrement bénéfiques que mes échanges avec des dévots. Je me suis longtemps interrogée sur cette réalité qui, à certains instants, aurait dû me troubler. J'ai pu en saisir le sens en lisant une phrase de Bernanos: «Le monde du péché fait face au monde de la grâce ainsi que l'image reflétée d'un paysage au bord d'une eau

1. *Mémoires intérieurs. Nouveaux Mémoires intérieurs,* Paris, Flammarion, 1985, p. 437.

noire et profonde[1].» Lorsque Chantal avoue au curé d'Ambricourt qu'elle choisira le mal pour le mal, celui-ci prophétise : « À ce moment-là,... vous trouverez Dieu... Mais enfin, je puis vous dire que vous partez en tournant le dos au monde, car le monde n'est pas révolté, il est acceptation et il est, d'abord, l'acceptation du mensonge. Jetez-vous donc en avant tant que vous voudrez, il faudra que la muraille cède un jour, et toutes les brèches ouvrent sur le ciel[2]. »

Cette réalité est incontestable. J'ai vu certains hommes négateurs qui ne s'abandonnaient jamais au mensonge et à l'hypocrisie. Ils possédaient une mauvaise conscience de leur propre état. D'une certaine manière, ils se tenaient dans l'humilité. Et cette modestie leur permettait, de temps à autre, de recevoir des éclairs lumineux de la Présence. Ni nantis ni bourgeois, ils se montraient des mendiants aux mains nues. Aucun avoir n'embourbait leur être ; leur violence et leur ironie s'adressaient surtout à eux-mêmes mais ne s'étendaient jamais aux bien-pensants dont les propos auraient pu les irriter. Ils se contentaient de les laisser croupir et ronronner dans leur tiédeur. En quelque sorte, ils les ignoraient. Les condamnations prononcées par certains écrivains qui n'appartenaient pas à la cléricature tentaient de les occire, mais elles ne les touchaient guère. D'ailleurs, ils se savaient différents des visages tracés dans des caricatures déformées de leurs personnes et de leurs propos.

En raison des antinomies et paradoxes de leurs comportements, ils échappaient à tout classement. Rien de plus irritant, pour les esprits dogmatiques épris de systèmes, que des personnages qu'on ne saurait étiqueter. Ils fuient, glissent entre les doigts lorsqu'on tente de fixer leurs traits.

Pourquoi ai-je été, particulièrement, intéressée par certains de ces hommes ? Ma réponse est claire. Les amis des

---

1. Bibl. de la Pléiade, p. 1139.
2. *Idem.*, p. 1226.

paradoxes m'enchantent. La contradiction, intolérable aux esprits obtus, fait partie du véritable cheminement. Elle est la preuve d'une démarche, sinon progressive, du moins impliquant un mouvement. Ainsi, la vie s'affirme, elle n'est pas figée, elle bouge.

Ces hommes originaux qui, par là même, pouvaient être taxés de marginalité, éprouvaient la nécessité d'exorciser eux-mêmes leurs propres démons. Ils ne s'affichaient jamais contre le christianisme, mais ils s'abandonnaient, parfois, à des sarcasmes à l'égard des chrétiens.

De quels chrétiens s'agissait-il ? Kierkegaard est lucide lorsqu'il dit dans son *Journal*: « Quand le Christ l'annonce, nul ne peut supporter d'être chrétien ; ils le trahissent tous. Quand un apôtre l'annonce, nous pouvons commencer à nous y rallier... quand un conteur de sornettes survient, nous sommes tous chrétiens par millions. »

À ces marginaux, on pourrait reprocher d'être trop tournés vers eux-mêmes, de caresser indûment, non pas leur carcasse, mais leur psyché. Imitant volontiers Narcisse, ils aiment se regarder, se mirer dans les eaux troubles. Mauriac dira qu'André Gide, dont l'écriture m'a toujours fascinée, n'a pas « exploré d'autre continent que lui-même ». Cette constatation est sans doute véridique. Mais, pour moi, elle n'est pas condamnable. Il convient de se connaître avant de s'oublier. Sinon, on tourne autour de son ou de ses moi ; on porte des masques et on s'abandonne aux jeux d'une pseudo-connaissance de soi. Or, cette connaissance de soi s'avère essentielle avant d'aller plus loin. Bernard de Clairvaux en a montré l'importance. C'est ainsi que son interprète, Étienne Gilson, a parlé à son propos d'un « socratisme chrétien ».

J'ai rencontré tout un éventail d'êtres de qualité. Avant la guerre, j'ai entrevu Simone Weil († 1943) chez Marcel Moré. Et j'ai eu l'occasion, ensuite, de la voir plusieurs fois. Cette femme, hors du commun, bouleversait dès qu'elle prononçait quelques mots. Déjà, son regard suscitait une sortie de soi-même, une ouverture vers l'essentiel. Sa présence subjuguait. Cependant, elle risquait d'irriter du fait de son caractère très entier. Acceptant difficilement la contradiction, elle pouvait répondre d'une façon acerbe qui désarçonnait son interlocuteur. En fait, c'est moins sa personne que son œuvre qui a pu me retenir. Je lui ai consacré trois études [1]. Mais j'ai tout à fait conscience de ne pas avoir su toucher l'essence de son être qui m'apparaît inatteignable du fait de son immensité. Mon amitié avec ses parents me permit de mieux comprendre sa démarche. J'allais souvent chez eux et je rencontrais Camus qui éprouvait, pour Simone Weil, une intense admiration.

Il est impossible de discerner chez un être humain, philosophe ou non, une telle passion pour la vérité. Cet amour pour la vérité non seulement brûlait Simone Weil, mais il la consumait. Comparable à une flamme, il éclairait ses pas et illuminait, sous forme d'inspiration, son perpétuel déchiffrement. Juive, sans être retenue par l'Ancien Testament, Simone Weil appartenait à cette race de prophètes dont la vision est toujours fulgurante. Elle écrira : « Il faut aimer la vérité plus que la vie [2] », « Il n'y a pas d'amour de la vérité sans un consentement total, sans réserve, à la mort [3]. » Cette affirmation est illustrée par cet aveu : « Je préférerais mourir, que vivre sans la vérité. » La question se pose : qu'est-ce que la vérité ? La réponse donnée par Simone Weil est claire : « La vérité, c'est ce que je pense — ce que je lis dans les apparences — en désirant la vérité. » Cette perpétuelle orientation vers la vérité se montre exigeante, tout ce qui risquerait de la voiler s'éloigne, d'où l'extrême pureté du regard qui ne saurait supporter le mensonge, la facilité et le moindre accommodement.

1. *Introduction au message de Simone Weil*, Paris, Plon, 1954 (épuisé) ; *Simone Weil*, coll. « Témoins du XXe siècle », Paris, Éditions Universitaires, 1956 ; *Simone Weil*, coll. « SUP », Paris, P.U.F., 1966.
2. *Attente de Dieu*, Paris, Fayard, Coll. « Livre de Vie », 3e éd. 1966, p. 208.
3. *Cahiers*, t. III, Paris, Plon, 1975, p. 62-63.

Cet amour pour la vérité opère des transformations constantes. Grâce au rejet de tout ce qui pourrait l'amoindrir, une modification se profile. L'édification de cette unité ne se produit pas sans inquiétude. Elle ne saurait se construire en dehors d'une lancinante angoisse. Simone Weil en connaît l'âpreté. Elle sait l'importance de l'humilité. Un jour elle comprend que « n'importe quel être humain, même si ses facultés naturelles sont presque nulles, pénètre dans le royaume de la vérité réservé au génie, si seulement il désire la vérité et fait perpétuellement un effort pour l'atteindre. Cet effort se concrétise sous la forme d'une constante attention[1] ». Un tel amour de la vérité ne sera pas vécu par Simone Weil dans le retrait d'un choix de vie solitaire, cette philosophe s'exprime et se manifeste dans le temps, elle prend parti, opte pour des choix concrets, son existence devient le vivant témoignage de ses options.

C'est aussi grâce à Marcel Moré que j'ai fait la connaissance de Jean Wahl. Son *Traité de métaphysique*[2] a été pour moi une révélation, et son ouvrage sur Kierkegaard devait faciliter une lecture plus profonde de cet auteur et me procurer une meilleure compréhension de Jaspers. Mon amitié pour Wahl était vive. J'appréciais l'indépendance de son caractère, sa droiture et surtout sa parfaite simplicité. Il ignorait tout sentiment de vanité. Sa modestie, son détachement à l'égard des jugements d'autrui, faisaient, de cet homme, un être rare. Je ne l'ai jamais entendu se plaindre, à une époque où sa vie était menacée. De même qu'il faisait face aux idées, il supportait les épreuves de l'adversité avec un courage intérieur que l'on sentait inhérent à sa propre nature. Rien de surfait. Quelque chose d'extrêmement

---

1. Voir l'excellente préface d'André Devaux, dans *Simone Weil, Premiers Écrits philosophiques*, Paris, Gallimard, I, 1988, p. 9-26.
2. Payot, 1953.

authentique et pur. J'ai participé, en tant que conférencière, au Collège philosophique, qu'il avait fondé et dirigeait.

Jankélévitch était un personnage singulier, un virtuose de la parole et de la musique. On subissait immédiatement son charme et la finesse de son intelligence. À son propos, je me souviens d'une anecdote assez burlesque. Conviés à Rome, pour un congrès de philosophie, nous sortons de la gare sous une pluie battante. Aucune voiture de l'ambassade n'est présente. Nous attendons stoïquement durant vingt minutes. Puis nous nous séparons. Robert Aron [1] et moi allons au buffet; Vladimir Jankélévitch part s'informer de l'horaire du prochain train pour rentrer à Paris; seul reste devant la gare Gabriel Marcel, assis sur sa valise, protégé par un parapluie déjà trempé. Enfin, l'auto arrive et nous partons tous. Gabriel Marcel affiche une douce sérénité. Faute de vêtements de rechange, nous nous demandons comment nous allons sécher...

J'ai beaucoup apprécié Emmanuel Mounier. Je l'ai rencontré à Lyon avant de le voir à Paris. Son impact a été très dense sur des jeunes gens intelligents et généreux. Toutefois, certains de ses lecteurs se sont fermés avec une certaine violence au personnalisme. Il leur manquait une formation et une largeur d'esprit. L'originalité de Mounier était de s'engager. Or, nombre de philosophes, préférant la tranquillité, refusaient de prendre parti. Les idées de Mounier comportaient de nouvelles perspectives qui pouvaient sembler sinon révolutionnaires, du moins audacieuses, et susciter l'inquiétude. Peu de temps avant sa mort, j'ai reçu sa visite et j'ai été émue par sa générosité à l'égard de ses contradicteurs qui le critiquaient, parfois, avec une âpreté fort peu chrétienne. *Esprit* aura été un rassembleur d'hommes libres possédant le sens d'un combat nécessaire qui se révéla fructueux.

Chez Paul Ricœur, j'ai rencontré Léon Jacques Delpech

1. Robert Aron, sans être philosophe de métier, avait été invité à ce congrès.

(† 1986) qui, à cette époque, enseignait à Caen. Il sera plus tard chargé de cours à Censier. Nous sommes devenus des amis et nous nous rencontrâmes souvent. Son intérêt, qui me semblait dangereux, s'est porté, à un moment donné, sur la métapsychique et, en partie, sur les sciences occultes. Je respectais ses choix sans pour autant les partager. Nous nous sommes vus pour la dernière fois en 1981, mais il me téléphonait chaque soir et parfois deux ou trois fois par jour. Il possédait une mémoire phénoménale qui, d'une certaine manière, l'empêchait d'écrire d'une façon strictement personnelle. Cette mémoire, en quelque sorte, le bloquait ; elle le remplissait de réminiscences à son insu. Son décès m'a beaucoup affligée. Nous n'éprouvions, ni l'un ni l'autre, le besoin de nous voir, le téléphone suffisait à nos échanges ; mais nous étions reliés par des idées partagées en commun, bien que très différents dans nos options religieuses et politiques. À l'égard l'un de l'autre, nous remplissions le rôle d'une gazette orale concernant les menus événements quotidiens. Il me mettait au courant des visites qu'il recevait et je lui résumais quelques articles du *Monde* que sa mauvaise vue l'empêchait de lire. Nos entretiens ne comprenaient jamais un caractère intime. Nous conservions discrètement les secrets de nos existences et de nos singularités.

Jean Sullivan savait l'importance du paradoxe. Il le comparait à « une épée », à « l'arme privilégiée du réveil », il lui a consacré des pages suggestives[1]. Personnellement, j'éprouve un goût particulier pour tout ce qui s'apparente au paradoxe. Son emploi me semble aussi important que celui de l'humour.

Homme secret, Sullivan ne disait pas tout. Il suffisait de regarder son visage pour le savoir. Non seulement il fuyait

---

1. Voir en particulier dans *Dieu au-delà de Dieu*, III, « La fuite devant le paradoxe », p. 43 ; VII ; « Le paradoxe absolu », p. 95 ; « Le paradoxe au cœur de l'Église », p. 146.

le bavardage mais il récusait les discours inutiles. D'où la densité de son langage. D'une part, Sullivan tentait de murmurer les approches de l'inexprimable ; de l'autre, il conservait son propre secret, c'est-à-dire son trésor.

Tous ceux qui portent en eux-mêmes le *puer æternus*, devenu vivant, sont orientés vers le mystère ; ils gardent leur secret enfoui dans leur cœur, telle une Présence dans une cellule paradisiaque enclose et, de ce fait, invisible au dehors. Parfois, ils la font passer dans leur écriture sans pour autant la trahir, c'est-à-dire qu'ils n'ont pas l'impudence d'en révéler le contenu. Qui d'ailleurs serait capable d'en saisir l'ampleur ? Les hommes sont pressés. Ce n'est pas en courant qu'il est donné de saisir la profondeur et de percevoir son écho.

Parmi les ouvrages de Jean Sullivan, celui qui m'a le plus retenue est son essai sur *Dieu au-delà de Dieu*[1]. Un tel livre s'offre à la réflexion aussi bien des athées que des chrétiens ; il émet un son d'authenticité.

Pour lui, « les religions partent de l'homme »[2] mais « le christianisme descend de Dieu à l'homme. Il est *révélation*. Telle est sa spécificité »[3]. Certaines phrases demeurent, pour moi, essentielles : « La liberté se tient dans la solitude »[4], « ce qui, en nous, refuse la solitude ce n'est pas le besoin de communion, mais ce qui a peur de la rencontre, ce qui ne veut pas mourir, ce qui dit non à la communication véritable et qui nous fait nous serrer comme des brebis pour avoir chaud »[5].

« Toute mesure gardée, une fraction de l'humanité, par rapport à l'Église, est *analogiquement* dans la même situation qu'un peuple colonisé par rapport au colonisateur[6]. »

1. Paris, Gallimard, 1968.
2. *Dieu au-delà de Dieu, op. cit.*, p. 191.
3. *Idem.*, p. 192.
4. *Idem.*, p. 12.
5. *Idem.*, p. 13.
6. *Idem.*, p. 181.

Le peuple colonisé a pu absorber les valeurs du colonisateur et les intégrer. Plus tard, lorsqu'il est parvenu à un état adulte, il souhaite posséder sa parfaite autonomie, alors il la revendique. Comme le dit très bien Sullivan, le peuple colonisateur n'est pas sans analogie avec des parents refusant, à leurs enfants, de se conduire en toute liberté. D'où les problèmes et difficultés qui vont survenir. « C'est l'orgueil inconscient de l'apôtre qui administrerait le salut, maintiendrait les fidèles dans la puérilité pour ne pas leur laisser courir le risque de la liberté [1]. » Et cette phrase dont nous pouvons éprouver la véracité : « Un homme doit aller, tôt ou tard, au désert. Au retour, peut-être pourra-t-il entrer dans une société d'amis [2]. » Le « peut-être » de Sullivan doit être retenu. En fait, je ne pense pas qu'après le passage au désert, il soit possible de pénétrer dans « une société d'amis ». Celui qui a goûté au désert ne supporterait pas l'isolement éprouvé à l'intérieur d'un groupe. Quant aux membres de la société, ils le chasseraient, tel un intrus. Celui qui entre dans le désert ignore ce qu'il va découvrir. Il peut croire qu'il s'éloigne des hommes. Erreur ! Le monde n'est plus autour de lui. En le portant dans son cœur, il le réchauffe.

Un texte de Sullivan me semble à la fois original et judicieux : « De même et *analogiquement*, les chrétientés, non seulement, par les valeurs qu'elles ont fait éclore, mais par leurs propres attachements même, ont acheminé une partie de l'humanité vers son âge adulte [3]. » D'où cette conséquence, apparemment imprévue, mais indiscutable : l'adulte secoue le joug de son maître devenu son oppresseur.

1. *Dieu au-delà de Dieu, op. cit.*, p. 123.
2. *Ibid.*
3. *Ibid.*

Parmi mes meilleurs amis, figure Robert Aron. Je le rencontrais souvent à Paris et il venait volontiers passer quelques jours avec moi à la campagne l'été. Doué d'une intelligence brillante, il possédait des qualités humaines d'une densité peu commune. Juif, tout en demeurant ouvert au christianisme, il a consacré des essais à la religion, à l'histoire et à la politique. Aron n'a pas été reconnu à sa juste mesure par ses contemporains. Nombreux sont les esprits de valeur qui doivent subir un « purgatoire » plus ou moins long. Peut-être était-il un personnage difficile à saisir, du fait qu'il n'était pas strictement spécialisé. Il abordait les problèmes politiques, sociaux et religieux, avec une honnêteté exempte de toute passion. Or, l'honnêteté se montre rarement payante. D'ailleurs, il semblait difficile de l'étiqueter en raison de la pluralité de ses intérêts.

Je le rencontrais souvent à dîner chez nos amis qui habitaient quai aux Fleurs. Edmond Fleg et sa femme recevaient d'une façon si courtoise qu'on se sentait, non seulement adoptés, mais chéris. J'aimais voir Edmond Fleg bénir les premiers fruits sur la table selon les rites juifs. Ce poète laissait passer dans ses moindres propos une sorte de musicalité. J'ai rarement vu un corps si fragile, animé par un esprit aussi vivant. On oubliait son âge pour retenir uniquement la qualité de ses propos. Toute la merveilleuse tradition juive chantait en lui, elle éclairait son regard et aussi ses paroles.

C'est dans un train que j'ai fait la connaissance d'Aimé Forest, cet homme que la souffrance avait creusé [1]. Il en résultait une bouleversante transparence. Dans son regard se mêlaient la douleur, l'acceptation et la mystérieuse présence de ceux qui, appartenant au monde invisible, flottaient autour de lui.

---

1. Aimé Forest, universitaire, avait perdu une grande partie de sa famille à Oradour.

Durant des années, j'ai eu la joie de voir fréquemment le Dr Roger Godel († 1961). Ce fut un ami doué d'une exquise attention. Son œuvre m'a retenue du fait de sa qualité et de sa profondeur. Scientifique, il savait mettre, à la portée des plus ignorants, l'essentiel de sa recherche. Je l'ai vu expliquer à une petite fille de douze ans le sens qu'il convenait de donner à « l'expérience libératrice ». J'ai toujours été frappée par son extrême politesse à l'égard de chaque être particulier, indépendamment des positions sociales de chacun. Il parlait à un chauffeur de taxi ou à un serveur dans un café avec le même ton qu'il aurait employé à l'égard d'un diplomate. Je n'ai jamais rencontré une telle déférence et un tel respect pour la condition humaine.

Par son intermédiaire, j'ai pu voir un sage indien, Krishna Menon, lors de son passage à Paris. Grand connaisseur de la philosophie grecque, spécialement ouvert à la pensée de l'Inde, possédant une bonne connaissance du christianisme, le Dr Roger Godel était expert dans l'art à la fois de soigner, de faire émerger le meilleur de l'être et de l'orienter vers la beauté du dedans et du dehors. Sa seule présence avait pour effet de provoquer un équilibre harmonieux. Alice, sa femme, d'origine à la fois orientale et occidentale, devint, et est toujours, mon amie. Elle secondait son mari avec une extrême vivacité, sa fougue et les qualités de son esprit.

Lorsque j'évoque le souvenir du Dr Roger Godel, je me souviens aussitôt de ce qu'il écrivit à propos du *jīvan mukta* (libéré vivant), et qui s'applique parfaitement à lui-même : « N'espérons pas pouvoir donner de cet homme une définition exhaustive ni même adéquate. Ouvrons seulement sur lui une perspective... Vis-à-vis de nous, c'est un évocateur d'effets catalytiques et de transmutations. À part cela, selon les apparences, un homme semblable à nous. Peut-être aussi, un être bénéfique au travers duquel nous pouvons interroger notre plus profonde intériorité, miroir de vérité secrète[1]. » Extrêmement discret, le Dr Godel ne cherchait jamais à exercer la moindre influence sur autrui. Chacun portant en lui-même sa source d'éveil, il renvoyait son interlocuteur à sa propre intériorité. Parfois, je lui parlais de la mort. Ce terme, qui soulève habituellement la gravité, provoquait sur ses lèvres un sourire qui se répandait sur son visage : « La vie, la mort : deux forces lumineuses et simples autant l'une que l'autre d'une même réalité. » Il ajoutait : « Ce que la mort détruit, ce n'est donc point l'individu, mais son immaturité[2]. »

L'immaturité reculait en sa présence car il hâtait les saisons. Médecin, d'une extraordinaire humanité, il savait écouter son interlocuteur avec une inlassable patience. Jamais négatif, il plongeait ses racines dans une contrée secrète située au-delà de l'Orient ou de l'Occident, ne relevant d'aucun lieu géographique et qui avait pour nom : l'émerveillement.

Parlait-il de la Grèce, en particulier de Socrate, il s'émerveillait. Faisait-il allusion aux sages rencontrés en Inde, il s'émerveillait. Le Nouveau Testament entre les mains, trouvant rapidement la référence cherchée, une lumière radieuse s'étendait sur ses traits lorsqu'il évoquait la chambre du trésor.

L'émerveillement est d'ordre universel et les sens intérieurs sont en capacité de percevoir la beauté. Cette beauté du dedans que le temps n'altère pas, que la vieillesse ou la maladie ne sauraient détruire. Il existait chez le Dr Godel, d'une façon permanente, une extraordinaire jeunesse ; elle scintillait dans ses yeux, et dans sa façon toujours neuve de poser sur l'autre un regard bienveillant. Ce continuel émerveillement, qui ne cessait d'éclairer son intériorité, se communiquait, elle était contagieuse par rayonnement. Quel-

1. *Essais sur l'expérience libératrice*, Paris, Gallimard, 1952, p. 29 ; 2e éd., Présence, 1976.
2. Cf. *Un compagnon de Socrate, Dialogues sur l'expérience libératrice*, Paris, Flammarion, 1956, p. 186.

quefois il m'arrivait en sa présence de m'émerveiller soudain, sans en discerner la cause. Dans cette clarté estivale, lumière d'Orient, j'avais l'impression de me trouver sur un sommet de haute montagne, illuminé par le soleil. Il y a des hommes, qui, du fait de leur profondeur, provoquent une soudaine ascension. La montée ne résulte pas d'un effort, elle sera sans doute passagère, mais elle se concrétise durant un instant de plénitude. S'émerveiller devant la vie, s'émerveiller devant la mort, s'émerveiller devant toutes les naissances et la perpétuelle nouveauté ; tout devient fil de soie pour tisser la trame d'une existence constamment émerveillée. Il m'arrivait de lui faire part de mon accablement devant la souffrance d'autrui. Et je lui citais le texte de Paul, conseillant de « pleurer avec ceux qui pleurent et d'être dans la joie avec ceux qui se réjouissent » (Rm 12,15). Oui, me disait-il, on peut pleurer et se réjouir, mais sans tenir le rôle d'un bouc émissaire.

J'aimais écouter le Dr Godel évoquer le rythme constant de la mort et de la vie. Le sang, la chair, les cheveux, les os, les sensations, tout se renouvelle « selon un rythme étourdissant ». Cependant quelque chose demeure au sein de ce tourbillon : « Une substance incorporelle et invisible », celle-ci « ne trouvera sa véritable et pleine expression que par-delà l'existence mortelle »[1]. Auteur de l'ouvrage *Essais sur l'expérience libératrice*, le Dr Godel savait comment atteindre le lieu des mystères. Il écrivait : « L'oiseau lorsqu'il bâtit son nid, le castor édifiant sa cabane font passer dans l'action un savoir inclus dans la nature même de l'espèce. La science mathématique dont une araignée développe les formules dans sa toile n'est certes pas empruntée à une intelligence réfléchie... Une aptitude innée inscrite dans sa structure l'inspire spontanément... L'homme contient, par-delà les niveaux de l'intellect, un savoir inexploré pro-

1. Voir « Cités et Univers de Platon », dans *Recherche d'une Foi*, Paris, Les Belles-Lettres, 1940.

pre à la nature... Rares sont les investigateurs de l'intériorité qui ont poursuivi leur recherche... jusqu'à ce niveau profond[1].» Le médecin, le scientifique, l'humaniste Roger Godel et plus simplement encore l'homme, relié à sa source, savait comment atteindre son intériorité et puiser dans sa dimension de profondeur.

Tout à fait différents étaient d'autres personnages dont je devais subir la séduction. En particulier, Georges Bataille († 1962) que j'ai toujours considéré comme un homme hors du commun. Après une première rencontre à la Bibliothèque nationale[2], j'ai eu le bonheur de le voir souvent. Son intelligence percutante pénétrait dans des zones rarement atteintes. Le feu de son regard décantait. Il apportait, à sa manière, même dans ses remarques parfois blasphématoires, une libération. Quand il eut la charge de la bibliothèque d'Orléans, il m'invita à y donner une conférence. Parlant sur un sujet que je connaissais bien, je n'avais apporté aucune note. Pour faire plus sérieux, il plaça devant moi, sur une petite table, le dossier de son divorce en me conseillant de tourner de temps à autre les pages; recommandation que je devais aussitôt oublier.

Ce qui m'apparaissait rare, chez Bataille, concernait sa liberté. Il n'était jamais la victime des procédés littéraires ou de la mode; il savait échapper à tous les pièges. «Je n'écris authentiquement — précise-t-il — qu'à une condition : me moquer du tiers et du quart, fouler les consignes aux pieds. Ce qui fausse souvent le jeu est le souci qu'a d'être utile un écrivain faible[3].» À cet égard, son athéisme le protégeait des facilités de la pensée et du langage. Bien entendu cet athéisme, je ne le partageais pas, mais je le respectais. Il lui

1. *Une Grèce secrète*, Paris, Les Belles-Lettres, 1960.
2. Georges Bataille était chargé de ce qu'on nommait «L'enfer»; il n'existe plus aujourd'hui à la Bibliothèque nationale.
3. Georges Bataille, *Œuvres complètes*, Paris, Gallimard, XI (1944-1949), 1988, p. 12-13.

interdisait de chercher des refuges et stimulait son dépouillement. Ses propos à l'égard de l'utile et de la liberté présentent une parfaite synthèse du personnage :

« Chaque homme doit être utile à ses semblables, mais il en est l'ennemi s'il n'est rien en lui au-dessus de l'utilité.

« La chute dans l'utilité, par honte de soi-même, quand la divine liberté, l'inutile, apporte la mauvaise conscience, est le début d'une désertion. Le champ est laissé libre aux arlequins de propagande... ce qu'enseigne ainsi l'écrivain authentique — par l'authenticité de ses écrits — est le refus de la servilité (c'est en premier lieu la haine de la propagande). C'est pour cela qu'il n'est pas à la remorque des foules et qu'il sait mourir dans la solitude [1]. »

Arthur Adamov († 1970) suscita mon amitié fervente. Le caractère insolite de son esprit me ravissait. Je le voyais fréquemment au café et chez moi ; j'assistais, avec plaisir, à la représentation de ses pièces de théâtre. Spontanément, j'adhérais à la véhémence de ses propos qu'il exposa magnifiquement dans sa revue *L'Heure nouvelle*, à laquelle je devais participer. Il me fit connaître Audiberti puis Marthe Robert à laquelle nous devons des ouvrages remarquables sur Freud et Kafka.

Par ailleurs, il me mit en contact avec Antonin Artaud que j'ai dû retrouver deux fois aux Deux Magots. Cet écrivain pouvait devenir gratuitement grossier lorsqu'il cessait d'être conscient de son dire. Même à ces instants pénibles sa génialité passait. Parfois, il était traversé par des éclairs d'une incroyable lucidité. On aurait dit qu'il plongeait dans un autre monde. Comment ne pas évoquer, à son propos, une interrogation posée par Kierkegaard dans *Crainte et tremblement* : « Quel est le rapport entre démence et génialité ? L'une découle-t-elle de l'autre ? »

---

1. *Op. cit.*

C'est par l'intermédiaire de mon amie Véra Daumal, dont je suivais les entretiens, que je pus rencontrer Gurdjieff. Ce personnage me remplit d'étonnement et engendra en moi un certain malaise. Je pouvais reconnaître l'originalité de son enseignement. Toutefois, son habitude d'employer des expressions grossières me semblait à la fois gratuite et totalement inutile. Il éprouvait la nécessité de « choquer » afin de provoquer en autrui une rupture. C'était pour lui une façon de faire sortir de la conscience commune. Ce procédé n'était pas neuf mais son mode d'emploi m'apparaissait d'une brutalité intempestive, ne tenant aucun compte de la fragilité de certains tempéraments privés de structure.

Après la guerre, il était de bon ton de connaître ce « sage ». Mis à part les inconditionnels, les femmes et les jeunes gens ne le suivaient pas les yeux clos. Gurdjieff retenait à la fois des obéissances serviles et des réactions violentes. Il pouvait faire émerger le meilleur de soi et aussi le plus sordide sans que le sujet possède un discernement susceptible d'opérer une véritable distinction. L'opération réussie suscitait un éveil. Dans le cas contraire, l'individu terrassé devenait une épave abandonnée à son sort. Il est difficile de savoir à l'avance ce qu'une personne est capable de supporter. « La vérité délivre », je ne l'oublie pas, mais on ne saurait éteindre « la mèche qui fume encore ». J'étais incapable d'adhérer à ce type de sélection s'affirmant au profit de certains individus susceptibles de pouvoir devenir des hommes « habiles », dépourvus parfois de la plus élémentaire éthique, tout en se prenant au sérieux. Abandonner derrière soi des êtres meurtris, noyés, car submergés par leur propre faiblesse engendrait en moi un refus. Je n'admettais pas, et encore maintenant je ne saurais accepter, l'écrasement des psychés plus ou moins débiles, susceptibles de sombrer dans une lamentable dépression. Je n'éprouve point le goût de tuer ni même de molester les araignées, les coccinelles, les sous-hommes. Chacun a droit à sa place dans l'univers. Ne retenir que les « forts » me semble s'apparenter à une forme de racisme dont j'ai horreur. Je suis persuadée que Gurdjieff ne manquait pas d'entrailles humaines, il n'existait en lui aucune trace d'orgueil, mais son enseignement risquait d'engendrer chez les farfelus et les vaniteux, une satisfaction aussi ridicule qu'illusoire.

Un soir, j'ai vu Gurdjieff brûler deux ou trois billets de banque. Au milieu du silence général, j'osai élever la voix : « Monsieur Gurdjieff, les pauvres pullulent. Vous feriez mieux de donner cet argent à des malheureux. » Personne ne me soutint. Le regard du « Maître » se posa sur moi. Il était plus condescendant qu'irrité. Quelques instants après, je songeai en moi-même, sans bien entendu établir des rapports saugrenus, que le curé d'Ars avait eu un geste semblable devant sa domestique affolée ! Donner une leçon à quelqu'un peut exiger certains gestes insolites.

Parmi les disciples de Gurdjieff que j'ai pu voir évoluer et que je ne nommerai point par discrétion, nombreux, semble-t-il, sont ceux dont la situation financière est devenue particulièrement prospère. Mais c'est là un point de vue qui ne m'intéresse pas spécialement. Convient-il de parler d'hommes « habiles » ? Il s'agit plutôt d'hommes « malins », usant parfois de comportements identiques à ceux des politiciens. Certains cas font exception. Ceux-ci témoignent de la valeur d'un enseignement chargé d'ambiguïté.

Les procédés employés par Gurajieff ne faisaient naître en moi ni irritation ni scandale, mais un éloignement. Je demeurais donc en marge, intéressée sans être pour autant conquise. En revanche, j'étais tout à fait à l'aise avec Mme de Salzman et avec M. Tracol. Me sachant retenue par la pensée de Gide, Mme de Salzman m'emmena chez lui. Et ce fut pour moi un certain éblouissement ! Une austérité émanait du personnage, et dans ses yeux une flamme fiévreuse, légèrement voilée, flottait. Je compris soudain que la ferveur s'origine au feu intérieur ; elle brûle sans se consumer. Il me semblait entendre un murmure : « Toute ferveur m'était une usure d'amour... Nathanaël, je t'enseignerai la ferveur. » Je n'avais nul besoin qu'on me l'apprenne. Parfois il m'arrivait d'en éprouver le recueillement et la chaleur. Mais cette ferveur intense éclairait un visage et j'étais émue par sa présence.

Un autre feuillet de l'éventail de mes amis et relations comporte des ornements aussi originaux mais diamétralement différents. Parmi ceux-ci, quelques religieux.

Jean Daniélou qu'on appelait volontiers le père Jean, et qui devait, plus tard, devenir cardinal, séduisait par son intelligence. Universitaire pétillant, d'une rare vivacité, il monopolisait l'intérêt grâce à l'ampleur de son charme et de sa culture. Par ailleurs, il possédait un pouvoir extraordinaire d'adaptation qui lui permettait de se mouvoir avec aisance dans les milieux politiques, les salons, les échanges d'idées avec des chrétiens ou des incroyants. Son œuvre s'imposait. Le Cercle Saint-Jean-Baptiste, qu'il avait organisé, le mettait en relation avec des étudiants. Très estimé dans les milieux intellectuels, souvent invité à donner des conférences à l'étranger et en France, il jouissait d'un immense crédit.

J'ai toujours pensé que le père Daniélou n'était pas bienveillant par nature, mais par souci de l'être et surtout de pouvoir le devenir. Légèrement agité, féminin dans les attitudes qu'il pouvait prendre en parlant, il se penchait en avant, en arrière, oscillait latéralement... son corps, d'une grande souplesse, participait constamment à son dire. Il était tellement brillant, qu'on était tenté de retenir davantage la forme de ses paroles plutôt que leur contenu.

Ouvert, pas du tout bourgeois, tout au moins avant de briguer le cardinalat et l'Académie française, il suscitait la confiance et l'amitié. Sans doute soulevait-il, parfois, la jalousie de quelques-uns de ses confrères et, aussi, de ses relations.

Dans certains cas, il pouvait changer d'avis lorsqu'il pensait qu'une volte-face s'imposait parce qu'il s'était trompé. On l'a vu par exemple à l'égard de Teilhard de Chardin : sévère tout d'abord, il devint, après la mort de celui-ci, son ardent défenseur. Jean Daniélou possédait de multiples facettes ; il suffisait à son interlocuteur de retenir celle qui lui convenait le mieux dans l'instant présent.

Vivant, on ne l'attaquait qu'avec des mots feutrés, car on pouvait craindre que ses réactions rapides fassent mouche et piquent au bon endroit. Après sa mort, il fut facile pour des médiocres de laisser couler la bile de leur vindicte et de leurs calomnies. Profondément religieux, il reste inoubliable par sa façon de célébrer la messe. La qualité de son recueillement l'emportait même sur sa prédication.

Le père Daniélou venait me voir avec beaucoup de gentillesse. Dans les dernières années de la guerre, il m'avait fait connaître des jeunes gens désireux de passer en Angleterre. Je le rencontrais aussi chez Marcel Moré. En mai 1968, tandis que mon quartier était devenu la proie d'une violence quotidienne, de jour et de nuit, on sonna à ma porte vers 10 heures du soir. Et j'eus la surprise de voir le père qui s'excusa de surgir à cette heure tardive. Ayant aperçu de la lumière en passant dans ma rue, il était monté. Cette simplicité me plaisait. Très vite, je compris qu'il avait une question à me poser. Il me demanda de lui répondre avec franchise, ce que je fis bien entendu.

Aux *Études* de la rue Monsieur, le père Daniélou célébrait chaque mois une messe pour les homosexuels. Je l'avais appris par quelques-uns de mes amis qui y participaient. Deux ou trois professeurs et aussi des écrivains connus se rendaient volontiers à cet office qui se prolongeait par une conversation dans un café voisin. De temps à autre, lorsque j'étais certaine de la discrétion d'un de mes visiteurs, je suggérais à l'un d'entre eux de téléphoner au père pour savoir la date de cette réunion. La réponse était toujours identique : « Je dirai la messe pour cette catégorie de pécheurs, le... ». La plaisanterie était sans doute de mauvais goût, mais elle m'amusait. Je pouffais de rire en prenant l'écouteur. Après s'être posé à lui-même maintes questions, le savant jésuite avait pensé que j'étais l'auteur de ces communications téléphoniques incongrues. Nous ne fûmes pas fâchés pour autant. Je lui promis de ne pas recommencer et il partit tranquille.

La disparition du père Daniélou a été cruelle pour ses nombreux amis. Promu cardinal, il était devenu moins disponible. Je ne le voyais plus guère. Mais il me téléphonait. Sa fidélité n'était pas entamée par sa réussite ecclésiale. Entre-temps, il avait été chargé d'un enseignement théologique à l'Institut catholique. Et je pensais parfois que, si je l'avais eu comme professeur, cela m'aurait évité bien des déceptions. Mais je n'ai jamais eu l'idée de suivre ses cours. Je n'éprouvais plus le goût de fréquenter les amphis. Écouter des conférences, même brillantes, était une corvée que je n'étais plus capable d'assumer.

J'avais assisté à la fondation de la revue *Dieu vivant* que j'appelais irrévérencieusement la revue « Dieu mort-né ». En raison de son prix, il était facile de prévoir que sa durée serait éphémère. Marcel Moré a joué, à l'égard de sa création et des articles retenus, un rôle de premier plan. J'allais beaucoup chez lui, quai de la Mégisserie, à des réunions, des conférences et des dîners. Lorsqu'il avait envie de me voir seule, il venait chez moi. Notre amitié réciproque était vive. Il me téléphonait presque tous les jours. Son article sur Simone Weil paru dans *Dieu vivant* me peina. Traiter Simone Weil de « cathare » me semblait un jugement à la fois faux et malveillant. Je le dis à Marcel Moré sans doute d'une façon quelque peu véhémente. Nous aurions pu parler calmement du sujet. Il s'y refusa et se brouilla avec moi durant quelques années. Notre ami commun, Jean Daniélou, tenta vainement auprès de Marcel une réconciliation qui ne fut point admise.

Dans certains milieux parisiens, j'ai toujours remarqué une analogie de climat avec les côtes atlantiques. Le ciel est bleu ; quelques heures après, le voici gris, puis noir, et clair de nouveau. Le soleil est là ; l'instant suivant, il se cache derrière les nuages. À la campagne, devant ces alternances, on dit volontiers : « Le diable marie sa fille » ! Comme le diable doit avoir des milliers de filles, le fait se répète souvent, aussi bien dans les variations atmosphériques près de l'océan que dans les chapelles littéraires ! Il suffit de le savoir et de s'en accommoder. Tout passe ! Certains tempéraments féminins — ce qui n'implique pas qu'il s'agisse uniquement de femmes — possèdent le goût des douches écossaises du fait d'une sensibilité beaucoup trop susceptible. À cet égard, je crois qu'il est impossible de rivaliser avec certains types d'hommes !

Personnellement, je manque de souplesse pour accepter facilement ces divers blocages qui peuvent suspendre momentanément les rapports amicaux. De tels comportements me fatiguent ; aux cordes à nœuds, je préfère les cordes lisses ; les querelles suivies de nouveaux accords sont, à mon avis, à la fois épuisantes et propres à mobiliser inutilement des énergies qu'il serait préférable d'employer à d'autres tâches.

C'est à Marcel Moré que je dois le succès des rencontres de La Fortelle. Un vaste château situé près de Rosay-en-Brie avait été prêté à mon groupe de résistance pour y cacher des jeunes gens et des hommes qui auraient dû partir pour le travail obligatoire en Allemagne. Nous y accueillions des aviateurs alliés lorsque nos filières d'évasion se trouvaient sans débouchés durant quelques semaines ou mois. Des réunions fréquentes, qui groupaient des professeurs et de nombreux auditeurs, conféraient à ces contacts une raison sociale qui nous servait de couverture. Le père

Fessard, jésuite, qui était lui-même en difficulté, car il s'était occupé de juifs et de résistants, vint y séjourner.

Le père Gaston Fessard était, à mon gré, trop hégélien. Toutefois, sa vaste culture, son érudition, l'égalité de son caractère, rendaient fort agréable sa présence. Travailleur acharné, pas du tout mondain, un peu amer à la suite sans doute des difficultés qu'il avait pu rencontrer, il se montrait un homme de cœur. Il se tenait toujours disponible lorsque cela était nécessaire. On pouvait compter sur sa qualité d'amitié. Il me la témoigna, un jour, d'une façon exemplaire.

Un matin, de bonne heure, un camion bourré de soldats allemands s'arrêta devant la porte intérieure de La Fortelle. Un officier prétendit que nous cachions des parachutistes. À ce moment-là, heureusement, aucun aviateur allié n'était dans la maison. Les hommes et les femmes présents possédaient des cartes d'identité en règle ; bien entendu, la plupart de celles-ci étaient fausses. C'est moi qui dus parlementer avec l'officier. Il voulut visiter le parc et me demanda de l'accompagner. De sa fenêtre, le père Fessard me vit monter dans la voiture qui prit la direction du jardin. Le jardinier de la propriétaire prenait le plus grand soin des azalées qui poussaient dans l'immense serre. Il habitait dans des communs proches de la propriété. Cette longue pièce vitrée intrigua l'officier. Il fit garder les deux portes par des soldats, mitraillette au poing, et me pria d'entrer avec lui. Dans les coins et recoins, sous des toiles, il cherchait des hommes : il ne vit que des fleurs dont il admira d'ailleurs la beauté. En sortant de la serre, j'aperçus derrière un buisson la silhouette du père Fessard qui se dissimulait. Je fus la seule à le découvrir.

Il aurait pu s'enfuir à bicyclette ou à pied, demeurer dans sa chambre où il avait été auparavant contrôlé. Courageusement, il se voulait présent pour m'assister dans le cas où j'aurais pu être abattue. Je lui sus gré de son courage et de son amitié. Lorsqu'au dîner j'eus l'occasion de lui exprimer ma gratitude, il se contenta de sourire : « J'ai eu peur pour vous », me dit-il. Il oubliait les dangers qu'il aurait pu courir.

Un soir, à l'instant où nous quittions le salon pour aller dans la salle à manger, une immense glace accrochée au mur tomba et se brisa en de nombreux morceaux. Aucun de nous ne voulut céder à une quelconque superstition. Sur quelques visages, une ombre passa. « Quel est le sens de ce présage ? », lança un des convives, pendant le souper, au père Fessard. « Je le crois d'heureux augure », répondit l'interrogé.

On attendait, d'un jour à l'autre, le débarquement des Alliés. Il eut lieu le lendemain. Nous l'apprîmes par la radio. Nous aurions voulu fêter l'événement. Mais nous ne possédions aucune boisson particulière. Une famille juive tenait une ferme située non loin de la propriété. Au courant de nos activités clandestines, elle nous fit porter par un jeune garçon quelques bouteilles de bon vin. Nombreux, la valeur d'une cuillère à dessert remplit seulement le fond de nos verres. Nous étions euphoriques. Le père Fessard souleva l'avant-train d'une petite chienne bâtarde que nous avions recueillie ; tenant ses pattes de devant dans ses mains, il esquissa gauchement un pas de danse. Il fut applaudi ! Le père avait le don d'alléger l'ambiance lorsque nous étions paniqués ou seulement inquiets. Sa présence à La Fortelle créait un climat de confiance paisible : nous l'aimions.

De nombreux professeurs et aussi des écrivains fréquentaient nos sessions de La Fortelle, en particulier Jean Wahl, Maurice de Gandillac, sa femme et son fils, un petit enfant espiègle et agréable à vivre ; les couples Jean Hyppolyte, Jean Burgelin ; Jacques Madaule, sa femme Suzanne et ses enfants, Jouhandeau et son épouse Élise qui savait nous faire rire aux larmes ; Lanza del Vasto, en costume de velours beige, jouait le soir de la mandoline, le Dr Lacan, d'autres encore, tels Jean Grenier et Pierre Klossowski. Et parmi les jeunes gens, Michel Butor, Gilles Deleuze, Michel Tournier, déjà très brillants.

Des jésuites et des dominicains vinrent souvent nous rejoindre. Nous les invitions alternativement, mis à part le père Fessard dont la bienveillance acceptait volontiers les différences et les oppositions d'idées et de culture. Quant au père Noble, dominicain, son extrême bonté et la droiture de son caractère lui permettaient de respecter les diverses personnalités.

D'autres visages retinrent ma ferveur. Tel Louis Massignon que j'aimais aller visiter. Un homme dévoré par l'amour des persécutés, des incompris, des faibles. En lui, se conjuguaient le sens de la justice et celui de la miséricorde. Fidèle à l'esprit de l'Évangile, il le vivait sans aucun compromis. Sa vive sensibilité, on pourrait même dire ses entrailles de charité quasi maternelles le rendaient vulnérable. Il souffrait pour autrui avec démesure. Voir la dignité humaine bafouée le déchirait. Je n'ai jamais eu l'occasion de connaître un professeur aussi éminent, possédant une telle tendresse. Sa physionomie grave qu'éclairait un regard fulgurant se détendait lorsqu'on faisait allusion à La Salette. Quant à sa voix, elle témoignait de la passion qui l'animait. Sa connaissance avait totalement dépassé le niveau du savoir mental. Il accueillait ses visiteurs avec une égale courtoisie et une extrême attention. Louis Massignon était un mystique. Son approche des mystères s'opérait dans « la crainte et le tremblement » d'un cœur rempli d'humilité.

J'ai suivi durant quelques mois les cours de Puech au Collège de France et j'ai été le voir chez lui. C'était un homme libre, sachant manier les idées avec aisance. Sa bonhomie et la simplicité de son accueil rendaient toute communication aisée. J'ai aimé tout particulièrement son écriture. Faciles à lire, ses ouvrages se dévorent. Sa vieillesse fut triste et je me reproche de ne pas avoir été le visiter lorsqu'il dut supporter des infirmités qui l'empêchaient de sortir.

Quand Mircea Eliade habitait Paris, j'avais le plaisir de le rencontrer. Il venait, de temps à autre, le soir, avec quelques provisions et nous faisions ensemble une agréable dînette. Il me fit connaître certains de ses amis, par exemple Dumézil, dont le visage m'impressionna.

Après son départ pour Chicago, je vis très rarement Eliade. Deux ou trois fois peut-être à Ascona et autant à Paris. Je ne m'en suis pas pour autant affligée et j'ai toujours conservé pour lui mon amitié et mon intérêt pour son œuvre, y compris pour ses romans. Lorsque je suis passée à Chicago, durant un été, il se trouvait en Italie.

Récemment, j'ai pu voir à la télévision le film de Barba Négra que j'ai trouvé excellent. Toutefois, j'ai un peu cherché à tâtons le Mircea Eliade d'autrefois. Il me semblait différent, non seulement du fait d'une fatigue due au vieillissement, mais dans l'exposé de sa pensée. Je conservais le souvenir d'un homme plus ouvert au christianisme, en particulier à l'orthodoxie. Il est vrai que le sujet « Retour du sacré » ne comportait pas nécessairement un exposé sur la dimension chrétienne. D'ailleurs Barba Négra a suppléé à cette carence par la présentation d'icônes, de mélodies grégoriennes, et encore grâce à des disques concernant la liturgie orthodoxe.

L'historien des religions tenait à ses romans de la même manière que Gabriel Marcel nourrissait une prédilection pour son théâtre. Le lecteur possède le droit de faire un choix. Cependant, l'œuvre d'un écrivain est une totalité. Un esprit assez ouvert admet la pluralité des modes d'écriture.

Il en fut ainsi pour Gaston Bachelard, le scientifique-philosophe, doublé d'un poète, dont le langage envoûte. J'ai eu plusieurs fois la bonne fortune de visiter Bachelard chez lui. Unique en son genre, il inspirait, par sa présence, le sentiment d'une plénitude, de quelque chose à la fois d'authentique et de parfait. On osait le questionner. Sa beauté rayonnante provenait non seulement de son intelligence, de l'harmonie de ses traits, mais aussi de sa dimension intérieure. Il ruisselait de compréhension et d'ouverture. Chaque fois que je reprends un de ses livres, non seulement je suis comblée, mais je découvre des perspectives nouvelles qui, auparavant, m'avaient échappé. Le scientifique savait faire chanter les mots et aussi découvrir les poètes peu connus.

J'ai rencontré deux fois Mauriac chez lui : un peu intimidée lors de ma première visite, non pas en raison de son prestige, mais à cause de sa voix, de sa « voix blessée ». J'ai aimé ce son rauque qui me semblait provenir d'un monde souterrain. Nous avons parlé du Général : « Il n'y en a qu'un ! » Et j'ai vu dans son regard une lueur passer. Une de ces clartés vertigineuses qui animent parfois les yeux d'hommes âgés. Ce n'est pas une brillance continuelle, mais une lueur que, seuls, peuvent produire l'amour et l'amitié.

Les « Papiers » de Mauriac, parus dans la presse, m'ont toujours paru remplis de courage et animés par un sens de la justice. Cet homme sensible, douloureux, profond, retenait mon intérêt. Ses romans ne me séduisaient pas, mais ses *Mémoires intérieurs* me subjuguaient. Il appartenait à une race, aujourd'hui défunte, disparue d'une façon définitive. Une race d'hommes fidèles jusqu'à la mort. « Le chêne qu'on abat », disait Malraux, à propos du général de Gaulle. De tels hommes étaient aussi des chênes que la mort a déracinés.

On pourrait s'interroger et dire : où sont les chênes aujourd'hui ? Des arbres sont « malades » dans les forêts, certains penseurs modernes possèdent une intelligence et un cœur pollués. La pollution jaillit du dedans et se répand à l'extérieur.

Le décès d'Albert-Marie Schmidt, heurté par une auto près du Théâtre de l'Odéon, me consterna. Je le voyais fréquemment. Habitant le même quartier, il avait la gentillesse de venir chez moi. C'est par lui que je fis la connaissance du pasteur Finet et de *Réforme*, dans lequel j'eus plusieurs fois l'occasion d'écrire. Je rencontrais aussi

A.-M. Schmidt à des cocktails d'éditeurs, en particulier chez Gallimard. Après la guerre, ceux-ci étaient animés par le père Bruckberger qui avait le plus grand succès, du fait de son engagement durant la guerre et aussi de ses remarques qui faisaient « pschitt ». Les jeunes femmes l'adoraient, les vieilles aussi, mais il savait ne pas s'encombrer de ces dernières et laisser à la fraîcheur et à la beauté leurs prérogatives. L'après-guerre exalta des hommes doués d'originalité. On ne peut pas dire qu'elle les fit surgir, elle en favorisa le déploiement.

À la N.R.F., je rencontrais Jean Paulhan. Parler avec lui était une joie. J'ai été très frappée par l'atmosphère de son appartement, dans le quartier des Arènes. Il transformait le jour en nuit, en fermant ses contrevents. Le nocturne l'inspirait. En revenant de chez Gallimard, je m'arrêtais souvent, volontiers, au Pont-Royal où j'apercevais Sartre et Simone de Beauvoir. Nous échangions, parfois, quelques propos. Le rôle de ce « couple » aura été considérable sur la pensée philosophique, le roman, et aussi dans l'éclatement du quotidien. Leur comportement politique drainait des ébrouements de collégiens en vadrouille. Sartre se prenait-il au sérieux, en 1968, lorsqu'il haranguait des étudiants en leur tenant des propos révolutionnaires tout en souhaitant se faire « arrêter » ? N'ayant pas été reconnu par quelques policiers, il fut embarqué dans le « panier à salade ». Il eut le temps d'être photographié avant d'être « libéré ». L'incident, qui relève du canular, m'apparaît à la fois sympathique et grotesque. J'en retiens l'aspect drolatique. J'ai toujours remarqué que certains hommes mûrs conservent le goût de s'exhiber dans des manifestations réservées plutôt aux jeunes gens. On le voit par exemple avec des politiciens du P.S. qui déambulent, bras dessus bras dessous, en attendant les flashes des journalistes.

Abellio ne devait guère aimer les plaisanteries. C'était un homme sérieux. Je fis sa connaissance grâce à une amie,

Germaine Meyer, qui me demanda de la piloter en Suisse où Abellio s'était exilé après la guerre. Spontanément, j'ai éprouvé pour sa pensée un vif intérêt. Toutefois, j'ai dû faire un certain effort car je le savais peu favorable au général de Gaulle. La Libération était encore trop proche pour que je ne ressente pas un certain malaise devant une opinion si contraire à la mienne. Plus tard, en 1953, j'ai assisté de temps à autre au Cercle d'Études métaphysiques d'Abellio. J'ai eu l'occasion de le rencontrer et de m'intéresser à ses travaux. L'homme et l'œuvre ne faisaient qu'un. Son passage par le marxisme semblait avoir laissé en lui quelques séquelles en faveur du matérialisme dialectique. On est rarement totalement guéri de son passé dont les effets peuvent se manifester sous la forme de résidus de pensées, plus ou moins contrôlables, susceptibles de drainer d'anciens liens affectifs non résorbés. Le fait de passer d'un parti à un autre, voire de changer de religion, comporte toujours une agressivité à l'égard de ce qu'on a abandonné. Cependant, certains propos d'Abellio, concernant le marxisme, m'apparaissent très justes. Pour lui, « la loi marxiste n'exprime rien d'autre, au plan social, que la tendance au nivellement, à l'uniformisation, au même titre que la loi dite, en physique naturelle, de "l'entropie croissante". Mais, au plan social, cette tendance à l'uniformisation, au nivellement, se heurte évidemment à la volonté anti-égalisatrice des consciences individuelles[1]. » Par ailleurs, le scientifique donnait, à mon avis, trop d'importance à la raison, il s'en dégageait avec difficulté. Or la raison s'éclipse devant la profondeur.

Ce philosophe ira de la phénoménologie à l'ésotérisme. Ce terme « ésotérisme » est chargé d'ambiguïté ; il peut soulever l'incompréhension et la critique. On en fait trop souvent un mauvais usage. « J'avais plutôt l'impression, dira

1. Raymond Abellio, *De la politique à la gnose*, entretiens avec Marie-Thérèse de Brosses, Paris, Belfond, 1987, p. 182.

Abellio, qu'il y avait dans l'ésotérisme un noyau indestructible de vérité, un corps de doctrine réellement traditionnel, présent dans toutes les religions, comme centre vivant et caché, mais qu'au-delà, ce noyau s'enveloppait de franges, de constructions extérieures qui relevaient souvent de la fantaisie, de simples créations humaines...[1] » J'adhère à ce propos.

En revanche, je suis plutôt gênée par la position d'Abellio concernant la mystique par rapport à la gnose. Il me semble que le mathématicien n'a pas pu saisir l'importance et l'ampleur de l'approche des mystères. Toutefois, je peux comprendre une telle réserve du fait du mauvais emploi du mot mystique, si fréquent à notre époque.

Trois mois et quelques jours avant son décès, Abellio a donné à la Sainte-Baume, un magnifique exposé sur un sujet qui était pour lui essentiel : « Gnose et transfiguration ». Afin de préciser la gnose, il l'oppose tout d'abord à la mystique. « Opposition dialectique », souligne-t-il, sans que l'une soit jugée supérieure à l'autre. Ces deux termes se situent au plan d'une complémentarité. Le conférencier retient le mot « mystique » dans son sens le plus habituel. Ensuite, il parlera du ravissement hors de soi-même, de l'illumination aboutissant à l'extase. Pour la gnose, l'enstase[2] lui semble remplacer l'extase, il ne s'opère aucune sortie, aucune perte d'individualité. Le gnostique est « presque *densifié* en soi ». Ainsi, « la connaissance vient... par voie illuminative, de l'extérieur ; on reçoit, intérieurement, une sorte de densité supplémentaire ». Au point ultime, « extase et enstase confinent, dans une dialectique ascendante, à un état d'illumination commun »[3]. Mystique et gnose se rejoignent.

---

1. *De la politique à la gnose*, *op. cit.*, p. 135.
2. Mot employé par Mircea Eliade.
3. « Gnose et transfiguration », par Raymond Abellio. Cette conférence, donnée à la Sainte-Beaume, a été publiée par *Question de*, dont le numéro 72 est consacré à « La structure absolue », Paris, Albin Michel, 1988, voir p. 37-38.

L'extase concerne, surtout, les esprits faibles. Ou, plus exactement, les âmes fragiles. L'esprit m'apparaît se situer au-delà de l'extase. Il survole, il se tient au-dessus des diverses modifications subies par l'âme. C'est lui seul qui opère une percée vers Dieu. Ce terme de « percée », employé par Eckhart, Abellio le reprend en parlant de l'âme. Mais l'âme demeure féminine et passive, tandis que l'esprit, masculin, est actif. Il ne reçoit pas, il traverse. Toutefois, la mutation se produit au-dedans. L'illumination ne provient pas de l'extérieur. L'accomplissement s'effectue dans l'intériorité. Le royaume est au-dedans, il ne se situe pas au-dehors. Le fond est entouré d'une aura de lumière. L'atteindre, c'est arriver à la clarté. Incandescence passagère, d'une durée brève, mais foudroyante. Si la lumière provenait de l'extérieur, elle ne pourrait se répandre que dans les franges, le pourtour. Le dehors n'illumine pas le dedans. Seul le dedans éclaire le dehors. Le plus souvent, le dehors ne subit aucune modification visible. L'incognito se trouve préservé. Et l'homme qui reçoit la visite de son fond conserve pour autrui la dualité de son propre visage et de sa démarche.

Il est possible de se tenir dans une certaine réserve à l'égard des idées politiques d'Abellio. Par ailleurs, tous ceux qui l'ont connu savent qu'il était perfectionniste à sa manière. Ce mouvement en lui, irrécusable, émergeait de sa véritable humilité. Un jour, il passait avant moi à la radio. Trois fois de suite, il a recommencé son exposé. Pour s'excuser de m'avoir fait attendre, il m'a simplement dit : « J'étais tellement mauvais qu'il me fallait nécessairement recommencer. »

Henry Corbin, professeur à l'École des Hautes Études, était un homme « ressuscité » avant d'aborder l'autre rive. Il portait sur son visage et dans ses yeux le scintillement de son appartenance. Dans ses ouvrages et lors de ses conférences, il a su faire passer le monde des anges. On perçoit, en le lisant, le bruissement de leurs ailes. Et les textes soufis, merveilleusement présentés et traduits, nous entraînent vers l'invisible. J'aimais le rencontrer et l'entendre. Son amitié chaleureuse exaltait en faisant s'épanouir le meilleur de soi. Durant longtemps, il a été un des orateurs des réunions d'Ascona[1]. Puis il a fondé, à Paris, l'université Saint-Jean-de-Jérusalem[2], dont les *Cahiers*, chaque année, traitent de sujets essentiels. Il a pu réunir, autour de lui, des professeurs éminents et former des disciples qui, aujourd'hui, propagent sa pensée en toute fidélité. Créateur, Henry Corbin n'a jamais été l'homme d'un système. C'est pourquoi il pouvait parfois inquiéter — au sens de Chestov et d'Alain — les esprits dogmatiques qui possèdent le goût des classements et des étiquettes définitives.

En écoutant Henry Corbin et en le lisant, on se surprenait à souhaiter ardemment devenir semblable à l'héliotrope dont parle Proclus[3] dans *L'Art hiératique des Grecs*. Libre de sa mobilité, cette fleur suit les mouvements du soleil. Il serait possible, dira Proclus, de percevoir « le son de l'air battu » lorsqu'elle accomplit sa rotation. Telle est sa prière, son « hymne à son roi ». Cette « dialectique d'amour », dont Henry Corbin parle magnifiquement à propos de ce texte de Proclus[4], provient d'une attraction réciproque, d'une sympathie mutuelle entre les êtres visibles et les invisibles. Le perpétuel mouvement de l'héliotrope signifie le constant retournement, la conversion, la *métanoia* fondée sur une communauté d'essence entre la fleur et celui auquel elle correspond. En effet, « toute chose prie, dira Proclus, selon le rang qu'elle occupe dans la nature, et chante la

1. En Suisse sur les bords du lac Majeur.
2. L'université Saint-Jean-de-Jérusalem a pris fin au printemps 1987. Un dernier *Cahier* est paru en 1988.
3. Proclus appartient au néoplatonisme tardif.
4. Cf. *L'Imagination créatrice dans le soufisme d'Ibn'Arabî*, Paris, Flammarion, 1958, coll. « Idées et Recherches », p. 88 sv.

louange du chef de la série divine à laquelle elle appartient »[1].

Après avoir admiré le chant de l'héliotrope qui se concrétise dans l'existence de la plante, l'auditeur et le lecteur comprenaient que l'écriture, la parole, la vie de son commentateur Henry Corbin étaient animées par cette « dialectique d'amour », et par la très pure connaissance qui l'accompagnait. Le « son de l'air battu » ne parvenait sans doute pas aux oreilles des amis et des élèves du professeur, l'audition se trouvait avantageusement remplacée par la vision. L'œil pouvait discerner, de temps à autre, sur le visage d'Henry Corbin cette subtile lumière, issue d'une dimension hiérophanique, d'une relation entre l'homme et son Dieu, qui éclaire parfois les ressuscités.

L'homme ressuscité porte dans son regard les reflets d'une nouvelle aurore, on pourrait parler d'un regard d'éternité. Cette éternité colore l'écriture, la sculpte, révèle le secret de la profondeur. À certains instants elle éveille un écho chez le lecteur, le cœur de celui-ci s'anime. Envahi par une chaleur insolite, le cœur devient brasier.

À la suite des pages consacrées à « La prière de l'héliotrope », Henry Corbin aborde, dans le même ouvrage, *L'Imagination créatrice dans le soufisme d'Ibn'Arabî*, les thèmes de « la sympathie et de la théopathie ». Après avoir évoqué la fonction cognitive de la sympathie selon Max Scheler, l'auteur fait allusion à « la double notion du *Theos agnostos* (Dieu inconnaissable) et du *Deus revelatus* ». Le mystère de l'origine de la création s'exprime « comme une *compatissance*, une *sympathesis* divine qui émancipe les êtres de leur non-être, il en éclot un *sympathétisme* humano-divin rendant solidaires dans leur être même le seigneur divin et son fidèle d'amour »[2]. Ainsi l'union mystique doit être comprise « comme *unio sympathetica* ». Le Dieu inconnais-

1. *Ibid.*
2. *L'Imagination créatrice, op. cit.*, p. 91-92.

sable aspire à être connu. « Nous n'en pouvons savoir que ce qu'il révèle de lui-même [1]. » Cette révélation secrète se manifeste dans l'homme. Elle provient d'une double nostalgie : celle de Dieu et celle de l'homme, l'une précédant l'autre et la seconde se présentant comme une réponse à la première : « J'étais un Trésor caché et j'ai aimé à être connu. Alors j'ai créé les créatures afin d'être connu par elles », dit le *hadîth* souvent médité par les mystiques en Islam [2].

Je dois à Henry Corbin d'avoir pu rencontrer Jung. C'est lui qui m'obtint un rendez-vous que je conserve très présent. La stature, le visage du psychologue m'impressionnèrent. Nous parlâmes tout d'abord de la mort et des rêves dans lesquels certains défunts semblent parfois se manifester. Je venais de perdre quelqu'un de très cher et je me posais des questions concernant la condition post mortem. Aucun visage aimé ne se présentait dans mes rêves. Mis à part trois ou quatre « songes », je n'y prêtais guère intérêt. J'éprouvais plutôt, de temps à autre, en travaillant, l'impression soudaine d'une présence furtive.

La qualité d'attention de Jung suscita moins l'exposé de mes problèmes que l'aveu de ce qui me paraissait vrai pour moi, à ce moment précis de mon existence. Certes, je me tenais ouverte à l'égard d'une plus ample information. Cependant, seule une expérience personnelle était susceptible de me convaincre, tout au moins à l'instant même de sa réalisation. Ensuite, le doute risque toujours de se glisser. Très vite, le psychologue de Zurich devina le sens de mon investigation et m'engagea à la poursuivre avec la totale indépendance qui me convenait. Avais-je besoin d'encouragement ? Je ne le pense pas. Toutefois, la compréhension de Jung me fut précieuse.

Gabriel Marcel fut pour moi un ami très cher. Mon amitié comportait à son égard une profonde tendresse. Extraor-

1. *Idem.*, p. 93.
2. *L'Imagination créatrice, op. cit.*

dinairement doué, à la fois philosophe, dramaturge, poète, musicien, il possédait une immense culture. On a fait de lui un existentialiste chrétien. Il refusait cette qualification, qu'on lui collait par facilité, n'éprouvant guère le goût des étiquettes. À l'égard d'autrui, son ironie pouvait être mordante. Si on lui démontrait la cruauté et parfois le manque de justesse, il en corrigeait aussitôt le caractère excessif. J'ai toujours pensé que l'ironie l'amusait, elle était pour lui le « repos » du philosophe. Le plus souvent, ses remarques se montraient pertinentes tout en frôlant la caricature.

Chez lui, rue de Tournon, et chez moi, j'ai rencontré très souvent Gabriel Marcel. D'un commun accord, nous abandonnions les thèmes qui nous divisaient. En particulier la politique ; il était beaucoup plus à droite que moi. D'ailleurs, dans ce domaine, il pouvait se montrer versatile. Il trouvait mon gaullisme exagéré, mais se gardait de me le dire pour ne pas susciter de ma part des propos un peu vifs qui auraient pu se teinter de violence. Lorsque j'écrivis mon livre sur lui [1], je le rencontrai plusieurs fois par semaine.

L'ouverture de Gabriel Marcel sur le monde invisible ne se heurtait à aucune limite. Cet attrait me semblait d'autant plus significatif que je subissais, moi aussi, une attraction identique. Non seulement la vie succédant à la mort physique retenait son attention, mais une partie de lui-même tentait de vivre dans cet au-delà mystérieux. Happé par le mystère de la condition humano-divine, il se posait de multiples questions. Celles-ci demeurent présentes dans son œuvre et plus encore, peut-être, jaillissaient-elles dans sa conversation. Lorsqu'il se trouvait à l'aise avec un interlocuteur ami, il prenait la liberté de penser tout haut.

Sa correspondance avec le père Fessard [2] m'a permis de

1. *Un philosophe itinérant, Gabriel Marcel*, Paris, Flammarion, 1959.
2. *Gabriel Marcel-Gaston Fessard, Correspondance 1934-1971*, Paris, Beauchesne, 1985.

mieux saisir l'ampleur de sa sensibilité, la subtilité de sa conscience et l'humilité de son âme. Certes, Gabriel Marcel n'était pas un mystique comme on l'entend le plus souvent. Cependant, il en avait la profondeur. Non seulement par son approche incessante du mystère, mais par sa perpétuelle angoisse de s'écarter d'une position juste. À cet égard, il convient de noter en lui une caractéristique juvénile dont la pratique se montre fort rare : le perpétuel souci d'éviter toute erreur dans sa conduite et sa pensée.

Il se présente des tisseurs de voiles. Gabriel Marcel se vouait au dévoilement. Et cela, à tous les niveaux, allant de la philosophie au comportement quotidien le plus banal. La rectitude de son comportement, qu'il n'affichait jamais au dehors, suscitait mon admiration. L'impeccabilité de son existence, sa parfaite probité intellectuelle et simplement humaine étaient et demeurent, à mes yeux, tout à fait remarquables.

À la rigueur, on pourrait relever, chez lui, les traces d'une forme de naïveté. Celle-ci provenait de son extrême bienveillance à l'égard de certaines de ses amies. Je pense, ici, à Simone Saint-Clair et à Marcelle de Jouvenel. La première, qui appartenait à la Résistance, avait connu la dure épreuve des camps. Elle avait perdu ses deux fils. Et elle pensait entretenir avec eux des échanges, recevoir des messages. Il en était, ainsi, pour Marcelle de Jouvenel, abandonnée par son mari, Bertrand, et inconsolable de la mort de son enfant unique. Elle, aussi, estimait correspondre avec son fils Roland. D'où ses nombreux ouvrages, dont le premier fut préfacé par Gabriel Marcel[1].

Personnellement, je me suis intéressée, durant quelques années, à cette possibilité d'entretiens par l'écriture automatique sans pour autant la pratiquer. Dans certains cas, très rares, il peut certainement se présenter l'audition de paroles brèves provenant de l'autre rive. Lorsqu'il s'agit d'un

1. *Au diapason du ciel*, Paris, 1948.

contenu abondant, pouvant former la matière de plusieurs ouvrages et même d'une seule plaquette, je deviens plus sceptique. Je me demande si cette écriture n'a pas comme auteur le sujet lui-même, pouvant entrer en contact avec une partie de son être qui n'est pas animée dans le quotidien. J'ai dû, à ce propos, réviser mes précédentes options. Actuellement, il m'apparaît scabreux de créditer les morts du pouvoir de discourir. Ainsi, le scripteur pourrait converser avec lui-même, tout en attribuant à un décédé ce qui provient d'une sorte d'inspiration. Sorte d'état second que tous les écrivains connaissent et, en particulier, les poètes.

À ce propos, Gabriel Marcel avait évolué. Ses adhésions se sont peu à peu ébranlées à l'égard des contacts assidus avec les morts. Sur un autre plan, celui de la religion, il devait aussi modifier ses propres certitudes, même à l'égard de sa conversion au catholicisme.

Le charme d'une certaine jeunesse de cœur, et même d'une naïveté pleine de fraîcheur, se révèle dans une petite anecdote qui m'amusa follement.

Un soir, vers minuit, je revenais avec Gabriel Marcel de la lecture d'une de ses pièces qui avait eu lieu chez une amie commune, Mme Ponceau. Le directeur d'une revue nous servait de chauffeur. Arrivés devant la maison de Gabriel Marcel, celui-ci me demande de monter dans son appartement. En raison de l'heure tardive, j'hésite un peu, puis j'accepte. Sitôt entré chez lui, mon interlocuteur boit un verre d'eau et me parle des graves problèmes d'un jeune garçon dont il s'occupait. Puis il s'interrompt soudain, prend son visage entre ses mains et, d'une voix angoissée, me dit : « C'est effroyable ! Je n'aurais jamais dû vous faire venir chez moi à une heure aussi insolite. Votre réputation est compromise par ma faute. M. X va raconter partout mon invitation... Je suis effondré ! Effondré ! »

Aussitôt, je le rassure et le quitte.

Dans l'escalier, j'éclate de rire. Je ris encore dans la rue de Vaugirard en rejoignant le Théâtre de l'Odéon. Je m'assois sur une des marches pour rire plus à l'aise. Arrivent deux agents qui surviennent inopinément. Surpris par mon hilarité, ils pensent que je suis ivre. Craignant d'être « embarquée », je me lève prestement, retenant mon rire en leur présence. De retour dans mon studio, le souvenir de ce petit incident provoque encore ma gaieté.

Parmi mes nombreuses rencontres, l'homme qui se révéla le plus fascinant pour moi fut Nicolas Berdiaev († 1948). Enfin, un pneumatologue ! Près de lui, je respirais, j'étais heureuse ; la Déité me semblait plus proche et le monde habitable. Quelque chose d'essentiel passait dans son regard et sa voix. La divine Présence, avec son mystère, s'imposait ou, plus exactement, il était impossible de ne pas la discerner. L'innommable ne s'impose jamais, on l'éprouve ; il se distingue aussi en tant que lumière.

Ai-je, tout d'abord, été séduite par sa dimension russe, par l'orthodoxie à laquelle il se rattachait à sa manière ? Je ne le pense pas. Ce qui m'éblouissait provenait de l'Esprit qui l'animait. Fils de la liberté, il projetait autour de lui un air pur de haute montagne, une atmosphère incandescente. Son attitude, son langage, les expressions de ses yeux, tout débouchait sur l'éternité. Le voir, parler avec lui, suspendait le temps. Nicolas Alexandre semblait immergé dans cette pré-résurrection que l'on annonce devoir survenir après la mort physique. Parfois, elle devance le décès, elle saisit le vivant et l'illumine. Berdiaev aura été pour moi une preuve de cette anticipation aussi rare que féconde.

C'est pourquoi, il émanait de lui une vastitude. Géographiquement, celle-ci provenait de son origine. Spirituellement, elle était provoquée par son ancrage dans l'éternité. Il pouvait s'écrier avec Zarathoustra : « Je t'aime, ô Éternité. » À travers ce philosophe, on rejoignait l'essentiel. Témoignant de l'Absolu, il orientait vers la Déité.

Le dimanche, Berdiaev réunissait ses amis. Quelques Russes se montraient particulièrement diserts et même bavards. Ils avaient quelque chose à dire. Leurs propos balançaient des idées avec une dextérité toujours neuve. Près de ces géants, les Français semblaient, sinon des nains, du moins des personnages quelque peu falots. Même Illyne, personnage un peu fou par excès d'originalité, donnait à ces rencontres une saveur pleine d'humour. Dans cette « ancienne » génération de Russes, se trouvaient à la fois les profondeurs de l'âme humaine dont les Européens apparaissent si souvent démunis, un sens du mystère et de son dévoilement.

Déjà Dostoïevski déclarait : « La Russie n'est pas seulement en Europe, mais aussi en Asie : le Russe n'est pas qu'un Européen, il est également un Asiate. » Les Russes, que j'ai pu rencontrer chez Berdiaev et grâce à d'autres amis, m'ont toujours paru d'une merveilleuse ampleur. Tenaient-ils cette densité de leur réalité européenne ou asiatique ? Sans doute de leur mélange. En tout cas, ils étaient des hommes avec leurs passions, leur amour cosmique et leur sens d'un Dieu vivant. Même lorsque certains blasphémaient dans leurs moments de doute et de souffrance, ils affirmaient la divinité du Christ et l'ampleur de son amour miséricordieux. Le problème de l'homme face à Dieu les séduisait. Souvent, en parlant avec des Russes, j'ai pensé au texte composé par Dostoïevski à dix-huit ans, et communiqué à son frère : « L'homme est un mystère ; si tu consacres toute ta vie à le dévoiler, ne dis pas que tu as perdu ton temps. C'est ce secret qui me préoccupe, car je veux être un homme [1]. »

Or qu'est-ce qu'un homme ? Une personne qui dépasse le niveau de la psychologie et qui tente de pouvoir devenir un « pneumatologue ». Cette démarche traverse l'angoisse du doute à l'égard de Dieu et partage passagèrement le rêve d'un socialisme utopique.

---

1. Texte cité par C. Motchoulski, *Dostoïevski,* Paris, Payot, 1963, p. 544. J'ai connu ce texte autrefois par l'intermédiaire d'Illyne.

Dans ces réunions de la rue du Moulin-de-Pierre à Clamart, le fantôme de Dostoïevski semblait errer. L'atmosphère de *La Légende du Grand Inquisiteur* s'étalait, les personnages présentés par *Les Frères Karamazov* s'agitaient avec leur démesure.

Pour Berdiaev, le problème essentiel de l'existence se trouvait inclus dans la rencontre entre le Christ et le Grand Inquisiteur. Les hommes illustrent l'un ou l'autre visage. L'Inquisiteur des *Frères Karamazov* fait perdre la foi en Dieu et la foi en l'homme. Dieu et l'homme, étant inséparables, se tiennent et s'accompagnent. L'Inquisiteur veut donner aux hommes le bonheur, les nourrir d'une façon plus ou moins frelatée, leur offrir le confort auquel ils aspirent. Ensuite, il pourra rassembler les rebelles et les débiles sous le glaive de César. Alors, s'élève la tour de Babel : les hommes ne se comprennent plus. Ils se détestent, se haïssent, usent entre eux de violence. Ayant perdu tout caractère humain, les voici semblables à des animaux de la jungle qui s'entre-déchirent. L'humanité est devenue comparable à un troupeau car les hommes ont perdu la liberté d'aimer Dieu ou de le nier. Tombés dans l'indifférence, les voici incapables d'exercer la justice et la probité. D'où le règne de la grande Prostituée assise sur la bête écarlate (Ap 17, 2 sv.).

Tout le problème de l'existence humaine gît là. Le Christ apporte aux hommes la liberté, et ceux-ci la récusent car elle est trop difficile à vivre.

Berdiaev s'est posé le problème des Églises. Et je ne cesse de le reprendre avec lui. Les Églises ont-elles favorisé la liberté ? Il est évident qu'elles ont eu recours, elles aussi, à l'autorité. Et les conséquences de l'exercice de ce pouvoir, dont elles ont fait usage en imitant celui du temporel, ou en coïncidant avec lui, ont eu des effets analogues à ceux déclenchés par le Grand Inquisiteur : perte de la foi en Dieu et en l'homme. Les Églises pouvaient-elles agir autrement ? Cela n'est pas certain. En raison de leur fragilité et de leur somnolence, les hommes veulent être conduits. Ainsi, les

Églises se sont trouvées dans la nécessité de répondre aux aspirations du plus grand nombre. On ne saurait leur reprocher de se tenir dans l'extériorité et de pactiser, parfois, avec le Grand Inquisiteur. La responsabilité est portée par les hommes et, en particulier, par les chrétiens.

Tous les Russes authentiques des anciennes générations ont été influencés par Dostoïevski que Vladimir Soloviev nommait « le guide spirituel des Russes ». En fait, la personnalité de Berdiaev et son œuvre se présentent comme une illustration des *Frères Karamazov.* Ainsi, son autobiographie spirituelle [1] ne cesse de témoigner, sinon de cette influence, du moins de cette parenté.

Le philosophe russe Nicolas Berdiaev fut engendré par la liberté ou plus exactement par « l'épreuve de la liberté ». Même enfant, Nicolas Alexandre « n'a jamais connu ou admis aucune autorité ». Une telle expérience lui est étrangère. Il précise cette affirmation en disant : « J'ignorais l'autorité dans ma famille, à l'école, dans mes études philosophiques ou en particulier dans la vie religieuse... Je suis... l'homme le moins traditionaliste du monde » (p. 67).

Parlant de la religion, il dira : « Ma voie spirituelle m'ayant mis en contact avec le monde de l'orthodoxie, j'éprouvais la même angoisse que j'avais ressentie dans les mondes aristocratique et révolutionnaire, j'y retrouvais la même atteinte à la liberté, la même hostilité envers l'indépendance de la personne et de son action créatrice » (p. 71). En raison de son dynamisme et des exigences qu'elle pose, la liberté n'est pas aimée. De ce fait, la personne qui ne se réalise que dans la liberté suscite la méfiance. D'où cette affirmation : « Je n'ai jamais admis, je n'admettrai jamais une orthodoxie prétendant à la vérité à l'insu de ma libre recherche et de mes investigations. » En encore : « Les plus

1. *Essai d'autobiographie spirituelle,* Paris, Buchet-Chastel, 1958 ; dernière réédition, 1992.

formidables falsifications de la vérité furent accomplies par les orthodoxes » (p. 73). Dans ce propos, Berdiaev ne vise pas spécialement l'orthodoxie religieuse, mais toute orthodoxie relevant d'une autorité extérieure qui s'impose, brise la liberté et la supprime.

Berdiaev fait souvent allusion à sa « nature contradictoire ». D'une part, il est « douloureusement étranger à ce monde, éloigné et séparé de tout et de tous ». D'autre part, il vit, en profondeur, les événements de son époque. Les problèmes sociaux ne le laissent pas indifférent. Néanmoins, il a toujours su qu'il n'était pas un « homme de la vie sociale », car il se plaçait « uniquement sur le plan spirituel ». Toutefois, Berdiaev n'impose pas au-dehors sa particularité ; bien au contraire, il l'intériorise afin de ne pas devenir un poids pour autrui. Le propre des visages authentiques est d'effacer autant que possible leur profondeur.

« Je n'aspirais pas à accentuer à l'extérieur ma singularité, mais au contraire, je la dissimulais et faisais semblant d'être comme les autres » (p. 35). Berdiaev est déchiré, écartelé entre son besoin de lire, d'écrire, de s'adonner à sa création intellectuelle et sa « pitié envers les autres » (p. 49). J'ignore si le mot russe employé par l'auteur correspond à « pitié ». La traduction peut se montrer, ici, défectueuse. En tout cas, le terme ne me convient pas. Personnellement, je n'éprouve jamais de pitié pour autrui. Je me sens dévorée par une immense tendresse ressentie à son égard. Pourrait-on employer le terme de « compassion » ? Il me satisfait peu [1]. C'est l'amour, la tendresse qui s'avèrent en mesure de rejoindre les autres. « Pitié » et « compassion » impliquent une certaine supériorité. Nous sommes tous aimés par

1. Le terme « compassion » ne possède pas un sens identique en Orient et en Occident ; il se distingue aussi suivant son emploi au niveau exotérique ou ésotérique. « Devenir soi-même un Compatissant, c'est être soi-même à l'image du Compatissant éprouvant une tristesse infinie pour les virtualités non écloses. » Cf. Henry Corbin, *L'Imagination créatrice dans le soufisme d'Ibn'Arabî*, *op. cit.*, p. 96.

Dieu, d'un amour unique. C'est un tel type d'amour qu'il nous incombe d'imiter.

Les hommes sont happés par les pulsions sexuelles et Berdiaev présente ce problème en homme qui l'examine avec lucidité. « Je n'ai jamais tenu les besoins physiologiques pour urgents, j'estimais qu'ils dépendaient de l'orientation de la conscience et de l'attitude spirituelle » (p. 41). « J'appartenais... au type religieux qui se distingue par sa soif d'éternité » (p. 46). D'où son indépendance à l'égard du monde environnant (p. 48). Le philosophe russe distingue constamment l'amour de la sexualité. « Le sexe engendre des illusions », il exige que l'homme sorte de lui-même pour aller vers un autre : « ... à son retour, l'homme éprouve une angoisse. Il a la nostalgie de l'intégrité ». C'est pourquoi « l'homme intégral ne peut être atteint par la *vie sexuelle...* seul l'amour vrai conduit à l'intégrité » (p. 61). À l'égard de Berdiaev, j'éprouvais une sorte de connivence. J'emploie ce terme à dessein car je n'ose pas faire usage de celui de parenté. Après ce que j'ai pu écrire, il m'apparaîtrait bien vaniteux et quelque peu grotesque. Légère ébauche en moi d'un type, sinon identique, du moins analogue. Je me sentais un moineau près d'un aigle. Aucune comparaison possible entre nous quant à la longueur des ailes et la puissance du vol ; toutefois, un être ailé, voué à l'air, à l'espace, qui a en horreur les cages et les prisons.

Lorsque je lis l'*Autobiographie spirituelle* de Nicolas Berdiaev, non seulement certains de ses propos me conviennent parfaitement, mais j'aurais pu les écrire.

Près d'autrui, c'est-à-dire dans les groupes, les réunions, les échanges, j'ai toujours ressenti un sentiment d'isolement. C'est à de tels instants qu'une solitude accablante m'étreignait. Impossibilité de m'incorporer. Et cela, depuis mon enfance. Nicolas Berdiaev dira qu'il éprouve sa solitude lorsqu'il se trouve en rapport avec les autres. Il ne s'agit pas pour autant de nourrir en soi-même un caractère asocial. C'est tout le contraire. Pour Berdiaev, « la solitude se rattache à l'impossibilité d'accepter le monde tel qu'il est» (p. 53). D'où la fuite de toute «existence organisée» (*ibid.*), de toute «fusion avec le collectif» (p. 54). Il se dira rarement déçu. Malheureusement, cela n'a pas été mon cas. Berdiaev n'a pas été déçu car il était rarement «enchanté». Je n'étais pas «enchantée», mais j'attendais quelque chose de positif de ceux qui adhéraient à la religion et au spirituel. C'est à ce niveau qu'est née mon amère déception : elle fut immense, échappant, du fait de son ampleur, à toute communication possible. Aujourd'hui et depuis longtemps, je ne suis jamais vraiment déçue, ni étonnée; je n'attends rien et j'ai appris, peu à peu, à tout simplement accepter ce qui vient.

La mort de Berdiaev fut pour moi particulièrement cruelle. J'en souffris énormément. Je l'appris à Budapest, où je me trouvais, pour une tournée de conférences. Il me semblait avoir perdu à la fois un rocher et une lumière. Par fidélité, j'écrivis un essai sur ce philosophe russe[1]. Dans mon texte, je fus obligée de supprimer certains passages concernant l'aspect révolutionnaire de Berdiaev, révolutionnaire dans un sens non seulement spirituel mais aussi temporel. Le directeur de la collection, qui était un homme de droite, n'a pas supporté certains de mes propos concernant la vision de Berdiaev à l'égard de la condition humaine dans la vieille Russie, sous le régime des tsars. On ne peut oublier que Berdiaev a participé, d'une façon active, à la révolution russe; il s'en est retiré — et a dû subir des internements successifs, avant d'être exilé — lorsqu'il a compris qu'elle se manifestait à l'encontre de la liberté et du christianisme.

Avec certains Russes, les contacts ont été pour moi un enchantement, outre Berdiaev, Chestov, Evdokimof, le

1. *Nicolas Berdiaev, l'homme du huitième jour,* coll. «Homo Sapiens», Paris, Flammarion, 1964.

père Kovalevski (devenu évêque) et aussi Losski. Ces « vieux » Russes appartenaient à une génération merveilleuse. Je n'ai jamais trouvé chez les Latins une telle originalité. Ils étaient non pas des psychiques mais des pneumatiques. Tout le secret est là. Dostoïevski parlait des Russes en les appelant « le peuple théophore » (porteur de Dieu). Ceux que j'ai nommés exhalaient tous, et d'une façon différente, un « parfum de Dieu », c'est-à-dire une odeur de profondeur, de mystère, de sainte folie. On pourrait dire « un parfum de résurrection ». Oui, c'était bien cela : des hommes ressuscités.

Ce parfum, je le retrouvais à l'église orthodoxe Saint-Irénée du boulevard Blanqui où j'allais, de temps à autre. Particulièrement sensible aux atmosphères chaleureuses, je me sentais non seulement à l'aise mais amicalement acceptée.

Durant ma jeunesse, j'ai fréquenté assez peu de femmes écrivains. Le monde philosophique et littéraire était surtout composé par des hommes. Je situe à part les romancières qui ne m'intéressaient pas spécialement. Sans doute avais-je davantage le goût du milieu masculin. Cependant, je dépassais aisément le « racisme » des catégories sexuelles.

À cette époque, le primat était conféré à l'homme d'une façon éhontée. La femme se tenait dans son ombre. Adonnée exclusivement aux tâches ménagères, à l'éducation des enfants, elle voyait son domaine réduit à sa propre demeure. En dehors de femmes reconnues pour leur valeur personnelle, l'« amie » d'un homme réputé pouvait jouir d'une place privilégiée et retenir la considération. Invitée avec son amant, il lui suffisait de sa beauté et de son plumage pour retenir l'attention. Il ne lui était pas demandé de s'exprimer. Elle tenait le rôle d'un ornement. Sorte d'objet, de bijou scintillant.

Les maîtresses de maison avaient l'habitude de retenir des hommes en surnombre. C'était là une des conditions du succès d'un dîner ou d'une réception. Une femme excédentaire signifiait un manque de relation, l'aveu d'une indigence. Les célibataires masculins, ou les hommes mariés qui préféraient ne pas exhiber leur épouse, possédaient l'avantage de combler les vides. On les retrouvait partout. Ces derniers n'étaient pas dupes d'être aussi fréquemment conviés. Ils s'accommodaient, volontiers, de ces préférences qui leur donnaient l'occasion de faire de bons repas et de raconter des histoires identiques. En effet, ils n'avaient pas le loisir de se renouveler entre-temps. J'espère que cet ostracisme n'a plus cours. N'acceptant jamais une invitation au-dehors depuis fort longtemps, j'ose espérer que l'évolution de la femme a pu modifier les habitudes bourgeoises. Dans les milieux mondains, je pourrais en douter.

J'avais des amies. J'aimais rencontrer Valentine Hugo. Clara Malraux me fut toujours très chère. Sa voix m'agaçait mais j'admirais la vivacité de ses propos, son intelligence pétillante, sa drôlerie. Une fois, je l'ai retrouvée par hasard, dans le restaurant d'un train au Japon. Elle discutait avec un serveur sur le goût des poissons crus. Partout, elle semblait à l'aise. Sa parfaite connaissance des langues les plus usuelles lui facilitait les voyages et les relations. Ses idées politiques n'étaient pas les miennes, mais elle les présentait avec tellement d'humour que tout passait avec facilité.

Il en était ainsi pour Germaine Meyer. Juive, elle s'imposait par sa beauté majestueuse et son charme. Communiste à sa manière, elle allait parfois se mélanger dans la rue aux manifestations de la gauche. Lors des instants de repos, elle distribuait des friandises. J'ai rencontré, chez elle, des hommes politiques appartenant au P.C. et au P.S., dont certains devinrent pour moi des amis que je retrouve encore, bien que très rarement. Le socialisme, d'alors, n'avait rien de commun avec celui d'aujourd'hui. Il pouvait comporter, chez certains de ses membres, une option chrétienne et un désintéressement à l'égard de l'argent. Je n'ai pas connu le mouvement de Marc Sangnier († 1950), illustré par le Sillon puis par la Jeune République intégrée au

M.R.P., qui regroupa des hommes généreux, antiracistes, luttant pour un christianisme social sans doute pétri de rêves illusoires. Un de mes amis, appartenant au M.R.P., m'entraîna, un jour, à une réunion. Il me fut impossible de supporter le ton des discours aussi médiocres qu'emphatiques ! Ce type de socialisme est totalement périmé. On se demande même comment il a pu exister. Il est probable que le socialisme d'aujourd'hui apparaîtra aussi désuet dans vingt ou trente ans. Tout ce qui relève du social et de la politique « passe comme l'herbe », en laissant toutefois des traces, non pas de fumée, mais de sang et de calomnies.

J'ai fait la connaissance, chez Germaine Meyer, de Madeleine Zay, la femme de Jean Zay, qui fut assassiné pendant la guerre par des hommes de Vichy.

Je servais, volontiers, de chauffeur à Germaine Meyer. C'est ainsi que nous sommes allées en Angleterre, en Suisse et, plusieurs fois, en Hollande. Elle était une compagne agréable, toujours de bonne humeur. Par prudence, pour ne pas provoquer mes oppositions répondant à ses affirmations, parfois assez naïves, nous avions décidé de ne jamais parler politique lorsque je conduisais.

Très différente était Solange Lemaître chez qui j'allais souvent rue de Grenelle. Cultivée, auteur de nombreux ouvrages, elle me plaisait par sa note personnelle, une séduction faite à la fois de distinction, de finesse de l'âme et de subtilité de l'esprit. Elle me mit en contact avec le Musée Guimet et me fit connaître plusieurs de ses amis, dont le père Teilhard de Chardin que j'ai rencontré fréquemment dans son petit salon. Il m'émerveillait. Lui aussi possédait cette triple distinction et cette harmonie incomparable.

Je me souviens d'une petite anecdote qui ne manque pas de charme.

Solange possédait une chatte qu'elle aimait tendrement. Celle-ci devint souffrante. Très affectée, Solange Lemaître demande au père Teilhard de la bénir. Je vis celui-ci hésiter. Pour tourner la difficulté, il donna sa bénédiction à Solange tenant la chatte dans ses bras. Malheureusement, la chatte mourut quelques semaines plus tard.

Ce fut au moment où je passais ma thèse de doctorat en philosophie en Sorbonne. Depuis longtemps, Solange Lemaître m'avait retenue à dîner, en me proposant de me faire un soufflé au fromage dont j'étais, à l'époque, assez friande.

J'arrive, ce fameux soir, heureuse de lui annoncer que j'avais obtenu la mention très honorable. Hélas, la chatte est morte l'avant-veille. Solange et sa gouvernante ont les yeux rouges. Ma thèse a été oubliée et je n'ose pas y faire allusion. Il s'agit d'un repas mortuaire comme après un enterrement. Pas de soufflé, des œufs et des légumes. Je partage la peine de mon amie et je fais l'éloge de la défunte que j'aimais bien. Puis je pars vers 10 heures.

Dans la rue, je suis soudain accablée de tristesse. Une page de mon existence est tournée et je me sens seule. Machinalement, j'entre dans le premier café, un bistrot un peu borgne, quasi vide. Un seul client, du type clochard, relativement jeune, auquel je ne prête guère attention. Pour me réconforter, je commande un whisky. Jugeant qu'il est déraisonnable de boire de l'alcool après un souper aussi frugal, je pousse le verre sur la table, prends un thé et règle le tout. L'homme s'est déplacé en titubant, le voici en face de moi. Il me demande une cigarette. Je lui en offre une volontiers. Il m'assure qu'il préfère les Gauloises, mais je ne possède que des américaines blondes. Voyant mon verre plein, il l'attire vers lui et en boit le contenu.

Nous échangeons quelques propos d'une grande banalité. Soudain, avec ahurissement, je m'entends lui dire : « Aujourd'hui, j'ai passé ma thèse de doctorat en philosophie.

— Moi, je suis un philosophe, me dit-il. Un sage qui

s'accommode de tout. J'ai fait des études, j'ai dû les interrompre à la suite d'un ennui.

— Un ennui de santé ?

— Non, j'ai été en prison durant quelques mois. Mais la prison, ça marque un homme pour toujours.

— Qu'aviez-vous fait ? »

Je lui pose la question comme j'aurais demandé : « Avez-vous des enfants ? » Le bonhomme m'intéresse passagèrement. Il remplace, en quelque sorte, le soufflé au fromage que je n'ai pas goûté.

« J'ai "buté" une vieille pour lui prendre son fric. »

J'hésite sur le sens à donner au mot « buter ». Il me faut des précisions.

« Elle a été blessée ?

— C'est de sa faute. Elle ne voulait pas lâcher son magot. J'ai dû la tabasser et elle est tombée en heurtant sa tête contre un meuble. »

Me voici apitoyée sur le sort de la victime. Je souhaiterais savoir si elle est morte, mais je ne questionne plus. Lentement, je regarde mon vis-à-vis. Son visage est rouge et gonflé, celui d'un alcoolique. Les yeux sont ternes.

Il éprouve le poids de mon attention et veut s'en dégager.

« Je ne suis pas méchant, me dit-il. Je viens de vous le dire, je suis un philosophe.

— Un philosophe qui lorgne mon sac... »

J'aurais dû conserver secrète cette réflexion. Il louche. Son œil droit s'est posé sur ma sacoche. Le gauche s'évade ailleurs.

Le patron du café annonce la fermeture et je me lève sans dire au revoir.

Dehors, une immense lassitude m'envahit. En raison de sa durée, la soutenance des deux thèses provoque une certaine fatigue. Auparavant, je ne la ressentais pas. Je décide d'attendre un taxi boulevard Saint-Germain.

Hélas, le clochard me retrouve. Le voici près de moi, à quelques centimètres. Je m'imagine sentir son haleine avinée. En fait, je ne respire rien d'autre que l'humidité d'une nuit de printemps.

Les voitures passent. Aucun taxi n'est libre. À l'instant où j'ai la tête tournée vers la file des autos, le bonhomme saisit la courroie de mon sac pour me l'arracher.

Mon réflexe est prompt. Je suis souple et j'ai fait du judo. Je n'éprouve aucune crainte devant un type un peu ivre.

Le poing fermé, il tente de me frapper sur la tête. Je m'esquive en arrière. Et le voici tombant en avant sur le sol ; son nez saigne, il gémit.

Je l'aide à se relever.

« Rien de cassé ? » lui dis-je.

Furieux, il grommelle des injures que je n'écoute pas.

À peine suis-je rentrée chez moi que le téléphone sonne. C'est Solange. Elle s'est soudain souvenue de ma thèse et s'excuse pour son oubli. Quelques jours plus tard, je devais réunir des amis et professeurs pour fêter mon succès.

Mais quelle soirée !

Deux femmes me furent spécialement très proches : Simone Saint-Clair et Marcelle de Jouvenel[1]. J'allais souvent chez cette dernière rue de Rivoli. Dans son vaste salon, Marcelle regroupait des écrivains et parfois des journalistes. Le corps de son jeune fils défunt se trouvait dans une sorte de chapelle de l'église Saint-Roch. Elle m'y emmenait parfois, déposait des fleurs et allumait des bougies durant notre recueillement. Ce culte, un peu macabre, se manifestant devant un corps, ne me gênait pas. Toutefois, il me semblait que la fidélité se réchauffe surtout dans le cœur. Je ne possède, d'aucune façon, le goût des cimetières. Et souvent je me le reproche. Ceux que nous aimons sont absents de leurs cadavres. Il convient de les chercher ailleurs. L'amour maternel peut normalement s'accrocher

---

1. Voir ci-dessus, p. 144.

aux vestiges d'une présence devenue douloureusement absente. On ne saurait critiquer de tels comportements.

À la mort de Marcelle, les deux cercueils se suivirent : celui de la mère et celui de son fils. Ayant été soignée à l'Hôpital américain, je pus entrer en contact, par téléphone, avec une infirmière présente lors du décès de mon amie. Si je ne me trompe pas, il s'agissait d'une Irlandaise. Elle me dit qu'au dernier instant, une lumière avait éclairé la chambre. Marcelle avait légèrement soulevé son buste et ouvert ses paupières, auparavant closes, en murmurant : « Roland. »

Durant de longues années, j'allais souvent chez Mme Marcello-Fabri qui habitait boulevard du Montparnasse, près de la Closerie des Lilas. Fidèle au souvenir de son mari défunt, elle désirait publier ses écrits posthumes et souhaitait susciter des études sur sa pensée. Elle me fit rencontrer des écrivains et des hommes politiques, tel Mendès France.

J'ai toujours admiré le courage de cette femme qui se déplaçait difficilement et ne se plaignait jamais de son état de santé. Sa situation sociale s'était beaucoup dégradée à la suite de son départ d'Algérie. Certes, elle logeait dans un confortable appartement, mais elle avait dû abandonner une partie importante de ses biens. Les allusions à son passé demeuraient toujours exemptes de tout ressentiment. Elle refusait de faire porter aux autres le poids de ses soucis. Pendant longtemps, cette femme sympathique a pu financer la revue *L'Âge nouveau* dont je me suis occupée après le décès de Jean Roussel qui la dirigeait avec intelligence. Les auteurs s'exprimaient en toute liberté.

Tout à fait différent se présente le visage de Maryse Choisy. J'ai été la voir rue Monsieur, lorsqu'elle habitait encore dans un appartement très proche des *Études*. Elle recevait, volontiers, des visiteurs hétéroclites, tel le bizarre abbé Jarry ! Je me souviens des chats que Maryse disait

« pédérastes ». Ceux-ci ne me semblaient d'ailleurs nullement affectés par cette qualification ; ils ronronnaient d'aise. Ils furent remplacés, rue Lauriston, par deux petits chiens tibétains adorables. Assise sur un siège qui avait beaucoup d'allure, car il évoquait un trône, la maîtresse de céans était entourée de ces deux animaux minuscules. Je n'ai jamais entendu parler de leurs mœurs. En raison de leur origine, ils jouissaient, peut-être, d'un androgynat qui leur permettait d'opter pour la chasteté ! On rencontrait, chez Maryse, toute une série de jésuites. Ils se succédaient : le père Teilhard de Chardin qui venait déjà rue Monsieur, le père Fessard, le père Daniélou, le père Salle, et ensuite le père Riquet dont la conduite fut magnifique durant la Résistance. Les médecins se croisaient. Maryse retenait particulièrement l'attention masculine. La vivacité de ses reparties, une fraîcheur non feinte, sa spontanéité amusaient. Elle créa l'« Union Universelle des Religions » que ses amis poursuivent fidèlement, avec une réunion annuelle.

Lors de mes nombreux voyages à l'étranger, j'ai bénéficié de rencontres fortuites mais enrichissantes. Je pense, en particulier, à Susana Socca qui vivait en Uruguay mais venait, chaque année, à Paris où elle fonda une revue, *La Licorne*. J'ai eu l'occasion de séjourner, quelques jours, chez elle à Carasco. Elle me mit en contact avec des jeunes gens. Des garçons et des filles, tous poètes, qui semblaient jaillir des flots. Sortes de jeunes dieux, très beaux, dont la langue chantante véhiculait la poésie comme le vent porte sous ses ailes les semences des fleurs.

Carasco évoque aussi, pour moi, une vision étrange. Tandis que je prenais un bain, je vis, sur le sol, une araignée géante : un monstre velu. Terrorisée, je n'osais pas bouger. Il m'était impossible de la quitter des yeux. J'avais l'impression d'un animal immonde sorti d'un enfer ou d'un monde fantastique irréel. Les portes étaient demeurées ouvertes ;

un gros chien entra, prit doucement l'araignée entre ses lèvres et s'en alla pour la porter dehors.

Susana Socca mourut dans un accident d'avion au-dessus du Brésil. L'avant-veille, j'avais déjeuné avec elle à Paris. Son départ fut avancé, en raison de la maladie de sa mère. Pendant le repas, elle me fit part de son appréhension : « J'ai l'impression, dit-elle, que je vais bientôt mourir. Or, je ne suis pas malade. » Et, faisant allusion à son voyage, elle ajouta : « Peut-être un arrêt de moteur, un court-circuit, le feu... » Cette prémonition me frappa. Durant la Résistance, j'eus l'occasion d'assister, ainsi, deux ou trois fois, à des sortes de flashes, de type visionnaire.

En Écosse, j'ai connu une femme absolument extraordinaire : elle se nommait Barbara. Elle habitait un vieux château avec sa mère. Je n'ai d'ailleurs jamais vu celle-ci, et je me demandais s'il s'agissait d'un être vivant ou d'un fantôme. La nuit, on percevait des bruits insolites : pas dans l'escalier, bruissements de robes longues touchant le sol, chuchotements, murmures étouffés, clochettes, grelots. Tout se passait entre minuit et 3 heures du matin. Avant l'arrivée du jour, Barbara frappait à ma porte. Nous sortions, ensemble, dans le parc et nous nous arrêtions près d'un petit étang. Assise sur un banc de pierre recouvert de mousse, Barbara ébauchait des signes d'amitié devant des interlocuteurs qui me demeuraient invisibles. Elle parlait et semblait entendre des réponses. Le dialogue durait assez longtemps, il devait se dérouler sur un mode affectueux. Le visage de Barbara se transformait. Ses traits rajeunissaient. En rentrant, elle me tenait toujours un langage quasi identique : « Vous ne voyez pas mes amis les gnomes parce que vous n'y croyez pas. Votre scepticisme vous rend aveugle et sourde. Au fond de vous-même, vous me pensez un peu folle. Si vous aviez une dimension cosmique réelle, tout changerait pour vous. » Devant ces remarques, je me taisais. Je pouvais distinguer des changements de couleur des végétaux : fougères, fleurs, nénuphars, herbes par exemple.

Ma « vision » se bornait à cette constatation qui, d'ailleurs, s'explique sans recourir au fantastique. Je sais — et cette certitude n'a rien d'extraordinaire — que dans la mesure où l'œil s'émerveille, sa vue devient différente. L'œil qui ne rapporte rien à lui-même, l'œil passé par le détachement acquiert une vue perçante : vision du cœur par exemple. Il traverse les formes. La « percée » dont parle Eckhart ne se produit pas seulement à l'égard du divin, elle opère dans la manifestation. Les génies de la terre, à supposer qu'il en existe, ne m'intéressent guère. En revanche, le monde angélique me paraît séduisant. De même que la « main verte » existe, certains êtres ont, peut-être, l'expérience d'un « cœur vert ». Pourquoi pas ! Le cœur détaché, voulant le bien de l'autre, devient amoureux et connaissant. Alors, il s'émerveille de ce qu'il découvre.

En présence de Barbara, le parfum des fleurs devenait plus vif ; plus colorés le plumage des oiseaux et les feuilles des arbres. En moi-même, et cela peut sembler ridicule, le feuillage s'apparente aux plumes. Le mystère qui me séduit est celui de la vie. Lorsque l'œil devient vivant, non seulement il communique la vie, mais il se pneumatise. Esprit, il entre en contact avec ce qui est éternel dans la création. L'éternel se dissimule sous les revêtements, les mutations et les métamorphoses. Noyau, amande, l'éternité se cache au regard qui n'est pas à la recherche du trésor. Des liens de parenté s'établissent, non pas à l'égard d'une famille charnelle, politique ou religieuse. Ils s'accomplissent dans l'universel. Nos rapports, avec tous les vivants, acquièrent un mode d'extension qui parvient à une dilatation insoupçonnable. Nouveauté de vie porteuse d'alliances, de ponts-levis, de tendresse féconde.

Il y a des hommes et des femmes dont l'existence provoque une multiplicité d'échos ; d'autres qui passent sans qu'on puisse percevoir le moindre son. Telle est une différence fondamentale qui ne sera jamais abolie. Ma sympathie retient surtout ceux dont il est possible de percevoir les vibrations sonores. Ils n'ont nul besoin d'écrire ou de parler. Sans le savoir, ce qui fuse d'eux traverse l'espace à une vitesse plus grande que celle de la lumière. Nous sommes rejoints, nourris, abreuvés. C'est pourquoi il nous est nécessaire de vivre dans un état de reconnaissance. C'est une façon de les remercier sans pour autant les connaître. Une telle communication, devenue communion entre les hommes, revêt, pour moi, une importance primordiale. Et je suis certaine que la mort physique n'y apporte aucun terme. Non seulement l'échange se poursuit, mais il ne peut que s'amplifier. Nous voici aidés, soutenus, tirés dans une montée permanente qui, souvent, nous lasse et nous épuise. Nous voudrions suspendre notre pas. Mais ils nous disent : « Mon ami, va plus loin : je suis avec toi. »

J'admire les hommes qui possèdent le goût de l'impossible. On les trouve plus aisément chez les mystiques que dans les rangs des théologiens. Selon Kierkegaard, on peut « aimer le christianisme en se tenant loin de lui ». Cette distance est perçue par certains. D'autres risquent de ne pas distinguer ceux qui s'orientent vers leur centre. Les voici cachés dans le secret. Ils ne dissimulent pas le mystère. C'est le mystère qui les rend invisibles. C'est pourquoi il est impossible de les voir. Ils sont à part... mais personne ne le sait.

Un jour, j'ai aperçu deux moines appartenant à un ordre contemplatif. Une clarté étrange noyait leurs traits. Leurs faces lumineuses me firent penser à des lampes protégées par un léger voile. Avec l'un d'eux, j'ai échangé un regard. Parfois, très rarement, les yeux se rencontrent. Il s'agit moins d'un croisement que d'une vision simultanée. Une chose est vue et on sait qu'elle est vue. Rien n'est indiscret. Tout se déclenche involontairement. Aucune découverte concernant les personnes. Celles-ci s'effacent... Elles remplissent uniquement un rôle de contenant. On est soudain mis en face d'une immensité qui rend muet... Le visible et l'invisible ne sont plus séparés. De tels échanges ne s'oublient jamais. Au cours de mon existence, je pourrais en retenir trois. Tout homme est le porteur de cet espace ; une pollution du cœur, de l'intellect peut toujours provoquer un brouillard, une buée momentanée ou durable.

On pourrait dire encore que le fond monte, de deux lieux différents, au même instant, à la façon d'une eau affleurant aux margelles de puits. Privés d'importance, les contours des puits ne sont pas retenus. L'image du puits est à la fois suggestive et insuffisante. Il conviendrait plutôt d'évoquer le surgissement de lacs, dont les eaux limpides apparaîtraient dorées par le soleil. C'est uniquement la lumière émergeant de l'autre qui est vue, on ne distingue pas la clarté qui jaillit de soi-même. Mais on sait que le regard de l'autre a pu l'apercevoir durant le bref instant d'un éclair illuminant un lieu sombre. Une semblable expérience est inexprimable. Sorte de sourire du monde invisible. Autrefois, je guettais les reflets de ces sourires en contemplant la nature ; actuellement je n'en éprouve plus la nécessité. Mis à part les passages dans l'obscurité, ces sourires m'accompagnent. Ils se tiennent au-dedans et ne souhaitent pas se manifester au-dehors.

Parfois ce sourire éclaire un visage balbutiant ; un visage nu qui, n'ayant jamais porté le moindre masque, a conservé la naïve fraîcheur de l'enfance. Je me souviens d'un ouvrier agricole nommé Abel. Je l'ai rencontré dans ma jeunesse, lors des vacances d'été. Relié à la nature, aimant les animaux, il vivait dans un état joyeux. Je l'ai surpris, une fois, dans le jardin, parlant avec affection à un crapaud qui était monté sur un de ses souliers. Dans le village, on se moquait de lui car il était analphabète et s'exprimait difficilement. De plus, il était très pauvre. Or, la misère n'appelle jamais la considération des êtres médiocres. Je situe cet homme parmi mes amis et suis heureuse de pouvoir l'évoquer.

Personnellement, je dois beaucoup à toutes ces rencontres. J'en ai été enrichie, elles me furent donc précieuses. Je n'ai pas nommé tous ceux qui furent pour moi importants, la liste serait trop longue. Cependant je voudrais encore évoquer quelques visages. Par exemple Maurice Lambilliotte (directeur de la revue *Synthèse* en Belgique), Jacques Masui (directeur des *Documents spirituels*), Christian Belle (ambassadeur de France à Delhi), Bernard Gorceix (professeur en Sorbonne), le poète Patrice de La Tour du Pin. À certains instants, il me semblait que tous ces échanges manquaient de densité. J'en éprouvais non pas la légèreté mais le caractère éphémère. J'en dirais autant, d'ailleurs, de mes propres conférences, de mes livres et de mes différents parcours. Rien n'est parfaitement satisfaisant.

J'ai énormément voyagé durant ma jeunesse et mon âge mûr. Tout d'abord, j'ai pu profiter de bourses et d'échanges d'étudiants. C'est ainsi que j'ai séjourné en Allemagne et aux U.S.A., en Hollande, Norvège et visité les pays de l'Est. Ensuite, j'ai donné de nombreuses conférences en Europe, Asie, Afrique, U.S.A., Amérique du Sud. Je faisais des exposés dans des universités, des Instituts français et à l'Alliance française, dont je fus une des conférencières assidues durant de très nombreuses années. Les sujets, les plus souvent retenus, concernaient des auteurs français, philosophes, romanciers, poètes. On les classait sous la rubrique de « penseurs ». Celle-ci était censée englober tous les genres. Devant des auditeurs cultivés, préparant par exemple le B.A. ou le M.A. [1], des sujets plus spécialisés pouvaient être choisis.

À l'égard de mes auditeurs, Alain, que je relisais souvent, fut pour moi un guide. Volontiers, je reprenais ses ouvrages. Aujourd'hui encore, son ironie m'enchante. Légère et drôle, je la trouve stimulante. Après le lycée Henri-IV, Alain enseigna au Collège Sévigné où se mêlaient des étudiants avec d'anciens disciples et des personnes

1. Licence et maîtrise.

appartenant à un milieu plus ou moins mondain. Ces femmes pouvaient murmurer, dans leurs salons, non sans emphase : « Vous savez, hier, j'étais au cours d'Alain. » Quelqu'un devait, sans doute, montrer un intérêt et tenter de s'informer : « Sur quel sujet parlait-il ? » « De philosophie », devait être la réponse qu'on peut supposer plutôt évasive !

Autrefois, le Collège de France rassemblait quelques jeunes gens, peu nombreux d'ailleurs, et des femmes oisives, qu'Alain nommait « dames de garniture ». C'était là une façon discrète de les comparer aux plantes légumineuses entourant le plat essentiel en tant qu'assortiment. Je suppose qu'il en existe toujours au Collège de France et à l'École des Hautes Études. Cela fait partie du décor, mais ces femmes se sont certainement simplifiées dans leur présentation vestimentaire. L'absence actuelle de chapeaux offre l'avantage de ne pas camoufler le conférencier : c'est déjà beaucoup. Cependant, il se présente, encore aujourd'hui, des personnes incapables d'abandonner les modistes. Le couvre-chef permet d'espacer les rendez-vous chez le coiffeur ! Et c'est là une économie. À cette époque, quelques femmes conservaient leurs gants durant les exposés, tout en ayant, devant elles, un carnet minuscule pourvu d'un petit crayon argenté. En raison de l'austérité des cours, l'École des Hautes Études réunissait des auditoires plus sélectionnés. Durant la guerre, on pouvait voir de vieux messieurs venir dans la salle de cours de la quatrième section, celle que je fréquentais, pour se réchauffer. Assis sur des chaises peu confortables, après quelques minutes d'attention, ils s'endormaient. Ils avaient la discrétion de ne pas ronfler.

J'ai eu l'occasion de rencontrer, deux ou trois fois, Alain sans pour autant lui parler. Mais j'ai connu des étudiants qui avaient été ses disciples. Selon l'usage d'alors, et sauf exception, il était habituel de préférer les auditoires masculins. Cela faisait plus sérieux. Ainsi, Alain parle des adolescents qu'il traitait en hommes et qu'il nommait « les éléphants de Pyrrhus ». Quant aux filles du Collège Sévigné, il dira qu'elles « n'étaient pas nourries » et qu'« en outre elles ne savaient rien ». Toutefois, il précise : « Ces amazones arrivaient... à plus de légèreté et de force. Courte épée et petit bouclier, elles jetaient la panique dans les rangs de leurs tranquilles juges. Mais, jamais, les filles ne feront peur comme des garçons... C'est alors que je pris cette idée que la femme a, naturellement, plus d'esprit que l'homme[1]. »

À propos de la « peur » soulevée par les garçons, je me souviens d'un remplacement de plusieurs mois que j'avais dû faire au Collège Rollin qui, à l'époque, n'était pas encore un lycée.

En arrivant dans la salle pour mon premier cours, je vois que la surface de ma chaise est enduite de chewing-gum. Je fais semblant de ne rien remarquer et donne mon exposé en marchant. Une autre fois, la même chose se reproduit. J'interroge quelques élèves. L'un d'eux a envie de parler. Je le félicite de son savoir et lui conseille de se placer derrière le bureau professoral. Ce qu'il fait volontiers. Flatté par mon compliment précédent, il oublie l'engluement de la chaise et se retire avec un fond de pantalon tout empoissé. La classe est hilare. J'aurais dû conserver mon sérieux. C'est impossible ! Après ce menu incident, les garçons furent parfaitement tranquilles et attentifs.

À l'université de Manchester, les étudiants, particulièrement bien élevés, se comportaient avec une exquise gentillesse. Quant aux professeurs, ils étaient adorables. Toutefois, dans le bureau qui nous était assigné, certains d'entre eux mettaient leurs pieds sur la table comme, d'ailleurs, aux États-Unis, ils lisaient ou écrivaient sur leurs jambes. Portant, le plus souvent, une jupe, je ne pouvais pas les imiter et j'étais condamnée à respirer l'odeur des cuirs reluisants, situés à quelques centimètres de mon nez.

1. Alain, *Les Arts et les Dieux*, La Pléiade, 1958, p. 160.

Au Bedford College, à Londres, où j'ai obtenu le prix Marie-Souvestre face à un jury de sept femmes et de deux hommes, j'ai donné des exposés devant un parterre de jeunes filles charmantes. Adorables Anglaises souples, jolies, gracieuses qui, malheureusement, deviendront plutôt raides en prenant de l'âge. Le parc du collège ressemblait à un jardin de rêve, avec ses gazons, son lac et ses oiseaux ! En raison du climat, le vert anglais est féerique !

Au niveau symbolique, cette couleur comporte un secret, celui de la fertilité, du renouveau, de la renaissance. Ainsi, Osiris le Vert, dépecé et précipité dans le Nil, ressuscite. En alchimie, la lumière de l'émeraude transperce les mystères. De ce vert anglais, se rapproche, quelque peu, celui de la Gruyère (Suisse, canton de Fribourg), qui en est, me semble-t-il, le cousin germain.

J'ai souvent parlé des gazons entourant les collèges universitaires d'Oxford avec Charles du Bos. Celui-ci avait surtout enseigné aux États-Unis, mais il connaissait parfaitement l'Angleterre. Dans son comportement et sa courtoisie, il avait acquis ce caractère anglo-saxon qui m'a toujours séduit. Lui aussi s'inscrit parmi mes amitiés les plus chères.

Durant plusieurs mois, j'ai remplacé un professeur malade au Collège Sainte-Marie de Neuilly. La classe de philosophie était nombreuse. Un petit bataillon d'enfants de Marie « veillait au grain ». Elles étaient de type traditionaliste et quelque peu bornées. Ce terme demanderait à être nuancé. Ces filles ne manquaient pas d'intelligence, mais elles éprouvaient une peur panique à l'égard des idées qui leur étaient inhabituelles. Elles les jugeaient trop osées et sans doute subversives. C'est pourquoi elles rapportaient mes propos à la responsable de la classe en les amplifiant, plus ou moins consciemment.

Un jour, j'eus la surprise de voir à mon cours une adulte assise à côté de mon bureau. Elle tricotait tandis que je commentais un dialogue de Platon ou un texte de Spinoza. Je fus irritée. Cette surveillance, au lieu de favoriser ma prudence verbale, exerça sur mon humeur l'effet d'un excitant. Par des exemples donnés, je frôlais une certaine impertinence. Et avant de m'exprimer, je regardais, d'un œil narquois, la classe en disant : « Attention, chères "enfants de Marie", redoublez de vigilance. » Tournant la tête vers la « tricoteuse », avec un accent rempli d'un respect ironique, j'ajoutais : « Mademoiselle, je me permets de vous inviter à suspendre votre travail durant quelques instants car vous risquez de sauter une maille. »

Je fus convoquée par Mme Daniélou qui était compréhensive, et tout s'arrangea. La « tricoteuse » me fut retirée. Néanmoins, je perdis le goût d'enseigner à des jeunes filles dont certaines m'apparaissaient trop embourgeoisées. J'eus recours, désormais, à des manuels. Ce qui me dispensait d'une longue préparation. Mon enthousiasme, soudain feutré, avait perdu sa verve. Je m'ennuyais. Toutefois, à Sainte-Marie-du-Maine, les jeunes filles me semblaient particulièrement ouvertes et je pouvais enseigner avec une parfaite liberté. Ravie de cette aubaine, j'en profitais largement pour la culture des élèves et pour ma joie personnelle.

Dans une ville de l'Est, ce fut tout à fait différent : une poignée d'élèves intelligentes et avides de savoir. La qualité de leurs questions me stimulait. Je leur indiquais des lectures et leur apportais des livres. C'était merveilleux, elles souhaitaient se cultiver. Malheureusement, mon imprudence me suscita de graves ennuis.

Une fois par semaine, je donnais un cours le matin, et un autre l'après-midi. Les externes rentraient dans leur famille pour prendre leur repas ; personnellement, j'allais au restaurant. Et je rejoignais les élèves, après le déjeuner, dans un stade. Nous nous adonnions à la course et au saut durant une heure. Nous rentrions en taxi, en ayant soin de nous faire arrêter dans une rue parallèle, ce qui nous permettait de ne pas être repérées. Mon erreur fut d'emmener, un jour, une pensionnaire. On la chercha. Et ce fut le drame !

Je pris assez allégrement, tout en affichant un air contrit, les vociférations de la directrice.

Avant d'aller prendre mon train pour Paris, je suis entrée dans la cathédrale de la ville et j'ai regardé un ange réputé pour son sourire. Celui-ci me réconforta. J'étais ennuyée pour les élèves, beaucoup plus que pour moi-même.

Devant la gare, j'eus l'agréable surprise de trouver les externes. Elles étaient toutes présentes pour me témoigner leur amitié. Le sourire de l'ange se prolongeait sur les visages de ces adolescentes. Comme j'étais en avance, nous sommes allées boire une coupe de champagne pour oublier, momentanément, cette mésaventure.

Toute cette période de rencontres, avec des professeurs et des écrivains, a été d'une extrême brièveté. Mis à part quelques exceptions comprenant Robert Aron, Henry Corbin, Gabriel Marcel, Nicolas Berdiaev, elle n'a pas laissé, en moi, de traces profondes, seulement de très agréables souvenirs.

En dehors de la mort qui projette dans un silence qui ne saurait être rompu, les circonstances engendrent, sinon des ruptures, du moins des éloignements. Un changement de lieu de résidence, une réussite sociale, un remariage après veuvage, ou divorce, créent souvent des distances imprévues. Une seconde femme éloigne les anciennes relations de son mari qui seraient susceptibles d'évoquer un passé qui doit s'effacer. Une lassitude peut se glisser dans l'amitié comme dans l'amour. Les caractères évoluent dans des sens divers ; de même, les options religieuses et politiques risquent de varier. Aussi, les préalables accords s'effilochent au cours des années. Et personne ne s'en plaint, car chacun est conscient qu'il est impossible de traîner, derrière soi, des relations plus ou moins pesantes.

Dans certains cas, les amitiés illuminent ; dans d'autres, il s'agit de lumignons. Ces diverses clartés sont à recevoir comme autant de dons gratuits dont l'effet est de provoquer la reconnaissance. Au cours de mon existence, mon attention a surtout été retenue par des hommes et des femmes capables d'acquérir leur autonomie. Ceux qui s'enfouissent et se diluent dans une collectivité anesthésiante s'exposent à perdre leur singularité. La solitude peut se vivre dans l'isolement mais aussi au sein d'une communauté, à condition, toutefois — et ce n'est pas facile —, d'en émerger. Un article de Thierry Desjardins sur « Les secrets du miracle japonais » [1], illustre cette idée.

Le texte concerne l'élevage des « bébés poissons », ceux-ci nagent dans d'immenses aquariums de la région d'Onomichi. Avant de les nourrir, on leur fait entendre des ultrasons. Après quelques semaines, ils sont relâchés dans la mer. Le temps passe et les poissons grandissent. Mais ils n'ont pas oublié le rapport entre la nourriture et les sons. Avant de lancer leurs filets, les pêcheurs font entendre des ultrasons. Les poissons se précipitent ; aussitôt ils sont pris.

En lisant ce texte, j'ai pensé à l'homme. Fœtus, il a été tenu au chaud dans le ventre de sa mère ; ensuite, le voici bercé par des bras dont il éprouve la tiédeur. Il a dû aspirer le lait d'un sein à la température du corps maternel ou encore d'un biberon chauffé. Or, la solitude semble froide et l'isolement glacé. D'où l'invincible attrait pour les groupes. La chaleur physique des « troupeaux » remplit le rôle des ultrasons à l'égard des « bébés poissons ». Ainsi, poissons et hommes se font piéger : les uns sont condamnés à une mort immédiate, les autres risquent de se laisser envahir par un état de somnolence, sorte de coma non seulement de l'intelligence, mais de la dimension humaine et divine.

Cette dimension humaine et divine, j'ai pu la rencontrer chez des femmes et des hommes merveilleux. Les jeunes gens sont devenus des parents, avec une plus ou moins grande progéniture. Quant aux professeurs et écrivains, la

1. *Figaro*, 13 janvier 1988.

plupart sont morts. Souvent, leur silence me pèse. Quelques-uns me demeurent proches et je m'en réjouis ; d'autres m'apparaissent très lointains et je m'en afflige. La majorité de ceux que j'ai aimés sont sur l'autre rive. Et je compte sur deux ou trois d'entre eux pour m'y accueillir.

TROISIÈME PARTIE

L'homme n'est jamais moins seul que lorsqu'il est seul.

CICÉRON

Le travail spirituel le plus intense se fait dans l'absolue solitude.

CHESTOV

Solitude et paradoxes

UNE nuit, passée à ma table de travail, j'ai suspendu mon écriture aux premières lueurs de l'aube.

Je me sentais seule, d'une solitude affreuse, celle que l'on doit éprouver avant de mourir. J'ai compris subitement qu'un germe, qui était en moi depuis mon enfance, avait soudain fleuri. Il m'était impossible de le récuser. Les jeux étaient faits. La conscience commune m'avait abandonnée d'une façon définitive. Durant des années, elle avait essayé de me fuir sans pouvoir y parvenir. Elle profita d'une certaine vacance de mon être pour s'échapper.

Un instant, j'ai été tentée de tourner la tête pour l'appeler, lui demander de revenir. Puis, j'ai songé à la femme de Loth transformée en statue de sel. En moi, d'une façon encore involontaire, j'acquiesçais à cet état nouveau. J'avais l'impression de ne pas pouvoir faire autrement. Une joie frêle, fragile, m'envahissait.

À travers *Les Révélations de la mort* de Chestov, je savais dans mon mental ce que signifiait l'absence de la conscience commune, enfin j'en obtenais l'expérience. Et cette expérience m'avait fait basculer dans une autre dimension.

J'étais devenue une île entourée de flots tumultueux qui semblaient battre mes flancs. L'île n'est pas une arche. Je ne voguais pas. La mer du monde m'entourait, cherchant des alliances avec le monde qui s'agitait en moi.

Puis l'image de l'île s'effaça et ce fut l'entrée dans le désert.

Qu'est-ce qu'un désert ?

Un espace illimité, privé de chemin. Une terre inhabitée.

Il est impossible de relater cette expérience. Elle s'éprouve avec une telle intensité que les mots s'avèrent insuffisants pour en décrire l'ampleur. Tracer, à son propos, les rites d'un passage, serait privé de signification. Il s'agit d'une mue comportant une nouvelle vision; d'une naissance qui ne coïncide pas encore avec une re-naissance. Pour résumer l'opération en quelques mots, on pourrait parler d'une entrée dans la tragédie de la solitude.

Au-dehors, rien n'est changé. Seul le regard se trouve sans doute affecté. Mais qui souhaiterait le scruter ? Lorsqu'un inconnu demande une adresse afin de pouvoir joindre par lettre ou par téléphone, on indique un numéro, une rue et un arrondissement. On sait que le corps animé habite dans un lieu précis, mais que quelque chose de soi-même se tient ailleurs. Et ce quelque chose ne rencontrera jamais d'amis. Parfois, des croisements furtifs qui se manifestent uniquement dans un échange : un clin d'œil.

Triple solitude du désert : on ignore comment s'orienter. Aucune parole extérieure susceptible de servir de guide ne provient du dehors. Rien ne peut se dire. Alors, on pénètre involontairement dans le domaine du secret.

La femme enceinte sait qu'elle porte dans ses flancs un embryon qui deviendra un enfant. Elle peut le tuer, le faire extraire de ses entrailles. Dans son sein, tout est promesse de vie. Le fœtus aspiré au-dehors, qui n'a que deux mois d'existence, s'accroche pour ne pas être expulsé. Efforts vains. Il est condamné à mort par sa mère. Tout peut se passer sans que personne apprenne qu'une vie nouvelle se trouve définitivement arrêtée en plein déploiement.

Dans le cas du *puer æternus*, l'enfantement se déroule dans le secret le plus absolu. Il y a bien initialement une semence. Elle provient du monde invisible. Le réceptacle existe. Il ne se réduit pas à un corps animé, pourvu d'un nom. Le fond de l'être expérimente une vasteté, une immensité sans frontières. L'oiseau ailé, entreprenant un long voyage, doit connaître une telle ivresse. Le migrateur sait où il va. Le porteur d'un enfant qui n'est ni de chair ni de sang entre dans l'anonymat, et il ignore ce qu'il va découvrir. Désormais, comme le dirait Kierkegaard, c'est l'incognito.

Comment couver cette semence d'une extrême fragilité ? De quelle manière vaincre la peur engendrée par une Présence ? Est-il possible d'accepter un statut d'étranger alors qu'il n'a pas été préalablement choisi ? La dualité s'installe : à la fois, craindre la perte involontaire d'un trésor, et désirer peut-être, à certains instants, qu'il s'évanouisse afin de recouvrer le confort d'un état antérieur.

Cet exil de la conscience commune, de l'omnitude, ne se produit pas une fois pour toutes. Il ne cesse de se répéter à chaque instant et s'éprouve parfois comme une morsure, une échancrure, une béance.

Ce qui intéresse les hommes qu'on voit s'agiter autour de soi ne retient plus l'attention. Les plaisirs, les distractions habituellement chéris par la multitude, ne provoquent aucun agrément. Impression de ne pas être admis aux festins et, même, d'être rejeté tel un intrus. Suprême paradoxe : rien n'est perçu du dehors. Cependant, l'instinct de l'omnitude sent et sait, sans pouvoir l'expliquer, qu'il se trouve face à un étranger qui ignore la langue communément parlée, et que ce personnage ne saurait participer aux jeux dont se réjouissent habituellement les hommes.

Un péril imprévu surgit. Il faudra un certain temps pour en démonter le mécanisme. D'une part, on se croit seul car personne ne semble être séduit par ce qui devient, pour soi, le seul motif de vivre. D'autre part, un tel isolement ne serait-il pas la preuve de sa propre errance ? Se différencier d'autrui pourrait résulter de l'orgueil ou de la vanité. Est-il sage de sortir du troupeau humain ?

Tout est vrai et faux à la fois. L'expérience enseigne, peu à peu, que tout homme, même le plus banal, le plus détérioré au-dehors et au-dedans, est habité par la douce et exigeante Présence. Il suffit d'un rien pour qu'elle se manifeste dans la voix et le regard, qu'elle se glisse subrepticement dans les mots, les appels, les désirs. Elle n'est pas vraiment vue ni touchée. La saisir serait illusoire. Sa manifestation s'éprouve comme un parfum ou, encore, telle une mini-clarté.

Quelqu'un qui posséderait les propriétés d'un aimant attirerait la limaille. Ce n'est là qu'un symbole mais il est signifiant. Un homme qui aurait appris à se quitter lui-même pour laisser la Présence occuper en lui la place vacante, pourrait communiquer avec autrui : non pas avec cette forme de passant condamné, un jour ou l'autre, à disparaître, mais avec cette même Présence d'éternité qui l'habite. Ce qui est vivant dans un être attire la vie et la propage.

Comprendre cela, c'est transformer le désert en jardin, en étang. Mais, auparavant, il convient de passer par la nuit, l'obscurité ; à certains instants, traverser un état de déréliction. Aucune aide efficace ne peut surgir du dehors. Il n'est pas de main secourable dont l'efficience puisse intervenir. Chercher autour de soi un secours serait faire preuve d'une totale ignorance. Tout ce qui est précieux provient du monde invisible. C'est avec lui qu'il importe d'établir un contact. C'est lui qui se manifeste à travers les signes qui peuplent l'existence ; reste à savoir les distinguer avant d'en chercher le véritable sens. La lucidité impose de discerner entre les vrais et les pseudo-signes. Tout relève, ici, de l'ordre et de la subtilité. Les signes peuvent devenir des pièges si on s'accroche à eux. De la même manière, les symboles seront des filets si on se borne à les déchiffrer sans aller outre. Ce qui aide, durant le parcours, se transformera en prison dans l'instant qui suit. D'où la nécessité d'une constante remise en question. Les nourritures des êtres ailés ne conviennent pas aux rampants. Et la réciproque se trouve également vraie.

C'est pourquoi la religion de l'âme, en raison de ses caractères statiques, brise l'élan. Les lois et les dogmes ne sauraient favoriser les créateurs. Avant de faire un choix, il est bon de connaître à quelle dimension on appartient. Le dynamisme relève de la religion de l'esprit. Certes, la Présence est partout, dans l'au-delà des formes et dans la forme elle-même. Mais la forme risque de voiler, l'écorce est retenue et on oublie l'amande. On peut s'enliser dans la forme ou la prendre comme tremplin.

C'est ici que les voies accusent leurs différences. Ce qui aidera l'un sera un poids pour l'autre. Une identique lumière pourra apparaître éclairante ou chargée d'obscurité.

On ne saurait l'oublier : le désert ne comporte ni chemins ni maisons. Parfois, le monde invisible se tait ou on ne sait plus comment percevoir son murmure. On risque, alors, d'être tenté de retourner sur la place publique pour demander de l'aide, de chercher des gurus afin de solliciter un secours. Soudain, on comprend que l'enseignement ne provient pas du dehors, mais surgit du dedans. La sagesse serait d'être patient, d'accepter le silence lorsque tout est suspendu. Mais il est difficile de supporter l'attente. C'est comme un épais brouillard qui monte, dans lequel rien ne peut se discerner : on est saisi de panique. Détresse qui pourrait virer à la folie. Et quel type de folie ? La folie d'un amour qui souhaite « intelliger » et qui se trouve face au vide, à une Présence absente.

Je me souviens d'une nuit, particulièrement obscure, où j'ai ouvert la Bible au hasard. La page appartenait au Livre de Jérémie.

Le prophète écoute les paroles de l'Éternel. Elles lui sont destinées, mais chaque individu, orienté vers l'Absolu, peut les entendre pour lui-même d'une façon symbolique. Il perçoit, ainsi, le sens de son destin, c'est-à-dire de sa voie.

Et j'ai lu :

Avant de te former dans le ventre de ta mère,
je t'ai connu (1,5).

L'Éternel évoque la jeunesse de Jérémie. Il parle du désert, du pays qu'on n'ensemence pas :

Pays aride et crevassé,
... Pays de sécheresse et d'ombre de mort,
... Pays où nul homme ne passe,
Et où personne n'habite (2,6).

On cherche, en vain, un gîte :

Qui me donnera, au désert,
un abri de voyageurs? (9,1).

Un abri ? En aurai-je rêvé ! Une auberge, un lieu où l'on puisse se restaurer, boire, éprouver la chaleur animale d'autrui, sourire et même rire, comme des enfants, sans la moindre raison. Puis regarder des visages, des yeux, entendre des paroles, échanger des propos insignifiants. Éprouver son existence au contact de celle des autres. Voir briller les étincelles des silex qui se heurtent, deviennent tièdes, voire brûlants.

Se réfugier seul dans un chalet de haute montagne dont l'odeur chante le bois. On peut s'accouder à une table et demeurer oisif. Dehors, la nuit est noire, la bise souffle. De quoi aurait-on peur ? Le silence dilate l'espace ; semblable à un creux de vague, il fait tanguer.

Au désert, la chaleur rend la peau moite, le vent du soir fait frissonner. Les pieds « se heurtent aux montagnes de la nuit » (Jr 13,16). On voudrait s'abreuver. « La source des eaux vives » (2, 13) n'est-elle pas une hallucination de mendiant solitaire à la découverte d'un trésor jamais atteint ?

Pas de chez-soi. Aucune porte pour rouler sur ses gonds

et introduire dans une chambre où l'on pourra s'asseoir, se mettre à l'aise, se dévêtir.

L'appel à la solitude apparaît implacable : il tombe comme un couperet :

Tu ne prendras point de femme,
et tu n'auras point de fils ni de filles (16,2).

C'est-à-dire, « tu seras seul dans le temps ». Tu es appelé à devenir « un ». Pas d'addition ni de multiplication. Aucune trace laissée sur le sable du désert : la stérilité d'une « terre nue ».

Le *Vae soli* concerne ceux qui ne sont pas reliés aux mondes visible et invisible. Privé dans ses flancs d'une tendresse toujours neuve, l'isolé habite un lieu que personne ne visite et que l'Éternel fuit. Il n'en est pas ainsi de la solitude que Dieu protège.

Il m'a entouré d'un mur pour que je ne puisse sortir...
Il a muré mes chemins avec des pierres de taille.
Il a bouleversé mes sentiers (Lm 3,7-9).

Ce texte, appartenant aux Lamentations de Jérémie, évoque-t-il des pleurs ?

Pour certains, des pleurs de joie au sens de Pascal.

Lorsque le dedans s'anime, il capte, il séduit, il retient. Un nouveau paysage se dessine. Il comporte des océans, des montagnes, des ruisseaux, des prairies, des arbres et des fleurs. Terre transfigurée qui s'intériorise avec son firmament, ses étoiles, son soleil et sa lune.

L'homme devient comparable à ces vierges représentées avec un médaillon dans leur sein contenant l'enfant-soleil. Il était là depuis toujours. Cependant, on peut avoir l'impression qu'il vient « en bondissant par-dessus les montagnes et les collines. Il touche les montagnes et elles sont fumantes » (Ps 104,32). L'Éternel l'annonce : « Je changerai toutes mes montagnes en chemins» (Is 49,11). Il se produit ce fait incomparable dont on ne saurait, sans l'avoir expérimenté, savourer l'ampleur : à l'instant où toutes les voies s'effacent dans le désert, les cimes deviennent autant de sentiers.

Auparavant, l'hésitation faisait trembler le pas. Le danger de pouvoir se tromper plongeait dans la terreur. Il fallait se dépouiller de ses précédentes certitudes. Accepter d'avoir pris de fausses routes, par facilité parfois, pour ne pas se distinguer d'autrui, ou simplement pour demeurer fidèle à son enfance. Soudain, plus d'abîmes, plus de tergiversations interrogatives, tout est clair. La peur se tapit, se dissimule avant de s'effacer. Une douce joie éclot dans le cœur, elle s'écoule à la façon d'un torrent irriguant la nouvelle terre ensoleillée. Et l'on se tait. Le silence se glisse, se dilate, s'étend. Le voici devenu louange, gratitude : festivité de la chambre des secrets.

Plus de jour, plus de nuit.

Le soleil ne sera plus ta lumière pendant le jour,
et la lueur de la lune ne t'éclairera plus...
l'Éternel sera pour toi une lumière.
Et les jours de ton deuil seront achevés (Is 60,19-20).

« Ceux qui aiment l'Éternel sont comme le soleil» (Jg 5,31). Mais qui pourrait prétendre l'aimer ? L'homme peut seulement murmurer : « Tu es ma lumière, ô Éternel ! » (2 S 22,29). Et il tente de « marcher comme un enfant de lumière» (Ep 5,8).

Au-dedans, je pouvais percevoir l'écho de ces textes bibliques. C'était extraordinaire ! Une sorte de résonance inoubliable. Je suis très sensible au tintement des cloches qui interpelle et appelle. Les cloches disent : « Accours, une liturgie va se célébrer. Je te préviens, c'est pour toi, quitte ta demeure et viens. »

Je n'étais plus conviée à des rites extérieurs. Je comprenais qu'ils se déroulent surtout pour évoquer l'essentiel, ranimer le souvenir dans la mémoire ; entretenir la chaleur du feu. Si l'incendie est là, point n'est requise la paille pour l'embraser. La brûlure suffit pour chasser l'oubli. Alors, la liturgie s'intériorise et le désert aussi. Quand les yeux s'ouvrent au-dedans, tout un processus se déclenche... On pénètre dans l'imprévisible. La raison remplit son rôle, ensuite, elle s'éloigne ; la logique s'en va. Raison et logique ont été tout d'abord nécessaires, désormais, elles sont devenues des servantes inutiles. On a établi avec elles de bons rapports : aucune brouille ne survient.

À l'instant même où l'on comprend que la véritable connaissance ne résulte pas d'une acquisition mais d'un déblaiement, tout bascule aussitôt. La dimension de profondeur tressaille, elle se hausse pour être distinguée. On ne saurait plus rien s'attribuer à soi-même de valable, sinon son attente silencieuse et le « oui » de l'acquiescement. On comprend que l'absence de chemins extérieurs provient d'une miséricorde divine et aussi du caractère universel de l'authenticité.

La démarche essentielle échappe à toute dépendance extérieure. Elle ne relève point de nos rencontres, de nos échanges, de nos questionnements présentés au-dehors. Tout cela est passager et risque de distraire de l'écoute du dedans. À cet instant, un état d'humilité surgit et s'instaure d'une façon définitive.

Malheur à ceux qui sont sages à leurs propres yeux
et intelligents à leur propre sens (Is 5,21).

Seul importe d'apprendre à recevoir : ouvrir les mains, le cœur, l'intelligence.

Jusqu'à ce que soit répandu sur nous
un esprit d'en-haut
et que le désert devienne un verger (Is 32,15).

Ouvrir les yeux revêt un sens profond. Ce sont les yeux du dedans qui s'animent. Leur fonction est de découvrir la beauté, de l'entendre et de la savourer : les yeux écoutent, hument et goûtent avant de voir.

L'œil contemplatif s'ébauche dès qu'il est séduit par les reflets. Chaque reflet sert d'échelon. Durant la montée, la croissance du regard et son épanouissement proviennent de sa capacité d'émerveillement. La splendeur le nourrit. Il se tient en silence devant le mystère. Et ce rassasiement engendre une perpétuelle faim.

Lorsque tout apparaît miroir, les formes s'éclipsent. L'absence de chemin se révèle avantageuse. On se met en marche. Le point de départ s'opère dans ce que le prophète Isaïe nomme « la vallée des Visions » (22,5). Ensuite, le parcours devient une ascension. L'univers intérieur se découvre. Une nouvelle aube surgit, se déploie et colore. Une sorte de transfiguration métamorphose.

Dans cette aurore naissante, la voie royale se dessine ; elle se meut en parole, une parole que le silence porte dans ses flancs. Et la solitude est aimée. Aucun partage tangible n'est possible. En avoir conscience détruirait son efficacité. Y réfléchir, en faire un objet de pensée, serait la preuve que rien n'a été compris et qu'on vit dans l'illusion.

Cette aurore dénude. Dans la nuit, on tâtonne et l'on risque de choir. Au désert, les hallucinations distraient. Parfois, les oasis, tels des îlots de verdure, se dessinent à l'horizon avec un puits. Le pas s'accélère pour les rejoindre et s'abreuver : mirage. Il n'y a rien d'autre que du sable. Alors, on voudrait s'en revêtir pour se couvrir d'un manteau protecteur. Mais le souffle du vent arrache et dépouille. La nudité résulte d'un total renoncement.

On croit avoir atteint « la pauvreté en esprit » chantée par les Béatitudes. Erreur ! Il y a toujours quelque chose qui s'en va. On découvre la multiplicité des oripeaux formant des survêtements inutiles. Impression de mort. Car c'est bien de la mort dont il s'agit. Cependant, aucune odeur fétide. Au contraire, tout devient parfumé : une agréable odeur de printemps, d'herbe coupée, de fleurs, de soleil.

Le désert et la terre aride se réjouiront ;
la steppe sera dans l'allégresse,
et fleurira comme le narcisse ;
il se couvrira de fleurs et tressaillera,
il poussera des cris de joie
car des eaux jailliront dans le désert ;
et des ruisseaux dans la steppe,
le sol brûlé se changera en un lac,
et la terre altérée en source d'eaux (Is 35,1-2 ; 6-7).

Dès lors, tout change. Les mutations se déploient devant le regard susceptible de contempler la re-naissance d'un printemps intérieur rempli de soleil et de chants.

Alors s'ouvriront les yeux des aveugles,
Alors s'ouvriront les oreilles des sourds.
Le boiteux bondira comme un cerf,
Et la langue du muet éclatera de joie (Is 35,5).

Tu m'as ceint de joie, afin que mon cœur te chante (Ps 30,13).

On éclate en chant d'allégresse (Is 14,7).

Toute la terre chante (Ps 66,4).

Ils chantent un cantique nouveau (Ap 5,9).

La nécessité de recourir à l'Écriture s'impose. Les expressions appartenant à un habituel vocabulaire apparaissent démunies de contenu. Le silence devient chant.

À l'instant même où j'écris ces mots, à la campagne, en cette fin de septembre 1987, je perçois soudain la mélodie d'une tourterelle perchée dans un arbre tout près de la maison.

La voix de la tourterelle s'est fait entendre (Ct 2,12)

dira le Cantique des Cantiques après avoir annoncé la fin de l'hiver et l'arrivée du « temps des chants ».

Les saisons du dedans ne s'accordent pas avec celles du dehors. Elles s'ignorent mutuellement. Aucun rapprochement ne saurait s'établir. Dans l'intériorité, les modifications, les brusques volte-face peuvent surgir en quelques secondes. Le plus souvent, il est impossible d'en prévoir l'irruption et d'en annoncer le départ. Sans doute convient-il de s'entraîner à demeurer calme lors des perturbations. D'autant plus qu'elles se manifestent parfois d'une façon superficielle. Le fond n'est pas concerné. Toutefois, il peut, momentanément, s'estomper et l'on doute alors de sa réalité et de sa valeur.

À de tels instants, il est possible que les bruits extérieurs affluent et monopolisent l'attention : vacarme, éclatement. Des vannes s'ouvrent pour laisser s'écouler des eaux tumultueuses. Le déluge torrentiel devient comparable à un envahissement : une ruée d'événements ! Impression de subir une occupation, sinon d'ennemis, du moins d'éléments susceptibles de troubler passagèrement, d'introduire un désordre, de provoquer des ruptures.

La résistance ne va pas consister à lutter dans l'ombre. Là encore, il s'agit de faire face. Tenter d'esquiver le danger serait pactiser avec la défaite avant de s'avouer vaincu.

Parfois, tout se déroule d'une façon silencieuse. Rien ne semble survenir du dehors ou du dedans. Pas de nuage dans le firmament intérieur. Aucune tempête ne se profile dans le lointain. L'extérieur se tait et le dedans aussi. Tout semble ouaté ! On voudrait éprouver quelque picotement, pouvoir faire tressaillir le corps et la psyché, savoir que l'esprit se tient de l'autre côté de la cloison, entendre à travers la paroi son murmure : l'espérer. Une lassitude accable. Elle suspend le souffle et pourrait l'arrêter. On se tourne et se retourne, à la façon d'un corps recherchant le sommeil. Peu à peu, on sombre dans une sorte d'indifférence et de torpeur.

L'Éternel a répandu sur vous
un esprit de léthargie ;
Il a fermé vos yeux — les prophètes,
Il a jeté un voile sur vos têtes — les voyants (Is, 29,10).

La mort physique apparaîtrait une délivrance. Pourquoi l'appeler ? Elle ne souhaite point intervenir et rit, car elle sait qu'on se trompe en l'invitant. Ce n'est pas d'elle qu'il s'agit.

Seule la mort spirituelle rôde, tourne en rond. Elle guette la moindre fissure afin de s'insinuer. Et si elle ne trouve aucune ouverture, elle s'éloigne tout en laissant des traces. Elle jette, ici et là, des appâts pour attirer le moribond dans ses pièges.

Les intuitions qui, auparavant, remplissaient des fonctions de phares, disparaissent. Les paupières, à la façon de portes épaisses, closent les yeux intérieurs ; le regard contemplatif se voile puis s'éteint, telle une lampe privée d'huile. Court-circuit total : absence de lumière, obscurité.

D'où l'angoisse et la détresse. Elles envahissent, d'abord avec lenteur, et ensuite au galop. L'être est plongé dans un abîme, jeté dans une fosse. Les sens extérieurs et intérieurs sombrent dans un coma profond.

Que faire ? Sinon recourir à un état de veille, de vigilance, d'appels et d'espoir. S'intégrer dans une attente, en sachant que la clarté flamboyante sera proportionnelle à l'épaisseur de la nuit.

« *Avent.* Attente de Dieu, mais qui attend Dieu ? Il est ici : *iba* avant que je ne l'attende. Lui-même est l'Attendant. D'où et de quand viendra-t-il ? Il est l'Éveil même.

Ou bien attendre la manifestation de Dieu, attendre — dans le temps — chaque instant nouveau du temps. Attendre chaque nouveau rayon de soleil, nuit, jour, matin, soir. Attendre la fleur qui éclot, l'enfant qui court et chante, le regard de l'homme qui croise le mien.

Attente "éternelle" toujours comblée et toujours avide. Avide dans sa plénitude même.

Attente sans hâte...

Désirer sans désirer [1]. »

Parfois, des haltes lumineuses surgissent durant le voyage vers la suprême clarté. Tout homme peut en avoir l'expérience. Soudain, des présences humaines s'élève parfois une « étrange clarté ». Les visages s'effacent de même que les corps et la couleur des vêtements. Il n'y a plus ni hommes ni femmes, ni jeunes ni vieux. Aucune distinction ne subsiste. Peu importent les origines, les options, les croyances, les refus. Les formes s'éclipsent. Une beauté lumineuse resplendissante apparaît, elle éblouit tel un soleil.

Dois-je l'avouer : j'ai pu recevoir cette lumière trois ou quatre fois, et peut-être davantage, à l'amphithéâtre Bachelard en Sorbonne, lors de réunions de l'U.P.P. [2]. Le silence attentif d'un grand nombre de personnes se métamorphosait en lumière. Une lumière pleine d'amour, une lumière tissée de tendresse réciproque. Une lumière unifiante, d'une saisissante profondeur. Et je ne savais pas si je continuais à parler ou si je me taisais. Je ne me trouvais plus sur une terre d'exil. Quelque chose de paradisiaque, d'indéfinissable, animé par une mystérieuse Présence... passait. Je me sentais devenir la proie d'un amour incandescent. Oui, j'aimais à la folie tous ceux qui se trouvaient devant mon regard qui ne les distinguait plus. Ou mieux, quelque chose à travers moi aimait. Car j'aurais été incapable d'aimer avec

1. Cf. Henri Le Saux, *La Montée au fond du cœur*, éd. OEIL, Paris, 1986, p. 395-396.
2. U.P.P. : Université populaire de Paris, fondée et dirigée par Albert Méglin. Certaines réunions se tenaient dans les locaux de la Sorbonne.

une telle puissance. Je n'ai jamais éprouvé cela d'une façon aussi intense lors de mes différents voyages. Je suppose, et je suis même certaine, que certains auditeurs se trouvaient transportés aussi dans cette lumière, en recevaient la douceur et la beauté ! Les soucis, les inquiétudes, la souffrance physique ou morale se trouvaient suspendus.

Ce sont là des dons manifestant la dimension divine. Ils ne répondent pas à la qualité d'un être humain particulier. Il est certain que je n'en étais en aucune manière responsable. Dans cet ordre, tout s'exprime gratuitement.

Il ne s'agit pas d'un état visionnaire ou de perceptions extrasensorielles, ou bien encore, de la manifestation d'une supra-conscience. De temps à autre, le monde invisible se laisse voir. Le corps de gloire apparaît d'une façon subtile. Nous pouvons tous bénéficier de semblables expériences. Le plus souvent, elles se manifestent dans la solitude ; le recueillement favorise de tels contacts.

Parfois, d'une façon soudaine, une Présence surgit à l'improviste. Les yeux extérieurs ne distinguent aucune forme. Le regard intérieur ne découvre pas de trace. Une telle expérience n'a rien de semblable avec ce qui a été précédemment décrit. C'est tout à fait autre chose qui se déroule au-delà de toute sensation concernant l'amour ou la connaissance. À ce propos, Bernard de Clairvaux parlera de « visites du Verbe », de manifestations de la Présence. Peu importent les noms. Je les appellerais, volontiers, « les visites de la lumière ». Il est possible d'en retenir l'inexprimable douceur. Elles ne sauraient se mériter. L'être humain n'est jamais digne de semblables réceptions. Lorsque le soleil éclaire la nature, il répand une identique lumière sur une fleur ou sur un caillou. Ce n'est pas ce que nous recevons qui est important ni la mutation qui peut en résulter. S'attacher à la lumière et à l'ombre serait semblable à de vaines distractions. L'essentiel réside dans la communication entre le visible et l'invisible. Les signes de Présence que nous pouvons accueillir sont autant de cadeaux qui suscitent notre reconnaissance et provoquent notre sourire. Nous sourions à quelqu'un, à quelque chose qui est là ; nous sourions non pas au don mais au donateur invisible.

La purification des yeux est nécessaire afin que l'œil intérieur s'ouvre d'une façon naturelle à la beauté. Les beautés factices attirent. Pourquoi en récuser l'importance et le rôle passager ? Comparables à des symboles, elles deviennent des montures pour aller plus loin : le voyageur du dedans ne quitte pas encore le monde des reflets et des miroirs. Lorsqu'il acceptera de sortir du sensible et parviendra à se quitter lui-même, il se trouvera soudain mis en présence du mystère : celui de l'ineffable, de ce qui n'a pas de nom et qui est caché.

En réalité, le mystère ne se dissimule qu'au seul regard impur, au regard qui voile au lieu de dévoiler. L'impureté provient, le plus souvent, d'un désir de puissance, comportant l'exercice des pouvoirs ; ou encore, elle est issue d'une curiosité intempestive sans aucun rapport avec un perfectionnement individuel.

Des revêtements d'ombre et des zones de lumière entourent le mystère afin de l'isoler des curieux, des indiscrets, des cœurs non inspirés par l'amour. Soudain, tout devient transparent pour celui dont le regard traverse les enveloppes protectrices.

À cet instant, il n'y a plus de chants. Seulement une immense stupeur ! Le lointain devient proche.

« Mystère de la non-distance », écrira Henri Le Saux [1], qui établira un rapport entre la non-distance et la non-dualité en se basant sur la pensée de l'Inde. Sur cette non-distance, révélatrice d'unité, les textes chrétiens sont clairs. « Soyez parfaits comme le Père céleste est parfait » (Mt 5,48) ; dans la prière sacerdotale, rapportée par l'apôtre Jean (17,23), le Christ demande à son Père que les fidèles

1. « Abba, le mystère de la non-distance », dans *La Montée au fond du cœur*, *op. cit.*, p. 437.

« soient parfaitement un ». Ils sont unifiés avec le Père par l'intermédiaire du Christ ; celui-ci supprime la distance en tant que premier-né d'une multitude de frères.

Peu importe la diversité des Écritures sacrées, dans lesquelles l'amant du mystère trouvera l'écho de ce qu'il éprouve. Tout d'abord, elles ont pu lui servir de guide. Guide obscur. Le lecteur ne comprenait guère le sens des phrases qu'il méditait. La lettre, à laquelle il s'attachait, en obscurcissait l'esprit. Plus tard, lorsqu'il retrouve les mêmes textes, au lendemain de son expérience, ceux-ci illustrent ce qu'il a pu éprouver et confirment sa connaissance. La lettre encombrante s'efface, seul l'esprit subsiste et révèle par dévoilements successifs. Cet esprit anime les mots, il en fait découvrir le contenu. Puis il conduit au-delà, dans l'absence de tout vocabulaire et de toute expression.

Lentement, grâce à d'incessantes répétitions, le silence s'installe, il devient un état. Sorte de trame sur laquelle se traceront des ornements afin de le dissimuler à tout regard extérieur indiscret. Expérience personnelle appartenant au « secret du roi ». Peu importent, désormais, les exercices auxquels s'adonne l'amant des mystères ; ce silence ne le quitte plus. Il fait partie intégrante des fondations sur lesquelles s'élève sa demeure provisoire. Ce silence l'accompagne partout. Il devient le terreau d'où il émerge, la sève qui l'alimente, la senteur qui le parfume.

C'est pourquoi on respire parfois une odeur de silence enveloppant le dire ou l'écriture. Le lointain se dessine. Et pourquoi parler du lointain ? Simplement, en raison de son origine, de la distance parcourue. Ce silence ne provient pas de l'homme : celui-ci est incapable d'en provoquer l'accouchement. C'est là un don du monde invisible dans lequel plongent, désormais, les racines de l'amant du mystère.

Personnellement, j'ai connu des hommes ruisselants de silence. Et, souvent, ce silence se montrait plus révélateur que leur dire ; il rythmait leurs paroles ou leur écriture, leur conférait une énergie vivante dont le dynamisme s'avérait créateur. À certains instants, le silence se fait parole et la dépasse. Il devient climat, atmosphère, état vibratoire. On remarque sa présence, elle se révèle impossible à décrire du fait de son ampleur. Lorsque l'homme laisse passer le silence, qui le porte et dont il est aussi le réceptacle, quelque chose d'infini l'habite à son insu. D'où la résonance, la musicalité, l'efficience d'un au-delà qui se manifeste en un incessant dévoilement.

C'est le silence qui va jouer un rôle déterminant à l'égard de l'extériorité, des événements, des erreurs commises par soi-même et par les hommes, même les plus pervers.

En effet, l'attraction exercée par la beauté et l'émerveillement qu'elle provoque, dont il a été précédemment parlé, s'accompagne de silence. L'étonnement ressenti accroît la densité du silence. La captation est telle que le silencieux devient fluide et s'écoule en dépit de son durcissement originel. L'émerveillement dégage une chaleur solaire susceptible de produire la fonte des glaciers. Peu importent les lieux recouverts par cette eau vive. Les terres la reçoivent suivant leur propre capacité. Cette mystérieuse irrigation, que le silence anime, modifie le champ de vision sur lequel le regard se pose.

Le silencieux projette devant lui ce silence qui va frayer sa route. Non seulement ce silence trace le chemin mais il chasse ce besoin inhérent à la condition humaine de retenir le frelaté, d'en chercher les vestiges partout où ils se trouvent. Ainsi, les hommes se différencient : les uns s'alimentent de beauté, les autres de turpitudes. Un choix s'impose : les nourritures saines ou les nourritures polluées.

Retenir les souffrances physiques et morales, les engranger dans sa mémoire, se lamenter sur l'état de son corps ou de sa psyché, recourir à l'usage des drogues avec excès : autant de manières de conserver le goût de sa misère, de se « coller » à soi-même, de choisir une fausse évasion et, par conséquent, de tourner inlassablement dans un cycle infernal. À ce propos, je me demande parfois si les « miracles », attribués à tel sanctuaire ou à tel pèlerinage, ne résultent pas d'une simple entrée en soi. Je ne nie pas, pour autant, l'efficience d'un lieu, de la mère divine ou d'un saint. Bien au contraire, j'en reconnais l'exercice. Mais je suis persuadée que l'approche du temple intérieur comporterait des résultats identiques et encore plus probants.

Capté par la beauté, l'œil n'éprouve plus le goût de s'arrêter au laid ou au difforme. Il agit à la façon du vent. La brise caresse l'ortie et la rose, transporte les parfums de la nature et les relents nauséabonds. C'est, ici, que la différence entre le silencieux et le vent se distingue. Le déploiement du silence comporte des phases différentes. Issu de l'émerveillement, engendré par lui, il poursuit son chemin sans être retenu par les infirmités des hommes. Ensuite, il ne remarque plus les erreurs. S'il lui arrive de les voir, il les absorbe en les transfigurant. Lorsque les trois apôtres, Pierre, Jacques et Jean, contemplent le Christ transfiguré, le texte nous dit qu'« ils ne virent plus que Jésus seul » (Mt 17,8). Une nuée lumineuse couvrit les apôtres et, au sein de cette nuée, une Voix se fit entendre. En la percevant, les trois disciples, saisis de frayeur, tombèrent la face contre terre. Leur faiblesse s'explique : ils ont peur ! L'amant des mystères est invité à demeurer debout, tout en vaquant librement à ce qu'il a entrepris auparavant. Rien n'est suspendu ni interrompu. Sur la haute montagne, l'existence se déroule dans la lumière, la nuée, là où tout resplendit d'une clarté nouvelle. La transfiguration devrait pouvoir devenir un état quotidien tout en ne comprenant aucune banalité. La nouveauté de vie intervient à tout instant. Chaque échelon franchi comporte une compréhension neuve ; une vision plus éclairante du fait de sa profondeur.

L'amant de la beauté ne voit que la beauté. Un tel état est-il possible durant l'existence ? Sans doute, pour quelques-uns. D'autres y accéderont par moments. Il peut arriver un temps nouveau durant lequel l'instant s'étale. Si tout passe par la dimension divine, le laid n'est plus perçu. Il ne fait pas partie du festin des noces : noces du visible avec l'invisible.

Celui qui marche dans la justice et qui parle avec droiture,
qui rejette les gains...
qui secoue ses mains...
qui ferme ses oreilles aux propos sanguinaires,
et se voile les yeux pour ne point voir le mal :
celui-là habitera dans les lieux élevés ;
la forteresse bâtie sur le rocher est sa retraite ;
son pain lui sera donné et ses eaux ne tariront jamais.

Tes yeux contempleront le roi dans sa beauté (Is 33,15 sv).

Tel est le sens de la résurrection qui s'accomplit déjà dans le temps, au cours de l'existence. L'œil, invité à l'émerveillement, pratique une nouvelle forme de jeûne. Le jeûne de l'obscur, de la noirceur. C'est là une abstinence subtile, difficile à observer, car elle relève d'un type particulier d'ascèse qu'on oublie souvent d'enseigner.

Dans certains cas, la bonne conscience survient quand on abandonne la viande, l'alcool, ou, plutôt, lorsqu'on accepte que ces aliments se retirent. Cette bonne conscience semble renforcée par le jeûne des pensées disparates, inutiles. Quel est le chrétien qui, au temps de la confession fréquente, se serait accusé d'éprouver le goût de la laideur, du nauséabond ? Aucun, sans doute ! La crainte du ridicule rend muet. En effet, le confesseur, habitué à des récitations, plus ou moins banales, aurait pensé se trouver devant un fou, un marginal. C'est d'ailleurs uniquement en sa conscience que l'homme peut évoquer, dans un tel domaine, sa propre fragilité.

On pourrait croire que l'amant de la beauté, devenu silencieux, rejette le sordide, le pourri, à la façon d'une ménagère lançant dans la poubelle ce qui n'est pas comestible. Le silencieux opère d'une façon différente. Il sait que ce qu'on appelle le mal provient de l'ignorance, de l'incompréhension, d'un manque de goût pour l'ordre, la mesure, la beauté. De telles difformités appartiennent au monde provisoire, au passage. Il ne nie pas le mal et ses conséquences tragiques pétries de souffrances, de tortures, de douleurs. Mais la putréfaction, l'horrible, le malheur, appartiennent à l'histoire. Or, c'est dans l'histoire d'une époque que l'existence du silencieux se déroule, mais ce monde opaque n'est pas le sien. Certes, il en est affecté, il souffre avec les autres hommes, rien ne lui est indifférent ; toutefois, l'essentiel n'est pas là : il se trouve ailleurs.

Notre attitude envers la perversité des hommes, les guerres, la pauvreté, la misère, qui accablent certains peuples, relève de notre vocation personnelle, c'est-à-dire de nos tendances d'où résulte notre choix. Nous n'avons pas à nous ressembler et à nous imiter. Celui qui opte pour l'action se doit de lutter contre l'exploitation de l'homme par des hommes. D'où qu'elle vienne. Or l'exploitation n'est pas seulement d'origine raciste, sociale, économique, elle est aussi religieuse. Je comprends parfaitement que les prêtres, en Amérique du Sud et en Afrique, soutiennent « la théologie de la libération » en faveur des pauvres et des Noirs. Quand la misère s'étale, lorsque les êtres sont affamés, la priorité parmi les urgences est de leur apporter une aide matérielle. Leur parler du pardon des offenses, de la prière, serait absolument grotesque [1].

Lorsque le feu consume une maison, il s'agit de combattre l'incendie tout en demandant au monde invisible un secours. Se borner à cette imploration, il ne resterait plus que des décombres.

La foi chrétienne a vocation de stimuler le combat contre

1. Voir, sur ce sujet, la brève étude de Leonardo et Clodovis Boff, *Qu'est-ce que la théologie de la libération ?*, Paris, éd. du Cerf, 1987.

l'oppression et l'injustice. Se tenir aux côtés des exploiteurs est une faute.

Tout à fait distinct sera le mode de vie de ceux qui ne sont pas concernés par l'action politique ou sociale. Les amis de la sagesse n'ont pas à se sentir inférieurs ou supérieurs aux hommes qui travaillent, au péril de leur vie, en faveur de la dignité humaine. Encore une fois, ne perdons pas de vue le droit à la différence sans pour autant se situer dans un ordre qualitatif. Les yeux intérieurs peuvent s'ouvrir sur la misère du corps ou sur celle de la psyché, ou encore sur un au-delà de l'une et de l'autre. En réalité, il s'agit d'un même combat, pris à des phases différentes de son évolution. En premier lieu, l'être humain doit pouvoir vivre, travailler, se nourrir, refuser tout esclavage. Dans certains pays, et ici je pense à des États appartenant à l'Amérique latine, le passage par le communisme, dont je n'ignore pas qu'il supprime la liberté et bloque la vie religieuse et spirituelle, me semble préférable à l'intrusion de l'extrême droite. Pourquoi ? Parce que l'extrême droite, parmi les valeurs auxquelles elle se réfère, fait appel à des valeurs spirituelles [1]. Je ne peux pas admettre que celles-ci soient utilisées au profit de l'injustice. Dévoyer le sens des religions m'apparaît un sacrilège. Dans les deux cas, la dimension humaine est niée et la désacralisation totale.

Les traditionalistes, les intégristes, soutiennent l'extrême droite. Ils ne prennent pas, comme otages, des hommes mais ils s'installent, tels des coucous dans des temples qui ne leur appartiennent pas. Usurpateurs, ils célèbrent ensuite des offices religieux. L'extrême droite a toujours voulu annexer Jeanne d'Arc et mettre Dieu à son service d'une façon, d'ailleurs, idolâtrique. Un tel comportement

1. L'extrême droite fait « commerce » des valeurs spirituelles qu'elle exploite à son profit d'une façon sacrilège. Le P.C. refuse ces valeurs et tente de les détruire. De toute façon, la liberté de l'homme est bafouée. Les valeurs humaines (justice, liberté, dignité) servent de soubassement aux réalisations spirituelles. Sinon, tout est faussé.

m'apparaît aussi détestable que scandaleux. Toute tendance raciste se situe en dehors des valeurs religieuses qu'elle ne cesse de bafouer. Le primat donné à la solitude et au silence ne dispense pas d'avoir des opinions et de les affirmer sans passion si, du moins, il est possible d'éviter une certaine violence. Ceux qui ont vécu la guerre ne peuvent oublier les massacres des juifs et aussi des Tziganes. Le fascisme risque de conduire au nazisme.

L'ami de la solitude et du silence, inséré dans l'histoire comme les autres hommes, n'a pas à se désintéresser de l'évolution des peuples. À moins d'appartenir à un ordre contemplatif qui se situe, d'une certaine manière, selon la tradition monastique, dans l'ordre angélique, le serviteur des valeurs spirituelles, vivant dans le monde, n'est pas un être désincarné. Se désintéresser de la condition humaine et de son évolution relève, semble-t-il, d'une facilité répréhensible. Toutefois, essayer de se dégager progressivement d'une emprise de la société et de la politique favorise une intériorité de moins en moins perturbée.

« Vivre dans le monde sans être du monde » : tel est le constant dilemme auquel ne cesse de se heurter l'amant des mystères. Celui-ci passe nécessairement par ce qu'on nomme « le chemin de croix », c'est-à-dire l'écartèlement. Ainsi, le thème de la souffrance ne saurait être éludé. Il se pose pour chacun d'entre nous et nous avons, tous, des attitudes différentes à son égard.

À propos de la souffrance, un double mouvement est à distinguer. L'un se produit par les événements provenant de l'existence, l'autre se déroule au-dedans et se tient en étroit rapport avec le processus des mutations comprenant des retraits, progrès, statu quo qui, parfois, bloquent passagèrement l'individu. En matière de faits propulsés du dehors, les souffrances personnelles que j'ai pu endurer ne m'ont pas atteinte en profondeur. C'est pourquoi j'ai pu assez vite les effacer. Lorsqu'il plaît à autrui de les évoquer, un effort m'est nécessaire pour en faire affleurer le souvenir.

Ces perturbations m'apparaissent avoir concerné une personne que je ne suis plus. Quelqu'un qui n'est pas moi. Il serait vain de rappeler à un adulte qu'il a été un enfant qui suçait son pouce ; à un adolescent qu'il tachait d'encre ses doigts, ou encore, à un collégien, qu'il a été le dernier à une composition de mathématiques ou le premier en français. Propos dérisoires ! Mais la plupart des individus aiment conserver, dans leur mémoire, les erreurs de parcours des autres : c'est une façon de se pardonner à eux-mêmes leur propre « dévoiement » au sens étymologique du terme. Cette attitude me semble infantile. Il est préférable de ne pas avoir le goût des vomissements. Qu'on vomisse une fois pour toutes son passé en suspendant, ainsi, le relent des digestions difficiles. Il est, je crois, d'une importance majeure de vivre les séismes à la façon des accidents physiques. Si on en sort, le mieux est de faire peau neuve.

Non seulement l'apitoiement sur soi-même est inutile, mais il devient vite encombrant. Si on sait, par expérience, que les incidents malheureux peuvent devenir des tremplins, on tente aussitôt d'opérer leur transformation. Ce qui risque d'être muraille, fosse, abîme, se mue en rampe de lancement.

Nous sommes, le plus souvent, entièrement responsables de nos erreurs. Parfois, on pourrait être tenté d'en faire porter le poids à ceux qui nous entourent. Il est certainement préférable de les assumer, sinon elles vont devenir écrasantes et nous les garderons en nous, en les éprouvant comme une démangeaison épisodique ou, encore, à la façon d'un rhumatisme qui se manifeste suivant la température. Nos contacts avec la nature m'apparaissent d'une très grande importance. Mieux vaut entretenir de bons rapports avec l'*anima mundi*. Elle risque autrement de nous harceler lors de nos déviations. De nature sauvage, l'apprivoiser la rend bienveillante.

Il me faut avouer que je ne suis jamais parvenue à vivre avec aisance la mort de ceux qui me sont chers. Je suis, à chaque fois, profondément perturbée par la disparition de ceux que j'aime. À leur égard, je me pose mille questions. Les vouloir heureux est un souhait facile à formuler. On se trouve terriblement impuissant. Je crois à la prière pour les défunts. Tout au moins, je veux me persuader de son efficience. Cependant, mes doutes demeurent présents et il m'est impossible de les chasser. Il me semble que chacun porte la responsabilité de son existence. Notre condition post mortem dépend de notre vie. Toutefois, nous sommes des vases communicants. Personne n'est isolé. Nous nous aidons, les uns les autres, même si nous l'ignorons d'une façon concrète. Nous n'avons pas à sentir quelque chose. Je me défie de tout ce qui s'apparente à la sensibilité, aux sentiments et à l'émotivité.

Le plus souvent, je n'éprouve pas le besoin de me défendre si on m'attaque. Est-ce que je me tais par vertu, humilité ? Non ! Je n'accorde aucun impact aux propos désobligeants. Il conviendrait de donner beaucoup d'importance aux jugements des hommes pour en être affecté. Et ce n'est pas mon cas. Certains individus ne peuvent parler d'autrui qu'en les critiquant. C'est une manière pour eux de saliver en projetant à l'extérieur un peu de fiel. On pourrait leur conseiller de faire examiner leur foie par un spécialiste des voies biliaires.

Dire que je ne souffre pas serait un mensonge. J'éprouve parfois une douleur très vive que je traverse plus ou moins rapidement. Cette douleur s'exprime sur deux paliers.

C'est au plan métaphysique qu'elle se montre la plus aiguë. Comment accepter l'ignorance de l'essentiel ? Croire qu'on sait quelque chose m'apparaît farfelu. On ne sait rien, absolument rien. Notre pseudo-savoir est sans cesse à réviser. Accepter les propos d'autrui et les adopter est bon dans la jeunesse. Sinon, ce consentement provient d'un manque d'intelligence ou procède, encore, d'une insurmontable paresse. Les affirmations de l'autre ne sauraient m'atteindre si je ne possède pas une expérience identique à la sienne.

Elles peuvent uniquement faire vaciller, éclairer, provoquer un surgissement libérateur. Mais on coïncide rarement, on pourrait dire jamais, du fait de nos mutuelles différences.

Pour tenter de percevoir d'une façon de plus en plus claire, afin de s'approcher de la connaissance, nous sommes appelés à un constant creusement. D'où l'importance de l'étude, de la réflexion, d'un travail qui se poursuit sans repos et ne connaîtra jamais un parfait achèvement.

Mon autre type de souffrance concerne les hommes et aussi les animaux.

Tout d'abord, les hommes. Je me sens liée intimement aux êtres humains. J'éprouve, à leur égard, un amour illimité qu'il est impossible de réduire à mes compatriotes, ou encore, aux seuls Européens. Cet amour s'étend à toute la terre. Cela peut apparaître stupide mais c'est ainsi. C'est pourquoi, indépendamment de son origine, la souffrance des autres m'accable. Je suis sensible, à la fois, à la misère du corps et, aussi, à la misère de l'âme. Il est, d'ailleurs, impossible de les distinguer l'une de l'autre. Certes, elles ne s'accouplent pas nécessairement mais, le plus souvent, s'accompagnent. Je souffre de voir la dimension divine si rarement reconnue et aimée. Réduit à un corps et à son animation, l'être humain récuse très fréquemment l'épanouissement de l'esprit. Il l'ignore, ou, conscient de sa réalité, il s'en détourne. Et l'Esprit attend, avec patience, le « oui » de celui en qui il souhaite germer, croître, se répandre en toute gratuité. L'Esprit voudrait dispenser ses dons. Mais il est comparable à un « toi » dont la présence n'est pas décelée.

Incapable de réfléchir et d'opter, celui qui fait partie du troupeau de la conscience commune ne peut que suivre les diverses autorités. Le voici réduit à un état d'esclavage. Manipulé de l'extérieur, il se plie aveuglément aux divers mouvements qui s'imposent à lui. Devenu le jouet des vagues, il tient le rôle d'un brin de paille dans le vent. On le rassure en le berçant de propos illusoires, de promesses factices. En l'agitant, on lui communique la sensation de vivre et d'être utile ; en tirant des ficelles, on fait de lui une marionnette déséquilibrée.

C'est avec violence que je m'insurge contre les exploiteurs. Ils sont légion. On les trouve dans tous les rangs, dans toutes les classes. On pourrait penser que les hommes de gauche sont mus par un plus grand altruisme. Il n'en est rien hélas ! Leur intérêt pour les exploités passe dans leurs discours, anime leurs revendications. Leur vie n'en est pas pour autant modifiée. Lorsqu'ils occupent des positions importantes dans un gouvernement, ils s'enrichissent. Leur confort personnel s'impose d'abord. Et cela m'apparaît indécent, voire scandaleux. Il est facile de dénoncer le manque de pouvoir d'achat dont pâtissent les autres lorsqu'on acquiert soi-même des propriétés, des appartements luxueux. Que le mensonge appartienne à la gauche ou à la droite, il n'en reste pas moins odieux.

Ce qui m'afflige en particulier concerne l'exploitation de l'ignorance, de la bêtise, de la naïveté. La désinformation, dont la presse orientée fait constamment usage, est un scandale qui devrait être puni de la même manière qu'on inflige des amendes à ceux qui mettent en circulation, dans le commerce, des nourritures frelatées. D'une façon identique, bien que différente, la télévision présente de nombreux films propageant le goût de la violence. Avant de punir les délinquants, les pourvoyeurs de drogue, est-ce qu'il ne serait pas raisonnable et plus logique de s'attaquer d'abord à ceux qui entretiennent quotidiennement, par des émissions minables, la subversion ? Ce mépris total de la condition humaine devrait appeler des sanctions. L'agressivité est servie à chaud : elle détruit l'homme de la même manière qu'un poison glissé dans les aliments. En d'autres termes, elle provoque une mort lente, mais une mort inévitable. Elle fait de l'homme un monstre, un tueur. En déséquilibrant, elle opère un lavage de cerveau. La destruction de l'éthique atteint l'homme dans son essence et pas seulement dans son existence.

La constatation de cette dérive pourrait provoquer une indifférence. Pourquoi souffrir inutilement puisqu'on est incapable d'apporter la moindre amélioration ? Ne serait-il pas préférable de s'enfermer dans sa tour d'ivoire et d'oublier le malheur de la condition humaine ? Certains tempéraments le peuvent. Personnellement, j'en suis incapable.

Un ermite peut se tenir à l'écart et porter le monde dans son cœur. C'est là une forme de sagesse qui appelle mon respect. C'est d'ailleurs ce que je tente de faire, tout en sachant qu'il est difficile d'y parvenir d'une façon réellement efficace.

Si on veut se protéger des attaques provenant de l'extérieur, il convient de se tenir en dehors des communications : aucune lecture de journaux, pas d'accès à l'audiovisuel, un courrier très restreint. Vivre dans l'indifférence à l'égard des événements qui frappent les hommes permet de s'assurer une certaine tranquillité. Je ne suis pas certaine que ce calme soit toujours louable. Je connais des hommes qui préfèrent ne pas voter car ils se désintéressent de « la chose publique » ou, encore, parce qu'ils hésitent entre les différentes options possibles. Une telle attitude me semble répréhensible. Les tièdes peuvent manquer de convictions et s'emprisonner en eux-mêmes. Dans ce cas, je comprends mal qu'ils puissent être pris en charge par une société qu'ils récusent. Ne devrait-on pas leur supprimer la Sécurité sociale ?

La souffrance naît aussi de la prise de conscience de la médiocrité humaine. Savoir qu'il existe fort peu d'individus qui méritent le nom d'hommes crée un immense vertige.

On peut se demander parfois si certains êtres, qui souhaitent faire parler d'eux et ont recours, pour y parvenir, à la publicité, sont aussi des hommes à part entière. Il répondraient plutôt aux titres de montreurs d'ours et de chiens savants, en tout cas d'animaux de cirque. Ils seraient eux-mêmes des bêtes éduquées pour attirer des badauds ! La littérature ou, plutôt, les littérateurs s'apparentent parfois à de tels jeux.

Et je ne vois guère de différence entre les gens du cirque se livrant à des performances, les athlètes dans les stades, les chanteurs sur les plateaux, et les prestations de certains romanciers. Ces derniers ne courent aucun risque physique. En l'absence de filet, les trapézistes mettent leur existence en danger. À trop s'entraîner, les sportifs s'épuisent. Ce sont les chansonniers qui ressemblent le plus aux hommes voués à la littérature. Ils réussissent ou ratent leurs numéros. De toute manière, ils s'exhibent. Au point de vue financier, les hommes de lettres sont le plus souvent les perdants.

Je crois, et j'ai souvent eu l'occasion de le dire, à l'importance de la culture et plus encore, de la vie intérieure. Comment les proposer à ceux qui se débattent pour vivre car ils manquent de travail, d'argent et de relations ? Si la télévision présentait des films éducatifs capables de retenir l'attention au lieu d'être ennuyeux, il deviendrait possible de compenser l'injustice de l'handicap socioculturel.

Ainsi, on ne ferait pas du savoir et de la connaissance des produits de luxe. Est-ce là un rêve dérisoire issu de l'illusion ? Ou bien convient-il d'accepter avec indifférence la désagrégation de l'espèce humaine ?

Telle est la question que je ne cesse de me poser. Il m'est difficile d'accepter pour moi une certaine culture et une ébauche de connaissance sans pouvoir la partager avec autrui. J'écris cela tout en sachant que la majorité des hommes ne sont pas concernés par mes propres options. Pour la plupart, s'adonner à la recherche spirituelle ne suscite aucun intérêt. La sagesse est de respecter les choix des individus. Le goût du partage est sans doute puéril. Mais étant manipulés par les différentes formes de pouvoir, les hommes sont le plus souvent des victimes incapables de vivre par eux-mêmes. Le goût du grégaire enfle l'estomac et le ventre, il ne saurait provoquer l'appétit non seulement de la qualité de l'existence, mais de l'orientation vers les valeurs.

C'est pourquoi le choix opère une rupture. On se distingue, on se sépare ; cette scission me semble tragique. Y consentir, parce qu'on ne peut pas faire autrement, est une souffrance qui ne cesse d'opérer au-dedans et au-dehors de poignantes déchirures. Celles-ci entament et blessent. On ne peut les cicatriser qu'en les intériorisant. Alors, elles sont vécues à un autre niveau.

Vivre dans une dimension de profondeur ne consiste pas à se désintéresser des autres et à se détourner de la société. C'est, au contraire, assumer autrui dans l'ordre de l'efficacité à travers la communication des consciences et plus encore de l'ineffable.

Celui qui s'oriente vers le mystère ne devient pas étranger au monde, il en est, au contraire, le levain. Mais il regarde le monde d'une autre manière. Dans la mesure où il le voit en Dieu, il n'en retient pas la noirceur car il sait que l'ombre est éphémère.

Alors, la vision du monde ne fait souffrir qu'au plan de la tendresse. Celle-ci souhaite le bonheur des hommes. Mais les hommes ignorent la véritable béatitude.

Lorsqu'un être humain est « possédé » par l'amour de tous les vivants, il s'éprouve tragiquement démuni à leur égard. L'action lui apparaît dérisoire : une goutte d'eau sur une terre sèche. Le contemplatif se tourne vers la source, il espère que celle-ci inondera tous les cœurs. Pour certains, la contemplation exige le choix d'une vie exclusivement contemplative ; pour d'autres, elle peut se réaliser partout. J'appartiens à cette dernière catégorie tout en sachant qu'un contemplatif, vivant dans la solitude, serait susceptible de parvenir à une dimension de profondeur que je ne pourrai jamais atteindre. Se retirer de l'extériorité devrait normalement permettre de mieux réaliser le total dépouillement de soi-même, la nudité. Toutefois, Dom Porion cite des exemples concernant des mystiques qui ne vivaient pas en solitaires. À ce propos, il écrit : « L'équilibre que maintiennent ces mystiques (Eckhart, Hadewijch) entre l'aspect contemplatif et l'aspect actif (relatif) n'est pas celui d'un compromis dont les parties s'accommoderaient, mais celui d'une flamme entre la terre et le ciel, qui vit de ce qu'elle consume et brûle de le quitter [1]. »

À un certain niveau, toutes les distinctions s'amenuisent. À propos d'une lettre (XX) d'Hadewijch, ce même auteur ajoute : « ... l'amour *peut être dans la prudence et la mesure*, dans la crainte, dans l'humilité, dans la compassion, dans l'activité, *mais rien de tout cela ne peut être dans l'amour*, dont l'essence est libre et simple [2]. »

La contemplation devient regard orienté vers un impossible face-à-face. En raison de la présence de l'image de Dieu, on pourrait croire que le dynamisme naturel de son mouvement aboutit nécessairement à la dimension divine. Sorte de dérive, imitant celle des continents, rien ne concorde. D'où la recherche des correspondances qui s'élabore à tâtons. Elle passe successivement par la certitude, le doute, l'angoisse et, parfois, la déréliction. La pesanteur humaine engendre des béances, la fragilité voile. Le regard contemplatif s'allège de son moi, sinon il n'aboutira jamais. Devient-il prière, il passe du « je » au « nous » et au « toi ». L'appartenance à un groupe serait intolérable. Le « nous » comporterait une facilité contre laquelle s'est élevée très justement Simone Weil. La communauté des vivants est intériorisée. Le « nous » provient d'une singularité acceptée, vécue, et soudain déployée en une tonalité harmonique. Rien ne s'impose. Une sorte de puits est creusé dans le désert de l'existence. C'est à chacun d'y puiser suivant l'ampleur de sa soif. Tout est mis en commun, mais dans le mystère.

---

1. Cf. Hadewijch, *Lettres spirituelles, Béatrice de Nazareth, sept degrés d'amour*, Genève, Claude Martingay, 1972, p.28.
2. *Idem.*, p.29.

Dans son commentaire sur le Cantique des Cantiques, Guillaume de Saint-Thierry, ami de Bernard de Clairvaux, dira : « Ouvre-nous ton saint Cantique » *Aperi nobis sanctum canticum tuum).* « Ouvre-nous » possède une signification symbolique immense. Nous sommes le plus souvent enfermés en nous-mêmes, emprisonnés non pas dans le monde extérieur, mais dans celui que nous portons et qui est le nôtre.

L'Évangile conseille de frapper à la porte et il affirme qu'il nous sera ouvert (Mt 7,7 ; Lc 11,9). Comment trouver la porte ? Le Christ se dit « la porte des brebis » (Jn 10,7). Où se trouvent la bergerie et son pasteur ? Tout semble clos : les Écritures, les symboles, les archétypes, les chemins, les mystères. Mais le cœur peut s'ouvrir, tel celui de Lydia (Ac 16,14). Il en est de même pour les lèvres (Ps 8,6) et les oreilles (Ps 40,7). « Il a ouvert les portes des cieux », chante le psalmiste (78,23). Et Jean proclamera : « Vous verrez désormais les cieux ouverts » (1,52). Il ne s'agit pas de cieux extérieurs mais de cieux du dedans, lorsque l'homme est devenu « un ciel nouveau et une terre nouvelle » (Ap 21,1).

« Les cieux ouverts » le sont-ils durablement ou par intermittence ? Ceux qui prétendraient vivre sous des cieux ouverts apparaîtraient suspects d'illusion. La fragilité humaine voile. L'obscurcissement peut se muer en fermeture. La satisfaction des bien-pensants est non seulement puérile, elle est en outre la conséquence d'une certaine aliénation, tout d'abord d'une méconnaissance de la condition humaine que chaque individu partage plus ou moins largement.

S'éloigner de la société, pour éviter la dispersion susceptible de nuire à l'approfondissement, n'est qu'un premier pas : les conséquences de ce retrait peuvent avoir des effets positifs à la condition que l'homme s'abandonne lui-même. Sinon, il s'agit d'un jeu, d'une simulation. Pour l'ami des mystères, le sens de sa démarche, le but de son pèlerinage consiste à s'approcher du point ultime de sa dimension de profondeur, c'est-à-dire de son fond. À cet égard, les guides sont peu nombreux. Hadewijch, Eckhart, Tauler et Ruusbroec se présentent comme des initiateurs.

Dans une de ses lettres spirituelles, Hadewijch évoque le fond de l'Être divin que rien ne peut toucher, sinon le fond de l'âme[1]. Pour Eckhart, Dieu est sans nom, et donc ineffable, ainsi l'âme dans son fond est ineffable et sans nom[2].

Donnant un sermon sur Jean Baptiste, Tauler décrit le mystère du fond : « Les forces de notre âme ne peuvent pénétrer dans ce fond, ni de près ni de loin. La largeur qui se manifeste dans ce fond est telle qu'elle n'a ni image, ni forme, ni mode d'aucune sorte... C'est un abîme qui se soutient de lui-même, sans fond... Il en est de même dans le fond de notre âme. Il tend vers un abîme inconnu et, dans cet abîme, est l'habitation de Dieu... Si quelqu'un pouvait descendre dans ce fond, il trouverait là, en toute vérité, Dieu et il se trouverait lui-même en Dieu[3]. »

On peut espérer pénétrer dans ce fond. « Habiter avec soi-même » pourrait sans doute permettre peu à peu d'en franchir le seuil. Il n'en est rien. Un tel lieu s'avère inaccessible. Forteresse à laquelle ne mène aucun pont-levis. Sorte d'île sur laquelle il est impossible de prendre pied. Il faut le savoir, l'homme porte en lui un lieu auquel il ne saurait avoir accès. Il habite une maison dont le centre lui sera toujours fermé. Clôture infranchissable !

Et Tauler poursuit : « Dans ce fond, aucune lumière créée ne peut pénétrer et luire, puisque c'est le lieu où Dieu seul habite... Rien... ne peut pénétrer dans cet abîme, si ce n'est l'abîme de la divinité[4]. »

1. *Lettres spirituelles...*, *op. cit.*, p. 147.
2. Sermon *Qui odit animam suam*, trad. Jeanne Ancelet-Hustache, *Sermons*, t. 1, Paris, éd. du Seuil 1974, p. 156.
3. Jean Tauler, *Œuvres complètes*, trad. E. Pierre Noël, Paris, A. Tralin, 1912, p. 113-114.
4. *Œuvres complètes*, *op. cit.*, p. 113-114.

Errer autour de cet abîme, c'est tout ce que l'homme peut faire. Il serait vain de chercher une ouverture, une porte, une fissure.

Dans le Cantique des Cantiques, l'épouse dira que le bien-aimé s'approche « regardant par la fenêtre, épiant par le treillis » (2,9). Comment trouver une fenêtre, un treillis ?

La Déité demeure invisible. On peut penser que les Personnes trinitaires, qui appartiennent à la manifestation, servent d'introductrices. Elles entraînent vers..., conduisent, rapprochent. « Qui me voit, voit mon Père », dira le Christ (Jn 14,9), mais le Père n'est pas la Déité. La Déité est un au-delà des Personnes divines. Cependant, le chrétien se rapproche de la Déité en suivant le Christ.

Est-ce qu'à un moment donné, l'errant va abandonner les Personnes divines ? Je ne le pense pas. Ce sont elles qui, après l'avoir attiré vers la Présence, se retirent. « Il est bon que je m'en aille afin que l'Esprit vienne » (Jn 16,7), annonce le Christ. Ainsi, à un moment donné, dans l'aventure de l'errant, l'Esprit devient le guide. Mais l'Esprit n'est pas extérieur à l'homme, il le meut d'une façon naturelle.

Tout cela est peu clair, j'en conviens, du seul fait que j'ignore comment l'exprimer, mais je l'éprouve comme une réalité. En ai-je l'expérience ? Seulement l'esquisse d'une expérience. Cependant, rien n'est flou. Tout m'apparaît certain, indiscutable. L'important est de traverser le gué. C'est-à-dire de passer de la manifestation à la non-manifestation. Sorte de décréation dont a si bien parlé Simone Weil († 1943). Or, se décréer consiste à se détacher de soi. Et ce détachement constitue l'opération essentielle de l'existence. L'aboutissement n'est jamais total, il est à poursuivre jusqu'à la mort physique.

Ruusbroec éclaire singulièrement cette décréation en écrivant : « Il faut s'être perdu soi-même en une absence de modes et en une ténèbre où tous les esprits contemplatifs sont engloutis fruitivement, incapables de jamais se retrouver eux-mêmes selon le mode de créature. C'est dans l'abîme de cette ténèbre où l'esprit aimant est mort à lui-même, que commencent la révélation de Dieu et la vie éternelle [1]. »

Cette révélation et cette vie éternelle ne surgissent pas après la mort physique, elles la précèdent. Et c'est cela qu'il nous faut comprendre. Sinon nous plaçons dans une condition *post mortem* ce qui se situe dans l'*ante mortem.*

Tout d'abord, les intermédiaires sont encore opératifs. Ruusbroec dira, à propos de la révélation de Dieu et de la vie éternelle : « C'est là que brille et est engendrée une lumière incompréhensible, le Fils de Dieu même, en qui l'on contemple la vie sans fin. En cette lumière, l'on devient voyant ; et cette lumière est donnée à l'esprit en son existence simple, là où il reçoit la clarté qui est Dieu même, au-dessus de tous les dons et de toute œuvre de créature, en le vide tout affranchi de l'esprit où, par le moyen de l'amour de fruition, il s'est perdu lui-même et reçoit, sans intermédiaire, la clarté divine, tout transformé en cette clarté même qu'il reçoit [2]. »

L'homme suspendu à son fond, errant à la découverte de ce fond, devient un voyant. Il est inondé de lumière, il va de clarté en clarté. Il n'a pas à traverser la mort physique. Encore une fois, il convient de le répéter, la Grande mort est derrière lui. La seconde mort ne consistera que dans l'abandon de son corps.

Et Ruusbroec ajoutera encore : « Qui veut comprendre ce mystère doit tourner sa face vers la lumière éternelle dans le fond de son esprit, là où la vérité cachée se révèle sans intermédiaire. »

En fait, ces différents commentaires se présentent comme une interprétation de certains textes bibliques : « Le

1. Ruusbroec, « L'ornement des noces spirituelles », *Œuvres*, 1920, p. 210-211.
2. *Œuvres, op. cit.*

royaume de Dieu est au-dedans de vous » (Lc 17,21). L'exigence d'une « nouvelle naissance », demandée par l'apôtre Jean (3,7), coïncide avec une approche du fond d'où fuse la lumière.

Afin d'être attiré et de pouvoir découvrir ce fond, chacun fera les détours qui lui conviennent. Pour un Henri Le Saux, l'Inde sera nécessaire. D'autres se réclameront du Tao, de l'Islam. Peu importe ! Il s'agit d'une quête effectuée dans des chemins. Il arrive un instant où les voies sont récusées. En réalité, il n'y en a qu'une d'essentielle : le détachement de soi-même. Déjà, le renoncement est exigé par le Christ à travers les évangélistes : « Si quelqu'un veut venir à ma suite, qu'il renonce à lui-même » (Mt 16,24). (Voir Mc 8,34 ; Lc 9,23.)

On peut se demander, et je me pose personnellement la question, pourquoi les Pères de l'Église n'ont pas fait plus nettement allusion à ce fond. Telle n'était pas leur mission. Ils se devaient de déterminer le *corpus* du christianisme. Les Pères du Désert n'en parlent pas. Au XIIe siècle, les cisterciens demeurent encore dans une perspective sinon émotionnelle, du moins sponsale. Ce terme convient surtout à Bernard de Clairvaux et à son école. À la même époque, le « ton » des chartreux se montre différent, il est plus dépouillé. Toutefois, le Cantique des Cantiques constitue le bréviaire du moine. Les mystiques du XIIe siècle sont imbibés par l'Écriture sainte, en particulier par l'Ancien Testament. L'important est de parvenir à la rencontre, à l'union. Et l'union n'est pas l'unité. C'est pourquoi les auteurs insistent sur l'importance de l'*unitas spiritus.* Il faudra attendre les Rhénans pour voir s'instaurer le passage de l'existence à l'essence. Toutefois, ces différents mystiques, qui ne nous parlent pas toujours très clairement du « fond », en vivent la réalité : ils en possèdent l'expérience. Il ne faut pas oublier qu'Augustin mentionne *l'abditum mentis,* ce fond secret où l'homme reçoit la vérité, et il parle du loisir qui en prépare l'accès (*De vera religione,* P.L. 34, c. 151).

Déjà Hadewijch et ensuite les Rhénans ont pu saisir la nécessité du vide pour parvenir au plein. « Lorsque le détachement atteint le degré suprême, l'âme devient par (perfection de) connaissance, sans connaissance ; par (pureté d') amour, sans amour, et par (excès de) clarté, obscure[1]. » Un tel dépassement inclut l'au-delà de Dieu dont a parlé Eckhart[2].

Qui a favorisé l'audace d'Hadewijch, Eckhart, Tauler, Ruusbroec[3] ? On pourrait penser que les mouvements hétérodoxes ont joué un rôle important. Il conviendrait aussi de retenir le rôle de certaines femmes, telles Marguerite Porète, Hadewijch. Ces femmes avaient l'avantage de ne pas être des théologiennes. Elles ignoraient ce qu'il était imprudent de dire, sous peine d'être victime de l'Inquisition, comme le fut d'ailleurs Marguerite Porète en 1310. Dom J.B. Porion († 1987) a montré l'influence des béguines sur les auteurs rhéno-flamands[4]. Peut-être serait-il nécessaire aussi de parler de la scolastique. Cette « philosophie » a pu constituer un barrage, provoquant un appel d'air. Certains esprits ont pris conscience du danger qu'une telle théologie, devenue une science, représentait. D'où l'importance donnée à la mystique de l'essence qui se situait dans la tradition dionysienne.

Le mystère devrait normalement échapper à l'histoire. Mais ce sont les hommes qui s'approchent des mystères, et ceux-ci vivent une existence conditionnée par leur propre époque. De même qu'il se présente une évolution des dogmes, il y a lieu, également, de parler d'une évolution de

---

1. Hadewijch, *Lettres spirituelles,* éd. Dom Porion, Genève, Claude Martingay, 1972, p. 278.
2. Voir sermon *Beati pauperes spiritu,* trad. J. Ancelet-Hustache, Paris, éd. du Seuil, t. II, 1978, p. 148.
3. Sur le thème du fond, aucun auteur moderne n'a été plus suggestif que le bénédictin sannyasi Henri Le Saux ; cf. *La Montée au fond du cœur*, Paris, éd. OEIL, 1986.
4. Cf. *Lettres spirituelles* d'Hadewijch, *op. cit.,* p. 279, 281-282. D'une façon générale et à travers l'histoire, je préfère les mystiques du Nord à ceux du Sud ; il en est de même pour les peintres.

la mystique. Ce qui est récusé à un moment, car jugé hétérodoxe ou même hérétique, sera accepté ensuite lorsque l'esprit deviendra plus ouvert, moins sclérosé.

Il y a toujours eu des hommes en avance sur leur temps. Le plus souvent, ils furent condamnés au silence sous peine d'être occis. Mais intérieurement ils savaient, tout en demeurant obligatoirement muets.

Le retour du Christ dans les cœurs, dont a parlé Origène, coïncide avec cette approche du mystère. Croire à un retour du Christ dans l'histoire s'avère illusoire. C'est dans le fond du fond que le Verbe apparaît pour céder ensuite la place à la Déité pure. Avant de se généraliser, cette opération s'effectue à titre individuel. Peut-on espérer qu'une telle illumination éclairera tous les hommes ? Je souhaiterais répondre d'une façon affirmative. Mais cela m'apparaît un rêve comparable à celui de l'âge d'or. Cet âge d'or intériorisé appartient seulement à un petit nombre, soit affilié à des religions, soit se situant en dehors d'elles. Toutefois, personne n'échappe à l'action divine. L'important n'est pas de nommer mais de vivre dans sa mouvance : « Ne suis-je un Dieu que de près, ne suis-je pas aussi un Dieu de loin ? » Telle sera l'interrogation qui passe à travers le prophète Jérémie (23,23). « Ce n'est donc pas dans un lieu ni sur la terre que Dieu habite, mais dans le cœur... dans un cœur pur. C'est là, en effet, qu'il fera sa demeure [1]. »

À l'égard de mon itinéraire, je me pose la question : quel fut mon initiateur, mon véritable maître spirituel ?

Je réponds sans la moindre hésitation : la solitude.

Elle est un abîme ! Une profondeur ! Une béance !

Dès ma jeunesse, j'ai perçu son appel. Et j'ai été séduite. Depuis, je n'ai jamais regretté l'union de nos amours.

---

1. Origène, texte cité par Urs von Balthasar, *Esprit et Feu,* Paris, éd. du Cerf, 1959, p. 67.

Cruelle par instants, jalouse, elle a su m'enseigner à la chérir.

J'ai épousé la solitude, comme d'autres prennent un compagnon de route. Chaque matin, chaque soir, et durant des années, j'ai célébré les multiples anniversaires de nos noces. Noces festives ! Noces secrètes !

Parfois, je lui étais infidèle en lui tournant le dos. Tentée de la quitter, je cherchais ailleurs ma subsistance. Privée de sa présence, je devenais aussitôt une épouse stérile. Alors, j'allais vers elle en claudiquant. Patiente, elle m'accueillait ; généreuse, elle m'offrait le pardon de mes adultères. Et nous recommencions à vivre ensemble avec une tendresse décuplée.

Repentante, je lui disais : solitude,

entraîne-moi après toi ; courons ! (Ct 1,4).

Je n'ai jamais eu l'impression de la trahir en voyageant ou en donnant des conférences ici et là. Elle m'accompagnait partout, telle une lumière dont j'étais l'ombre ; le terreau dont j'émergeais, je ne le quittais pas. À son égard, ma forfaiture consistait à me laisser distraire de l'essentiel par l'accueil de multiples problèmes ou questionnements qui me jetaient dans l'extériorité.

Souvent, elle se montrait exigeante en voulant que je renonce aux désirs éphémères. Ou plutôt, elle réclamait le « oui » donné avec allégresse lors du départ des biens passagers qui prenaient l'initiative de m'abandonner. Elle attendait de moi, qu'en souriant, je sache leur dire adieu. Si je souffrais, elle se gaussait de mon attitude dérisoire.

De même à l'égard du corps, elle m'apprenait qu'il convient de faire la sourde oreille. Le corps ne cesse de réclamer. Dominateur, il veut se montrer roi en s'entourant de serviteurs dociles. Si on lui assigne sa place véritable, les énergies vitales se décuplent. Désormais l'enveloppe, même vieillissante, assure sa fonction de monture qu'il importe de ne pas confondre avec son cavalier. L'homme n'est pas seulement un corps. Sinon, il ne serait, durant sa vie, qu'un cadavre ambulant. Il est aussi une animation, une âme dont la fine pointe s'actualise en esprit.

Androgyne par nature, la solitude s'apparente au désert intérieur. Elle n'est pas un terme ; je n'avais pas à l'idolâtrer. Elle me conduisait vers... à la façon d'une cavale sauvage qu'on ne saurait apprivoiser.

Intérieurement, sans qu'on puisse m'entendre du dehors, j'ai maintes fois modulé des hymnes à la solitude, avec les accents d'une bien-aimée louant avec gratitude son ami.

Depuis longtemps, grâce à la solitude, j'habite

la cellule de moi-même[1].

Je n'aime pas les frontières, et le dedans est illimité...

D'où la vasteté du cœur. Celui-ci, semblable à un nid tiède, réchauffe ceux qui éprouvent le besoin d'un refuge car ils souffrent dans leur chair, leur tête, leur affectivité.

La solitude enseigne l'importance du silence, du secret et du mystère. Constamment, elle jette des étincelles dans le cœur pour entretenir la chaleur du feu. Ainsi, elle fait surgir le buisson ardent qui brûle sans se consumer. Gardienne de la suprême aventure, elle révèle la présence du maître intérieur et permet d'entendre son murmure. De même, elle apprend à porter l'univers dans l'amour. Par son intermédiaire, l'amant de la solitude devient la mère anonyme de nouveau-nés dont elle ne pourra jamais voir les visages ni entendre les voix. Ceux-ci naissent soudain à la dimension mystérieuse sans savoir d'où provient la tendresse qui leur permet d'accéder à la clarté.

Solitude bien-aimée, tu ouvres les portes, tu tires les verrous, tu changes la lumière de la lune en lumière solaire. Tu rends pauvre, car les richesses éparpillent l'attention. Tu fais

1. Pierre Jean Jouve, *Les Noces*, Paris, Gallimard, 1966, p. 50.

sauter les gonds du coffret des trésors. Tu unifies en jetant des passerelles entre le ciel et la terre.

Solitude, tu déchires les voiles, et le regard contemple par instants l'invisible. Tout se transfigure. Il n'y a plus de laideur, seulement une transparente beauté.

Solitude vaste, solitude-échelle, solitude paradisiaque, solitude couverte d'yeux dont les ailes évoquent l'ange du prophète Ezéchiel. Dans l'obscurité, tu enfantes des errants.

Je pourrais appliquer à la solitude intérieure ce qui est dit de la Sagesse :

Je l'ai aimée plus que la santé et la beauté;
J'ai préféré la posséder plutôt que la lumière,
car son flambeau ne s'éteint jamais.
Avec elle me sont venus tous les biens (Sg 7,10-11).

Un jour, je ne m'y attendais pas et j'ai été surprise, la solitude m'a dit :

Détache-toi de moi.

Sois libre de tout, de Dieu, des mondes visible et invisible, du temps et de l'éternité, de ta misère, de ta sagesse et aussi de ton salut. Sois libre de la joie et de la douleur.

Solitude libératrice, douce et suave solitude, comme

on a raison de t'aimer! (Ct 1,4).

QUATRIÈME PARTIE

... le cœur de l'homme s'enflamme pour toute la création, hommes, oiseaux, animaux, démons et toutes les créatures...

ISAAC LE SYRIEN

Quand je serai mort, dites au doux Royaume de la Terre, que je l'aimais, plus que je n'ai osé dire...

BERNANOS

Au bord de l'autre rive

DEPUIS longtemps, j'ai retrouvé la maison de campagne et son jardin.

Une maison couverte d'aube,
Ouverte au vent de ma jeunesse[1].

Mon enfance est si loin qu'il est impossible de discerner sur mes traits l'écho de mon passé. Aujourd'hui,

La maison se mêle à la mort
Dans un miroir qui se ternit[2].

Un par un, jeunes ou vieux, tous les membres de ma famille sont partis... Et je m'interroge à leur sujet : où sont-ils ? Je les voudrais heureux. Souvent, je leur adresse des souhaits de bonheur remplis de tendresse.

Ils se sont éteints dans cette demeure ou en dehors d'elle, après avoir passé des jours, des mois et parfois des années, entre les flancs de ce navire ancré. Choisi tout d'abord pour les vacances, ce vaisseau devint ensuite un lieu d'habitation permanente.

---

1. Jean Laroche, *Mémoire d'été*, éd. Cahiers de Rochefort, p. 9. Texte cité par Gaston Bachelard, dans *La Poétique de l'espace*, Paris, PUF, 1957, p. 63.
2. Jean Bourdeillette, *Les Étoiles dans la main*, Paris, Seghers, p. 48. Texte cité par Gaston Bachelard, *op. cit.*, p. 64.

Les murs se souviennent. Ils me suggèrent des visages, des voix, des sourires et me font parfois entendre des rires et des sanglots. Ils n'ont que moi pour les écouter. Alors ils bavardent lorsque je suis présente.

Ainsi, je n'ai plus de famille. Je le constate sans en être exagérément affectée. Une telle absence devait m'être nécessaire pour que ma solitude soit plus dense. La parenté charnelle m'est assez indifférente. Je n'éprouve point le goût des tribus avec des oncles, tantes, neveux, nièces, cousins proches ou éloignés. Aux liens du sang, je préfère l'amitié. La parenté spirituelle m'apparaît plus profonde que celle relevant des générations successives. Cette constatation n'entame en aucune manière mon affection pour mes parents.

À la table de la salle à manger, j'ai pris la place du mort. Celle où s'asseyaient ma grand-mère, puis mon oncle et ensuite mon père durant quelques mois. Et quand je m'en irai, des inconnus s'y tiendront à leur tour, comme des morts en sursis. Peut-être viendrai-je errer près d'eux, pour leur murmurer : « Attention, vous occupez l'espace de celui qui s'en va. Vous devez le savoir sans la moindre amertume. Nous sommes des passants... Moi aussi, j'étais là et je n'y suis plus. Je souhaite que vous puissiez goûter la douceur d'une maison silencieuse et vous promener dans son jardin. »

Aujourd'hui, en face de moi, je devrais avoir mes enfants et petits-enfants. Tout est vide. J'ai vendu les douze chaises devenues inutiles, il n'y a plus que trois sièges en dehors du mien. Ils sont destinés aux quelques personnes qui viennent parfois me voir. Visites brèves que je souhaiterais exemptes de toute banalité.

Suis-je attristée par ce manque de grossesse et d'enfantement ? Non. J'ai choisi en son temps une autre voie ou, plutôt, un au-delà des voies qui, encore aujourd'hui, me convient et m'enchante.

Dans cette demeure silencieuse, tout a changé. Les trois

pièces du second étage sont devenues des bibliothèques, le fumoir aussi. Le salon a été allégé d'une partie de ses fauteuils, des portraits et tableaux suspendus sur les murs.

Souvent, mon regard quitte la page blanche où j'écris pour se poser sur les arbres proches de la maison. Par la fenêtre ouverte, j'observe les branches. Tout est calme. Soudain, les feuilles tressaillent et s'agitent. On dirait que la brise se fait parole et veut transmettre un message qu'il conviendrait de savoir déchiffrer. Après quelques minutes d'oscillations, de nouveau rien ne bouge. Un silence propice à la méditation s'étend et me rejoint.

Quant au jardin, il a aussi subi des mutations relevant des tempêtes et des pluies, et plus encore d'un manque de soins. J'aurais dû m'en occuper d'une façon plus attentive. Retenue par l'écriture, je me reproche de l'avoir négligé.

Deux tonnelles ont disparu, ne laissant derrière elles aucune trace de leur présence. Le pommier du Japon, non taillé, se répand en largeur alors qu'il devrait, au contraire, monter à la verticale en un jet flamboyant. Dans les pelouses mal tondues, les mauvaises herbes s'étalent. La rivière privée de nénuphars ne se réjouit plus d'entendre les modulations des crapauds et des grenouilles. Ils ont tous disparu. Dans le cours d'eau, les poissons m'apparaissent peu nombreux. D'ailleurs, j'ai perdu le goût de les guetter pour leur sourire.

Le jardin, autrefois si joyeux, est devenu triste ; il me semble endeuillé, souffrir d'un veuvage, peut-être d'une dépression passagère. Il me fait penser à une mère inconsolable qui aurait perdu ses enfants.

Ce veuvage, cette déréliction, dont j'éprouve la cruauté, provient d'une absence. Le jardin est privé de ses artistes, de ses musiciens, de ses chanteurs.

Un jardin n'est pas un désert. Il supporte mal le silence Le manque de sons l'accable.

Quant aux arbres, aux grands cèdres taxodiums, marronniers, peupliers, ils tendent vainement leurs branches. Les logis des oiseaux sont vacants. Vides de nids, de pépiements, de chants, d'où leur mélancolie. S'ils pouvaient se manifester, ils suspendraient des écriteaux portant la mention : « Maisons gratuites. Cherchons musiciens ailés. » Les oiseaux sont devenus rares.

Plus de rossignols au printemps. Seul le coucou exprime le renouveau de la nature. Un ou deux merles chaque saison, un seul couple de pies. Je ne vois guère de mésanges, rouges-gorges, pinsons, fauvettes ; même les moinillons, c'est-à-dire les moineaux, se sont raréfiés. Aucun pic-vert pour donner des coups de bec sur un tronc d'arbre [1].

Auparavant, j'entendais les cris des corbeaux, le matin et le soir. Ils se groupaient pour tenir des réunions, des conciles peut-être, des assemblées politiques. Lorsqu'ils se querellaient, j'avais l'impression de partis s'affrontant. Ils évoquaient pour moi certaines séances tumultueuses de l'Assemblée nationale. Je préférais d'ailleurs leurs vociférations à celles des politiciens.

À travers la variété de leur langage, je pouvais discerner leurs humeurs. Ils exprimaient parfois leur mécontentement ou au contraire leur douceur. D'après Catulle, ces oisaux noirs disent : *Cras, cras* (demain, demain) ; les voici cultivés puisqu'ils font usage de la langue latine ! J'opte plutôt pour l'interprétation japonaise selon laquelle les croassements signifient : « Mon chéri. » D'où la chanson apprise par les petits enfants à l'école maternelle : « Le corbeau chante : Mon chéri, mon chéri. » Quelle charmante traduction qui peut réjouir les solitaires ! D'un arbre, jaillissent des mots de tendresse qui les atteignent dans la mesure où ils se sentent concernés. En fait, les signes revêtent des sens divers selon notre attente. Sommes-nous attentifs : les mots révélateurs se succèdent. Fermés sur nous-mêmes, ils ne

1. En ce printemps 1988, les oiseaux sont de retour. Ils ont dû entendre les appels des arbres ! Mais ils me semblent moins diversifiés qu'autrefois.

peuvent nous toucher. D'où l'attitude des chasseurs, imperméables à « la langue des oiseaux ».

En effet, chaque année, vers la Pentecôte, des hommes recrutés dans les environs viennent tirer sur les corbeaux sous prétexte qu'ils appartiennent à une espèce nuisible. Ils encerclent le jardin pour mieux envoyer leurs balles meurtrières. Paniqués, volant dans tous les sens, les victimes sont abattues. Agressifs, imitant la désinvolture des cambrioleurs, ces envahisseurs font sauter le cadenas de la grande porte du jardin afin d'atteindre des volatiles à bout portant, ou encore ils se glissent entre les fils de fer de la clôture. Un arrêté préfectoral, autorisant la destruction des corbeaux, ne permet pas, pour autant, le viol d'une propriété privée. Si je me plains à la mairie, aux gendarmes, personne n'est censé être au courant. On feint l'ignorance. Et je n'en suis pas dupe. Que ne donnerais-je pour que les corbeaux puissent se défendre et attaquer leurs assassins avec toutefois moins de violence que les mouettes du film d'Alfred Hitchcock [1].

Les engrais ont massacré les insectes, et les oiseaux se sont trouvés privés de nourriture. Peut-être ont-ils été eux-mêmes empoisonnés.

J'aurais aimé que le jardin soit un paradis pour les oiseaux sauvages. Durant toute l'année quelqu'un vient quotidiennement répandre sur la terrasse du blé destiné aux pigeons. Ceux-ci ont pour demeure l'ancien grenier. Grâce à une fenêtre toujours ouverte, ils vont et viennent. Parfois, des chats sauvages bondissent sur l'un d'entre eux à l'instant où il prend son repas. Quelques petits oiseaux profitent de la nourriture offerte. Apeurés, ils saisissent rapidement quelques grains et s'enfuient aussitôt. De temps à autre, un rapace, sans doute un épervier, vient festoyer. Après son passage, on trouve des plumes éparses et aussi des cadavres. J'ai eu plusieurs fois l'occasion de voir cet oiseau étrange

1. *Les Oiseaux,* scénario d'Evan Hunter d'après la nouvelle de Daphné du Maurier « The Birds ».

avec son corps menu et ses ailes immenses ; la rapidité de son vol déconcerte.

Autrefois, les ramiers pénétraient dans ma chambre et dans mon bureau. Ils n'éprouvaient aucune crainte de ma présence. J'aimais les voir voler au-dessus de ma tête et se percher sur les bibliothèques en roucoulant. Ils sont devenus de plus en plus craintifs.

Ici, en période de chasse, les tueurs sont certainement plus nombreux que le gibier. Les lapins, lièvres, perdrix se trouvent traqués, condamnés à périr.

Je l'ai déjà avoué, je ne suis jamais parvenue à pouvoir, sans détresse, accepter la souffrance humaine et animale. Je souhaiterais qu'un gouvernement puisse décréter, tous les trois ans, une année sabbatique. Les chasseurs seraient obligés de retenir leurs instincts archaïques. Ils se défouleraient grâce aux sports ou à la nage. Mais les étangs et rivières sont le plus souvent pollués. On pourrait leur conseiller de draguer davantage les filles ou encore de se laisser plus volontiers accaparer par elles. En ces temps de dévergondage, est-il possible d'atteindre une plus grande performance ? Ces tueurs ignorent, sans doute, le rapport proposé par Freud entre le sexe et la chasse.

Dans la région, des haies ornées, jadis, de chèvrefeuille et d'églantines, ont été remplacées par des fils de fer barbelés. Auparavant, les buissons contenaient des nids et les oisillons se saoulaient du parfum des fleurs.

Je regrette ce temps où la nature n'avait pas été massacrée par les hommes. La chasse a toujours existé, mais elle n'avait pas autant d'adeptes. Si j'étais chargée d'un rôle politique, je triplerais le prix du permis de chasse au profit de la Sécurité sociale. Mais cela ne se fera jamais. Les hommes politiques craindraient de perdre des voix aux élections.

Il y a quelques années, certains cultivateurs ont enlevé les arbres en bordure des champs et des prés, ils les ont débités à la tronçonneuse pour les brûler sur place. Ainsi, les animaux sont privés d'ombre pour se reposer lorsque la chaleur du soleil d'été devient accablante.

Mises à part quelques rares exceptions, les agriculteurs sont rarement des poètes ! Ils n'ont guère le sens des mystères et ignorent les symboles de l'aile et de l'oiseau. Craignant pour leurs semis et leurs récoltes, ils se défient des oiseaux, nécessairement voleurs pour assurer leur subsistance. Vivant dans la nature, ils ne prennent pas le temps de s'émerveiller devant sa beauté.

Si quelqu'un éprouve une véritable passion pour les animaux sauvages et tout particulièrement pour les oiseaux, il apparaît certainement bizarre. Dans ce bocage qui fut longtemps chrétien, où les individus ne sont pas frustes mais assez raffinés, il manque comme ailleurs, sans doute, un minimum de culture. On ne lit pas. C'est là un passe-temps jugé réservé aux gens oisifs. L'emploi des machines agricoles devrait faire gagner quelques heures. Là encore les machines ont chassé les hommes.

Cette maison, le jardin qui l'entoure, les prés et les champs environnants ont tenu un rôle majeur durant mon existence, c'est là que, pendant les vacances, j'ai été engendrée à une dimension secrète relevant du mystère. Certains écrivains disent qu'ils sont « nés en Inde ». En fait, une telle naissance coïncide avec la « nouvelle naissance » dont parle le Christ en s'adressant à Nicodème. Cette nouvelle naissance amorce une plénitude, l'animation de l'esprit au-delà du corps et de l'âme. On peut s'unir au niveau des corps et des psychés. Mais l'union n'est pas communion. Celle-ci ne s'effectue qu'au sein de la dimension divine, lorsque l'esprit s'éveille. Le psychique est borné par des frontières auxquelles il ne cesse de se heurter. Seul le *pneuma* se manifeste dans l'illimité. Savoir cette différence s'avère insuffisant ; il convient de l'éprouver. Pour émerger, le *pneuma* a besoin de solitude et de silence, du moins d'une solitude et d'un silence intérieur, et aussi extérieur, dans la mesure du possible.

Ce qui serait frustration pour les uns devient abondance pour d'autres. Un tel sujet ne saurait se débattre par raisonnement. Parler de la solitude et du silence est aisé. Les vivre d'une façon concrète s'avère différent. Dans une lettre adressée à Raoul Le Verd, Bruno le Chartreux écrit :

« Ce que la solitude et le silence du désert apportent d'utilité et de divine jouissance à ceux qui les aiment, ceux-là seuls le savent, qui en ont fait l'expérience [1]. »

La solitude dénude, arrache, viole. Plus d'oripeaux, de rêves, d'illusions. Ne pouvant rien partager, elle entoure de murailles pour mieux isoler celui qu'elle a séduit, happé, mis à part, en le protégeant du « filet de l'oiseleur ». Cette pourvoyeuse d'ailes a horreur des rampants !

Toutefois, si des jeunes gens, tentés par la vie solitaire, me demandaient conseil, je leur adresserais un message de prudence. Il ne convient de choisir la solitude que si on l'aime d'amour, éprouvant à son égard une passion dévorante. L'aimer à la folie signifie qu'on ne supporterait pas d'en être privé ; on succomberait de détresse en son absence. On l'aime parce qu'on ne peut pas faire autrement. On l'aime sans pourquoi !

Opter pour la solitude afin d'avoir la liberté de s'adonner à l'étude serait sans doute un motif insuffisant, à moins d'avoir une vocation particulière pour la réflexion et l'écriture. Des philosophes grecs de l'Antiquité s'isolaient ainsi pour se consacrer à la philosophie, c'est-à-dire à la sagesse.

Que la solitude favorise les contacts avec la dimension divine, le fait s'avère certain, à condition de s'y mouvoir avec aisance. Sinon, la solitude est un obstacle. Elle peut devenir une torture incessante, une geôle favorisant la dépression et le suicide.

Le choix normal du mariage ou du compagnonnage relève de l'humaine condition. L'homme n'est pas fait pour vivre seul. Il est un animal grégaire. Ce terme n'est pas

---

1. *Lettres des premiers chartreux*, S.C., Paris, éd. du Cerf, 1962, I, p. 71.

négatif. Même les canards sauvages volent par compagnies. La plupart des êtres ne peuvent se réaliser que par l'amour d'un être pourvu de chair et d'os, avec des mains pour caresser, un regard pour exprimer la tendresse, un sexe pour réaliser la rencontre du masculin et du féminin. Sans partager totalement la pensée de Freud, il est certain que la sexualité est d'une importance capitale. Il faut passer par là, en avoir l'expérience, sinon le déséquilibre risque de s'instaurer et la maladie peut aussi survenir. Certains individus, captés par autre chose, peuvent échapper sinon totalement, du moins en partie, à cette nécessité, mais il est évident qu'ils sont d'une extrême rareté. Il ne faudrait pas croire que la vie solitaire soit supérieure ou inférieure au mariage ou au compagnonnage. Totalement différents, ces modes d'existence n'ont pas à se comparer. Par ailleurs, l'existence solitaire concerne moins le corps que le cœur et l'esprit : c'est un état. C'est pourquoi on ne peut vivre dans la solitude que dans la mesure où cette option s'impose sans la moindre hésitation. Sinon, on risquerait de l'envisager comme un échec.

L'essentiel consiste à suivre sa vocation propre avec ferveur et enthousiasme. Un enthousiasme tenu secret car il offense autrui. Peu d'hommes supportent qu'on ne partage pas la conscience commune. La singularité déplaît. Elle inquiète. Il est habituel de taxer d'originalité ce qui échappe à la banalité. Les groupes rognent les personnalités à la façon des vagues des océans qui transforment en galets les aspérités des pierres. Ceux-ci se ressemblent, ils deviennent même identiques. Au niveau symbolique, le monde est comparé à la mer. Ce sont les vagues, c'est-à-dire les événements qui modifient les hommes et les banalisent. Échapper à la morsure de ce qui survient à l'improviste du dehors et du dedans exige un survol. Les mouettes et les goélands ne sont pas concernés par le mouvement des eaux. Les imiter exige de consentir à une vision différente. Celle-ci isole d'une façon définitive.

Est-ce un choix ? Je ne le pense pas ; c'est plutôt un consentement. Le résultat d'un irrésistible attrait pour le monde invisible et aussi, parfois, pour la création intellectuelle.

Comme le dit très bien Marguerite Grimault dans son ouvrage sur *La Mélancolie de Kierkegaard* : « On ne se marie pas quand on veut se mettre au service des idées [1]. » C'est en lisant Kierkegaard que j'ai compris l'importance de la solitude qui fait sortir du général, de l'omnitude et, par conséquent, du mariage. Impossibilité de « pouvoir nouer avec personne des liens intimes et profonds », écrit le philosophe danois, qui s'avoue « hétérogène aux hommes [2] ». Certains esprits solitaires sont au contraire « homogènes aux hommes ». Ainsi ma thébaïde, si thébaïde il y a, fut toujours communication. Toutefois, je préfère les relations espacées. La familiarité, la camaraderie qu'on peut avoir en classe ou à l'université et durant sa jeunesse me sont devenues rigoureusement étrangères. Par ailleurs, je n'ai jamais connu d'états mélancoliques et tout masochisme m'est rigoureusement étranger. Mes dépressions ne dépassent pas quelques heures, plutôt quelques minutes. Elles s'évaporent comme la fumée d'une cigarette devant la flamme d'une bougie. Ici, le rôle de la chandelle est tenu par la lecture des poètes, Angelus Silésus, Novalis ; ou encore, par des textes de mystiques du XIVe siècle. Si je lis quelques lignes d'Eckhart, je suis aussitôt absorbée et j'oublie les soucis qui auparavant voletaient dans ma tête. De temps à autre, l'oisiveté favorise le repos, c'est-à-dire un état de jachère donnant accès à une création nouvelle.

Le lecteur de ces propos pourrait s'étonner que rien ne soit retenu concernant l'amour. J'éprouve une invincible horreur d'un quelconque étalage de la vie affective. J'admire

1. Paris, Aubier-Montaigne, 1965, p. 51.
2. Un tel aveu ne saurait en aucune façon exclure l'amour de Kierkegaard pour les hommes.

la monogamie tout en pensant qu'elle est fort rare et non sans périls pour le développement de la personnalité. Toutefois, je trouve terriblement frivole la succession des partenaires lorsqu'elle dépasse deux ou trois essais infructueux. À cet égard, les hommes atteignent le plus souvent une performance plus grande que celle de leurs compagnes. Dans le cas où la femme est considérée comme un objet, il est naturel que la diversité s'installe, de la même façon qu'on change de marque de voiture suivant ses goûts ou sa fortune. L'important est de ne pas faire souffrir, de tenir compte de son partenaire et des enfants lorsqu'il y en a.

Je crois davantage à l'amitié qu'à l'amour. Vivre toute une existence ou seulement plusieurs années avec le même compagnon ou compagne me semble nécessiter un grand appartement ou encore une maison particulière. La promiscuité quotidienne dans un lieu restreint serait irrespirable. Dans les jardins potagers, les semis sont serrés, ensuite on les éclaircit ; une certaine distance est indispensable pour que se produise l'épanouissement des plants. Sinon ceux-ci s'étiolent ou poussent en hauteur afin de pouvoir capter l'air dont ils sont privés.

Pour vivre, l'individu a besoin de disposer d'un espace qui lui soit personnel. Je comprends mal qu'on puisse partager chaque jour un lit et une table de travail. En écrivant ces mots, je me garde d'oublier que certains éprouvent la nécessité de la présence d'un autre corps. Avoir un bureau personnel pour écrire et lire suppose qu'on possède le goût d'une réflexion et d'une création exigeant l'isolement. De nombreux écrivains travaillent dans les cafés. Le passage des clients les stimule. Ceux-ci sont divers. Il ne s'agit pas d'un seul et même personnage. L'entassement dans une pièce unique, auquel sont réduit tant de couples, me semble une calamité supportable peut-être durant la jeunesse mais difficile à vivre pendant des années. Chacun a ses goûts, j'expose simplement les miens.

Je n'aurais pas pu me marier ou prendre un compagnon

d'une façon durable. Il m'apparaît plus aisé d'être fidèle en amitié qu'en amour. Pour se perpétuer, l'amour exige un constant renouvellement. Celui-ci accapare les énergies et risque de distraire et même de capter. Je ne vois pas comment l'évolution peut se produire sans dommage pour l'un des deux membres du couple. Les mutations de l'un doivent laisser pantois l'autre qui n'a pas parcouru une traversée semblable. Le mariage risque de condamner les conjoints à l'immobilité. Les attelages se doivent d'opter pour un pas identique et synchronisé.

On se marie parce que c'est l'usage, parce qu'on ne saurait supporter la solitude ou encore lorsqu'on s'éprouve comme la moitié d'une totalité ; il s'agit donc de combler un vide, ou encore on désire avoir une progéniture, devenir père ou mère. On risque de prendre pour un amour éternel ce qui n'est qu'une passion momentanée. J'admire volontiers les personnes mariées, mais je ne les envie point.

Il m'est difficile de privilégier, même passagèrement. J'aime chaque être pris dans sa singularité, mais j'éprouve une telle ampleur d'amour qu'il m'est impossible de la répandre sur un seul être. C'est une forme de folie d'amour dont je suis parfaitement consciente. J'adore les enfants mais j'aurais été incapable d'en porter et de les élever. Dans l'existence, je me sens fraternelle mais en aucune façon maternelle. C'est sans doute une carence pour une femme. Tant pis ! Je n'éprouve pas cette distinction comme un manque.

Certains pourraient penser que le choix de la solitude provient d'un égoïsme. Je ne le crois pas. Chacun possède le droit de choisir son mode d'existence comme cela lui convient. Et ses motivations le concernent uniquement. Peu importe si elles ne sont pas admises par autrui.

Il conviendrait de pouvoir s'interroger soi-même : suis-je capable d'aimer d'amour un individu particulier ? À cette question posée, la majorité des êtres répondraient d'une façon affirmative. Erreur! Très peu de personnes savent aimer.

Parfois, il me semble que je sais aimer. Non pas d'une façon permanente mais à certains instants. Quant à être aimée d'amour, par un homme, je ne l'ai jamais souhaité. Dans les deux ou trois cas où l'amour d'autrui s'est manifesté à mon propos, je ne pouvais l'accepter; je le sentais tisser des liens me retenant prisonnière.

Certains ont cru pouvoir exercer sur moi une emprise. J'étais hors d'atteinte, je glissais entre leurs doigts. Je ne pouvais aimer qu'à travers l'immensité d'une certaine Présence... mon cœur se trouvait trop séduit pour accepter une tendresse provisoire. En quelque sorte, il me fallait vivre, en toute liberté, l'amour unique qui me captait sans pour autant me détourner d'autrui. Lorsque l'éternité subjugue, la tendresse momentanée à travers le temps ne saurait suffire, elle se révèle bancale, fragile, provisoire.

Cela dit, je crois à la puissance de l'amour humain. L'amour prend au lasso des animaux sauvages et les transforme parfois en bêtes domestiques. Dans d'autres cas, l'amour embellit le visage, fait briller les yeux et rend l'intelligence percutante. Dans *L'Amour fou*, André Breton exprime sa tendresse pour Aube, sa fille de huit mois, en écrivant: « Je vous souhaite d'être follement aimée. » Quel vœu merveilleux! Je le formule à l'égard non seulement de mes amis mais de tous les habitants de la terre. Sans amour, l'existence est grisaille et tristesse. Déplorer dans les larmes un amour perdu est un écho, mais un écho brisé. Encore une fois, je préfère l'amitié à l'amour. Et, dans l'ordre de l'amitié, la réciprocité m'est chère. Mais je ne voudrais jamais être pour autrui un poids, une gêne, une obligation. L'amitié se doit d'être légère, non accaparante: quelque chose de tiède qui ressemble à un plumage coloré d'oiseau.

Pendant ma jeunesse, j'ai souhaité les rencontres qui permettent des confrontations d'idées. Je goûtais les oppositions qui me permettaient d'approfondir mes choix. Depuis longtemps, de tels échanges me semblent futiles, au niveau de la manifestation. D'ailleurs, les communications sont d'une extrême rareté. Tout apparaît fragmentaire dans l'ordre du sensible. On reste sur sa faim. Et cette appétence inassouvie engendre une nostalgie : celle de la dimension divine dans laquelle tout se retrouve sans pour autant se voir. Je crois profondément à la « communion des saints », que je nommerais plus volontiers la « communion des hommes ». Celle-ci se situe au-delà de l'histoire. Dans l'instant présent, elle noue le passé à l'avenir. La constatation, l'expérience de cette immensité, pourrait plonger dans une certaine angoisse du fait de son ampleur. Qu'un survol s'établisse, l'anxiété fait place à l'enchantement : une béatitude qui ne s'installe pas. Elle retient l'attention par ses visites successives. Dans certains cas, elle abandonne derrière elle des empreintes... il est alors impossible de contester sa venue. Le plus souvent, on cherche vainement la trace de ses pas. Sorte de vide qu'il importe de remplir, silence doué d'enseignement. Vide qu'il convient d'accepter comme tel, en ignorant à ce moment qu'il s'agit d'une indiscutable plénitude. Rien ne pourrait s'ajouter : c'est un flamboiement.

À l'époque de mes vingt ans, la femme n'était pas une personne à part entière, elle s'accomplissait par l'homme et la maternité. Se suffire, s'assumer, ne pas se sentir inférieure parce que vivant hors du mariage, passait pour dérisoire et même monstrueux. Il était normal d'éprouver à l'égard de ces êtres étranges une compassion semblable à celle manifestée envers les infirmes et les handicapés. On ironisait sur leur cas. Par manque d'imagination, et même d'intelligence, certains se demandaient si ces femmes célibataires n'étaient pas homosexuelles, ou encore affligées d'une maladie secrète.

Lorsque j'étais étudiante, je suis allée voir Jeanne Ancelet-Hustache. Dans un vaste bureau, le mari corrigeait les épreuves d'un livre de sa femme ; la mère tapait à la machine un article de sa fille. Quant à la traductrice d'Eckhart, elle écrivait à sa table de travail. Je fus béate d'admiration ! Durant un instant, le mariage m'apparut *presque* possible dans de telles conditions. Habituée à voir la femme assumer le ménage, la cuisine et le secrétariat de son époux, sans oublier les soins donnés aux enfants, un tel renversement des rôles me sembla aussi rare qu'appréciable.

La condition féminine a heureusement changé. Dans les milieux intellectuels, la compréhension à l'égard de ces choix particuliers a souvent existé, mais elle n'était pas largement partagée. Les gouvernements de droite ou de gauche pénalisent les célibataires par les impôts. C'est assez scandaleux. Je comprends qu'on avantage les familles nombreuses. Envisager les différentes situations sociologiques dans une perspective économique m'irrite. Tout est subordonné à l'État et l'emprise des différents gouvernements sur l'être humain freine la liberté d'existence. Non seulement je comprends les marginaux mais j'en fais partie. Ce que j'estime le plus précieux concerne la liberté. L'obéissance bêlante à des autorités néantise. Durant ma vie, j'aurai vu nombre d'hommes et de femmes sombrer dans une grande banalité du fait de l'autoritarisme d'un conjoint.

Dans l'ordre affectif et sexuel, l'impudeur me gêne. Est-elle d'ordre animal ou subtile ? On peut s'interroger. Elle m'apparaît coexister avec une tendance perverse. Certains auteurs détaillent par le menu leurs relations amoureuses, leurs propres plaisirs et ceux de leurs partenaires. Rien n'est omis. Cette complaisance dans la description, je la trouve d'un goût fort douteux ; en tout cas, manquant d'originalité et significative d'immaturité. Les amateurs de pornographie rivalisent entre eux d'indécence à la façon des collégiens croyant s'affirmer en parlant argot.

Ce qui concerne la psyché est tout différent. Ici, une délicatesse s'impose. Le boucher désosse les pièces de bœuf, de veau ou de mouton, ensuite, il expose les pièces détachées. Détailler les opérations de l'âme la mutile. L'âme n'est pas comparable à un morceau de viande. Elle est complexe.

Pénétrer sans invitation dans ses sinuosités est à la fois un manque de finesse et de discrétion. On peut parler de soi avec la retenue ou l'abandon qui conviennent. En ce qui concerne autrui, il importe de rester dans les pourtours, sans tenter de s'insinuer au centre. Celui-ci constitue un mystère inviolable. Sinon, c'est en quelque sorte s'introduire par effraction dans la vie privée, tenter de violer le secret de l'individu. Est-ce que la nudité de l'âme appâte le lecteur ? C'est possible. Elle favorise une forme de voyeurisme.

L'exhibitionnisme ne concerne pas seulement le corps, il s'étend plus encore à la psyché. Quant aux manifestations de l'esprit, on ne saurait discourir sur l'ineffable ; l'expérience spirituelle précipite immédiatement dans un absolu silence. D'une façon générale, on pourrait dire qu'à trop décrire les passions et les pulsions, on risque d'oublier le statut d'éternité de l'homme. Dépecer autrui avec indiscrétion tient du cannibalisme. On ne dévore pas de chair humaine, on se nourrit de l'animation de cette chair. Et c'est là aussi un mode d'assassinat.

Ce n'est pas le bilan de ma vie personnelle qui m'intéresse, mais mon cheminement à travers des époques non seulement différentes mais qui, sous certains aspects, n'ont rien en commun. Encore une fois, je ne regrette en aucune manière le temps de ma jeunesse et de mon âge adulte. Cependant, il avait l'avantage de présenter des hommes originaux, doués d'une forte personnalité. Si on se trouvait dans un moment de détresse, on savait où porter son regard. Aujourd'hui, on ignore où le poser. Toutefois, il est possible que mon existence retirée ne me permette plus de distinguer les personnalités d'aujourd'hui.

Avant la guerre et après celle-ci, s'offraient des modes de pensée et de comportement dont j'ai déjà signalé l'ampleur : conversions au catholicisme, néo-thomisme, refus par l'Église catholique du modernisme qui possédait cependant au niveau philosophique et religieux sa nécessité et son intérêt. Il convenait d'ébranler de fausses structures. Trop souvent, les bien-pensants affichaient une satisfaction insupportable ; la bonne conscience se répandait en provoquant chez certains un écœurement, une nausée. Heureusement, la culture occupait une place importante. Ce temps possédait cependant quelque chose de farfelu et de sous-humaniste. L'Occident, trop politisé, est devenu la proie des discours émanant d'hommes appartenant à tous les bords. À cet égard, la France s'insère dans le peloton de tête. Elle pourrait monter sur un podium et recevoir la médaille d'or. D'où le « cocorico » qui accompagnerait une telle performance !

Ayant connu des années durant lesquelles le rayonnement des philosophes et des écrivains divers s'affirmait, je suis souvent étonnée par la carence de cette fin de siècle. Hier, les grands hommes étaient nombreux. Aujourd'hui, il faudrait prendre une loupe pour les distinguer. À l'abondance a succédé la disette. Comment expliquer cette absence, ce vide qu'il est impossible de ne pas constater, à moins de prendre des lumignons pour des torches ?

La réponse se trouve dans l'*Essai d'autobiographie spirituelle* de Nicolas Berdiaev : « La dernière génération... vit sur les déformations et les rebuts du XIXe siècle. Une personnalité consciente de sa valeur et de sa liberté primordiale reste isolée dans la société devant les processus massifs de l'histoire. Le siècle démocratique est un siècle bourgeois, défavorable à l'apparition de fortes personnalités [1]. »

Ce « siècle démocratique » auquel fait allusion Nicolas Berdiaev se montre plus exactement un siècle démagogique. Il serait possible, à cet égard, de proposer une image : celle d'une forêt constituée d'arbres nains. Pas de futaies ni d'essences rares s'imposant par leur verticalité et leur incomparable beauté.

1. *Op. cit.*, p. 72.

C'est là, encore une fois, un passage nécessaire, on pourrait parler d'un « brassage » qui s'impose. Des hommes de valeur, issus de la masse, pourront plus facilement émerger dans l'avenir. Du moins, on peut l'espérer. Toutefois, je ne suis pas certaine de l'exactitude de mon interprétation. Il est possible que la banalité devienne le lot commun des hommes. Je n'aime guère l'emploi du mot élite et encore moins celui d'aristocratie spirituelle. D'une façon générale, il me semble qu'on tend à confondre aujourd'hui le psychique et le pneumatique. À cet égard, chacun veut avoir pignon sur rue.

Ainsi, les nouvelles revues abondent. Naissent-elles d'un besoin d'affirmation éprouvé par ceux qui les fondent et les dirigent ? Ou proviennent-elles d'un souhait légitime : celui d'offrir une connaissance capable de changer le monde en apportant une nourriture valable à des hommes affamés ? Vœu légitime, naïf, issu d'une jeunesse de cœur fort louable. Même si l'existence de ces revues est éphémère [1], elles répondent sans doute à un appel. En raison de leur prix de vente relativement élevé, et de leur format, elles concernent toutefois un petit nombre de personnes. Les éditions de poche, magazines, correspondent mieux, semble-t-il, à l'attente des lecteurs. Pour des sommes modiques, le public non spécialisé peut se procurer des chefs-d'œuvre et des rééditions [2].

Dans l'inventaire de la carence antérieurement dénoncée, il serait juste de faire allusion à l'usure des traditions religieuses. Une distinction cependant s'impose. L'effritement ne concerne pas l'essentiel : la vérité du judéo-christianisme

1. Le coût de la fabrication, le peu d'abonnés rendent difficile la vente des revues. En raison de leur nombre et des sujets identiques traités, il est rare d'échapper à des redites. À défaut de culture et de réflexion personnelle, les auteurs se répètent les uns les autres.

2. Tous les grands éditeurs présentent des éditions de poche. Signalons en particulier celles de Gallimard, du Seuil, de Flammarion et d'Albin Michel, cette dernière dirigée par Marc de Smedt.

perdure. Seul ce qui a été surajouté se gomme. La source ne peut que demeurer identique.

Quant à l'ouverture vers l'Orient, celle-ci s'avère indispensable. Elle permet de renouveler et d'accentuer l'importance de l'intériorité et de découvrir une richesse insoupçonnée par la majorité des Occidentaux.

Cette connaissance, qui se généralise, de la pensée de l'Extrême-Orient m'apparaît primordiale. Tout d'abord, elle s'inscrit à l'intérieur d'une culture, et c'est déjà beaucoup. De plus, elle dépasse ce niveau en comblant une carence. L'Occidental bascule dans un matérialisme de plus en plus épais. De ce chaos émerge une faim insatiable d'authenticité. D'une part, l'apport oriental répond à cet appel. De l'autre, il tend vers l'acquisition de l'unité, contribue à la formation d'une supra-conscience.

Cet enrichissement, d'origine orientale, est un don de l'amour mystérieux qui englobe la création et la maintient dans l'existence. L'homme n'est jamais abandonné, il est perpétuellement sauvé de tous les déluges qui le menacent au cours de l'histoire. C'est à lui de discerner et d'accepter les secours qui lui sont offerts afin de ne pas être entraîné par les calamités, les épidémies concernant des maladies affectant le corps et l'âme. Dans la mesure où l'apport oriental ne serait qu'un sujet d'engouement passager, il deviendrait alors facteur d'illusion.

Au sein de l'évolution de la conscience humaine, sous la motion de l'Esprit, des moines d'Orient et d'Occident remplissent un rôle d'intermédiaires, ils appellent les énergies divines. À travers eux, celles-ci se répandent sur l'univers. À ces moines se joignent tous ceux qui, dépouillés de leur moi, se laissent envahir par l'amour de la sainte unité qui rassemble au sommet tous les hommes.

« L'unique nécessaire », je prends ces mots dans leur sens évangélique, serait de favoriser une vie authentique, exigeant, par conséquent, une modestie à l'égard des mystères et une droiture totale dans son mode d'existence. Ce que le judaïsme et le christianisme ne sont point parvenus à réaliser globalement, peut-on espérer que la sagesse de l'Inde, du Japon ou de l'Ancienne Chine pourront le provoquer dans le monde occidental ? Certainement non. D'ailleurs, la perfection, l'authenticité n'ont été que le fait d'un petit nombre en Extrême-Orient. Les défauts, les infirmités de l'Occident ne sont que des répétitions d'ordre universel. Tout se redit inlassablement au cours des siècles.

Nous sommes arrivés à un tournant de l'histoire. En raison des progrès scientifiques, de l'ère technique, des extraordinaires découvertes, l'homme est délesté, et ce n'est pas un mal, de sa crédulité naïve. Les traditions — et les religions qui les véhiculent — ne semblent plus correspondre aux exigences des hommes. En Occident, les religions, afin de ne pas périr, ont voulu s'adapter au monde et cela depuis des siècles. Falsifié, l'Évangile a perdu, au cours des temps, sa réalité, son dynamisme, son esprit révolutionnaire. « Si le sel s'affadit, avec quoi lui donnera-t-on de la saveur ?... on le jette dehors. Que celui qui a des oreilles, entende. » Ce texte de Luc (14,34-35) se retrouve dans Marc (9,49) ; l'évangéliste ajoute cette phrase importante : « Gardez bien le sel en vous. » On pourrait ainsi parler de l'intériorisation du sel. Ce qui signifie : vivre au-dedans ce qu'il est impossible de réaliser encore au-dehors.

Les traditions religieuses ayant abandonné en partie leur vérité originelle peuvent difficilement convenir présentement aux hommes orientés vers l'Absolu. L'erreur d'aujourd'hui consiste à présenter des nourritures frelatées, du spirituel surgelé. Ce qui est ailé ne saurait s'enclore.

Actuellement, j'éprouve à l'égard des falsifications émanant de pseudo-maîtres ce que je ressens à propos de la politique : un écœurement. Cette politique que Berdiaev nommait « la forme la plus sournoise de l'objectivation de l'existence humaine », semblable à « une excroissance parasitairc qui succ lc sang humain » [1]. À ccrtains instants, bicn

1. *Essai d'autobiographie spirituelle, op. cit.*, p. 138.

que je m'interdise d'accepter cette quasi-évidence, je me demande si l'enseignement des religions ne rejoint pas la politique. Il ne s'agit pas de nier l'efficience des religions mais de constater ce qu'on en a fait. Rien n'est pour autant perdu. Ce qui est recouvert d'oripeaux est seulement voilé. La braise couve sous la cendre. Toutefois, il est impossible de vivre les religions de la même manière que nos ancêtres. L'homme a changé. L'approche des mystères s'inscrit dans de nouvelles perspectives. L'important est de refuser tout ce qui relève de l'hypocrisie, du mensonge, de la contrefaçon. L'éclipse du religieux est momentanée et nécessaire. L'éveil du spirituel se révélera dans des hommes qui posséderont une dimension humaine avant de prétendre réaliser une dimension divine. Or nous sommes bien éloignés de la plénitude de la dimension humaine.

Récemment, pour l'exposition du Danois Christoforou, en 1980 [1], Gérard Xuriguera composa une préface intitulée : *Une terrible inhumanité.* Cette inhumanité, il la précise en écrivant : « Dans ce monde déshumanisé et menaçant, je pense que l'art reste un moyen de toucher les niveaux les plus profonds de notre conscience (...) nous avons perdu contact avec les choses essentielles et vraies de la vie (...). La seule certitude est le néant, car l'homme du XXe siècle ne croit ni en lui-même, ni en Dieu. Aujourd'hui, l'artiste se trouve seul, sans attache à aucune mythologie ni religion [2]. » Cet isolement concerne aussi les mystiques.

Cette position de l'artiste et de l'art dans le monde moderne est magnifiquement éclairée par René Huygue pour lequel « l'art moderne reste une des énigmes de notre temps ». Il se pose la question : « Quel sera le jugement des hommes de l'avenir et comment l'interpréteront-ils ? » L'écrivain envisage deux attitudes : « un refus horrifié, au

1. Galerie Buch à Copenhague.
2. Texte cité par René Huyghe, *Les Signes du temps et l'art moderne,* Paris, Flammarion, 1985, p. 29.

nom des traditions — ou une adhésion aveugle et intransigeante au nom du modernisme »[1].

Mais les hommes de l'avenir posséderont-ils encore le souvenir des traditions ? Le modernisme de l'avenir ne sera-t-il pas totalement différent de celui d'aujourd'hui ? Les précieuses remarques présentées par René Huygue provoquent la réflexion. Grâce à son propos, nous comprenons mieux l'extrême distance entre les traditions et le modernisme. Plus encore, il nous est permis de discerner l'aspect doctrinal de l'art moderne. En effet, nous serions tentés d'oublier qu'il obéit à des lois. « L'art moderne s'est ainsi ficelé dans un réseau d'abstractions et de dogmes, devenus des impératifs aussi contraignants, aussi stérilisants, que ceux de l'académisme. Et n'est-il pas devenu lui-même un autre académisme[2] ? »

Qu'il s'agisse d'art, de philosophie ou de psychologie, l'homme appartenant à la conscience commune, à l'omnitude, reflète la société dans laquelle il s'insère. Il en est de même pour le religieux lorsqu'il relève d'une religion de l'âme et non pas de l'esprit. Il convient, hélas, de toujours revenir à une constatation déchirante, celle du petit nombre d'individus soucieux de faire passer dans leur vie la connaissance qu'ils ont pu acquérir.

Aujourd'hui, les centres voués à l'enseignement des techniques spirituelles sont comparables aux « grandes surfaces » dans lesquelles on vend de tout. C'est à chacun de faire son marché comme il l'entend. Hier, les monastères étaient réputés comme des lieux d'authentique vie spirituelle. Je pense qu'ils l'étaient et le sont encore aujourd'hui, à condition toutefois de tenir compte de l'évolution de la condition humaine. Certaines abbayes et certains couvents voués à un traditionalisme désuet et rattachés à une politique d'extrême droite m'apparaissent manquer du souffle de

1. *Les Signes du temps et l'art moderne*, *op. cit.*, p. 5.
2. *Ibid.*

l'Esprit[1]. Ils présentent à des jeunes hommes un pseudo-idéal, source de beaucoup de méprises. C'est là une forme de matérialisme teinté de coloration spirituelle. La fixation dans le passé s'explique, elle répond à une facilité. Tout mouvement dynamique exige un effort et même une tension. Il est plus aisé de rester assis que de marcher, de répéter que de créer. Ce sont les systèmes qui brisent l'élan créateur. Et le goût du système appartient à la psyché et non au *pneuma*. La fidélité à l'essentiel, l'orientation vers l'Absolu exigent une constante nouveauté de vie.

Face à cet enlisement dans le passé, et à cette mouvance de l'histoire, se présente un clergé trop politisé, flirtant parfois avec l'extrême gauche[2]. Un prêtre doit être absolument libre de son vote personnel. Toutefois, il n'a pas à militer pour un parti politique, qu'il soit de droite, de gauche ou du centre. L'exercice de sa mission concerne l'enseignement du christianisme. Ce choix ne l'empêche pas de s'adonner à des œuvres sociales. De la valeur de son discernement dépend la qualité des conseils donnés à ceux qui le sollicitent. Un des risques courus par le prêtre moderne concerne l'action, l'engagement excessif dans des activités absorbantes qui le distraient de la réflexion et de la méditation. L'approche des mystères risque d'être ignorée. Si l'éloignement de la mystique provenait d'une prudence, on ne pourrait que l'approuver. Mais il s'agit le plus souvent d'un refus. Rien de nouveau à cet égard, le clergé d'hier présentait déjà un identique comportement. La mystique est abandonnée aux moines ou plutôt à quelques moines et aussi à certains laïcs. Ces derniers sortent de l'ombre et tentent de remplir un rôle efficace. La bonne volonté se révèle insuffisante : elle ne saurait combler le manque de formation à la fois culturelle, chrétienne et spirituelle. La pensée

1. Ces abbayes et monastères, dont je préfère par discrétion ne pas indiquer les noms, débordent de jeunes gens. Constatation significative et inquiétante.
2. Pactiser avec l'extrême droite serait aussi pernicieux.

religieuse s'est libérée de la sclérose imposée auparavant par l'impact de la cléricature. Mais le manque de prêtres risque d'avoir des effets nocifs. Certaines églises sont privées d'exercices religieux.

Un lecteur superficiel pourrait penser que je me contredis puisque j'adhère à l'Église intérieure et à la liturgie intériorisée. Mais je sais que nombre d'hommes se trouvent dans la nécessité d'assister à des offices collectifs. Sinon, ils risquent de perdre, d'une façon définitive, une dimension religieuse essentielle tout en étant très rarement vécue dans sa profondeur.

Voir certains lieux de culte désaffectés, ainsi que des monastères, me peine. Je n'aime pas parler dans une ancienne chapelle transformée en salle de cinéma ou de conférences. Je regarde toujours les murs et les vitraux en me souvenant qu'ils ont été les témoins de liturgies ferventes au moment des solennités ou encore lors des messes brèves quotidiennes dites au lever du jour. Le mouvement de l'histoire s'accélère. On aurait pu espérer l'intériorisation du religieux. Un tel approfondissement est rarissime. Les valeurs spirituelles ne s'intègrent pas aisément à la banalité de la conscience commune.

Il est possible que certains jeunes gens qui n'ont pas été élevés dans la foi chrétienne puissent faire l'économie des mouvements religieux collectifs plus ou moins chargés de superstitions. Mais leur ignorance à l'égard de l'héritage judéo-chrétien occidental est une lacune. Il est important de savoir ce qu'on abandonne. La privation par inculture ne saurait être un gain. Faire un choix positif grâce à une conscience lucide est significatif. Sinon, le manque de structure, de savoir et aussi de connaissance ne peut qu'aboutir à des impasses remplies d'illusions.

Convient-il de prendre avec gravité le mélange du spirituel et du charnel à notre époque ? Il me semble que oui. L'athéisme m'apparaît moins pernicieux que l'idolâtrie. On peut toujours sortir de l'athéisme. Il est malaisé de récuser l'idolâtrie, en raison de la bonne conscience que suscitent les observances qui rassurent et protègent sans comporter un véritable dénuement. L'ascèse actuelle exigerait de renoncer à ce fatras apporté par les hommes au cours de l'histoire. Un tel renoncement demanderait de pouvoir distinguer le pur de l'impur, l'authentique de l'inauthentique dans sa vie personnelle, avant de présenter dans le dire et l'écriture les conséquences de ce discernement.

À cet égard, l'emploi de certaines techniques peut remplir un rôle d'auxiliaire. Il en est ainsi du yoga et du zen qui, heureusement, n'ont jamais été politisés. L'un et l'autre se situent en Occident en marge du religieux.

Le yoga se développe surtout dans les milieux féminins. Semblable à une mode, il s'est répandu avec un très grand succès. Les professeurs de yoga pullulent et nombreux sont les ouvrages relatifs à cet enseignement.

Depuis fort longtemps, je connais plusieurs centres de yoga. Il m'arrive de sourire de la publicité faite à leur propos. La difficulté est de ne pas vendre les cours de yoga comme des produits de luxe. Cette technique, très avantageuse pour le corps et la psyché, devrait pouvoir devenir abordable pour le plus grand nombre d'adhérents. La transformer en affaire lucrative est une tentation à laquelle il importe de résister.

Mes rapports avec les milieux du yoga ont toujours été excellents. J'ai pu me rendre compte d'une façon concrète de la bienfaisance des postures sur le corps et la psyché. Je parlerai donc du yoga d'une façon positive. Peut-on aller au-delà du cadre corporel et psychique ? Je ne le pense pas, même si on dépasse le hatha-yoga en s'adonnant à la méditation. En tout cas, il s'agit d'un bon entraînement. Que celui-ci apprenne la maîtrise du souffle, l'emploi sagace des énergies, je ne saurais en douter. Ce qui me frappe le plus chez les adeptes concerne la bonne humcur, l'exquise gentillesse, la compréhension des autres et le sens de la responsabilité. Le yoga peut aider dans la conquête de l'autonomie.

Toutefois, ce serait une erreur de faire du yoga une panacée. Le yoga ne fera pas retrouver l'équilibre mental à une personne qui manque de bon sens. De nombreux professeurs, souvent contre leur gré, sont transformés en psychanalystes par leurs élèves. Ces derniers cherchent parfois des hommes et des femmes capables d'écouter le récit de leurs problèmes personnels afin de leur donner des conseils judicieux. Or, un professeur de yoga n'est pas forcément un psychologue et encore moins un spirituel. L'enseignant remplit un rôle important. Perturbé lui-même, mal à l'aise dans sa peau, n'ayant pas maîtrisé les pulsions de sa sexualité, il risque de communiquer ses propres complexes à ses élèves. À moins de prendre le yoga comme une simple gymnastique, le choix d'un maître n'est jamais anodin. L'étude des *Sutra* de Patanjali n'exige pas de savoir le sanscrit, mais de posséder une culture suffisante pour interpréter les textes. On ne saurait ici s'abandonner à la fantaisie. On a des motifs de regarder avec un certain humour l'apprentissage de la pensée de l'Inde, alors que, trop souvent, la civilisation judéo-chrétienne est totalement ignorée. L'enseignement présenté par les sages de l'Inde supposerait une connaissance préalable de notre propre héritage. La pratique du yoga peut devenir rassurante et entraîner un état euphorique : on se sent bien dans son corps. Certaines obligations, tels les stages ici ou là, favorisent les voyages, de nouvelles amitiés et permettent l'évasion de chez-soi, ce que certaines femmes vivent avec allégresse.

Il m'est arrivé de recevoir des communications téléphoniques. Une voix féminine annonçait : « Ici une yogine. » Et je prenais un ton extasié pour dire : « Quelle merveille ! » À la fin de la conversation, j'aurais aimé demander : « Avez-vous un peu de rougeur sur la poitrine[1] ?» Je me taisais, trouvant plus amical de ne pas manifester mon humour.

Connaissant beaucoup moins le zen, je me trouve dans l'obligation de me taire, sinon il me faudrait parler par ouï-dire. Je le constate, vécu surtout par des hommes à qui il convient sans doute mieux que le yoga, j'ai pu me rendre compte chez des jeunes gens de modifications importantes survenues dans le comportement de leur vie quotidienne. Tout ce qui est valable doit être manié avec prudence et sans excès, en refusant de se situer au-dessus des personnes qui ne s'adonnent à aucune de ces différentes techniques. L'emploi par un béotien de quelques termes sanscrits ou chinois risque de lui donner l'illusion d'une connaissance.

Dans le choix du langage, tout dépend de la formation de ses interlocuteurs. Si on s'adresse à des spécialistes, il est normal de faire usage de termes plus ou moins rares convenant au sujet exposé. Personnellement, dans mes livres et mes conférences, il m'a toujours semblé nécessaire d'utiliser le langage le plus simple, celui de tout le monde et, par conséquent, de ne jamais recourir à un vocabulaire philosophique. Ce choix provient d'une double motivation. Premièrement, j'ai constamment souhaité ne jamais m'apparenter à un système. De plus, j'essaie de m'exprimer de façon claire afin de ne pas provoquer en autrui le moindre effort. Il m'arrive parfois d'utiliser un ton doctoral. Et j'en suis horrifiée lorsque je m'en aperçois. De temps à autre, à mon insu, le style professoral passe dans ma façon de parler ou d'écrire. Mais je le récuse dès que j'en suis consciente.

Mon but consiste à inviter le lecteur ou l'auditeur à se comprendre lui-même, à éprouver le sens de sa propre voie tout en la dépassant afin de s'interroger sur l'essentiel. La communication se fait sous la forme de l'entretien. Parfois, je présente des légendes et des contes, c'est là une façon de

1. D'après certains auteurs, la pratique avancée du yoga peut provoquer sur la poitrine un rouge écarlate.

reposer l'attention de l'auditeur et d'offrir à sa réflexion une série de symboles et d'images. Je n'ai pas la prétention de suggérer des notions neuves ; je tente simplement d'ouvrir des portes et des fenêtres, tout au moins je l'espère. Je m'efforce de faire partager mon goût pour l'approfondissement. Ce qui ne signifie pas que ma façon de procéder, de croire, d'adhérer convienne à mes lecteurs et interlocuteurs.

Ma passion pour l'écriture et la lecture se poursuit avec une intensité toujours aussi fervente. J'aime composer un livre. Une fois achevé et paru, je ne m'occupe aucunement de son destin. Il ne m'intéresse plus car je suis retenue par un autre sujet. L'oiseau femelle chasse du nid son oisillon, déjà elle pense à la prochaine couvée. Ainsi, je ne favorise pas le lancement de mes livres et j'ai certainement tort de ne pas m'y employer.

Depuis quelques années, j'éprouve la nécessité de ne pas me confiner dans des essais. C'est une façon de m'aérer, de prendre un peu de recul et, peut-être, de « boucler la boucle » à l'égard de ma jeunesse, alors que je m'adonnais à de nombreuses lectures concernant non seulement la philosophie mais aussi la littérature. Je ne me fais aucune illusion : les lecteurs de mes essais m'accompagnent difficilement lorsque j'écris d'une façon différente et plus libre.

Le besoin de classer quelqu'un, de l'étiqueter répond à une habituelle nécessité. D'une certaine manière, c'est faire de lui un objet. On ne permet pas volontiers à un individu, une fois qu'on l'a situé dans une catégorie, la moindre évasion. S'agit-il d'ailleurs d'une évasion ? Je ne pense pas. On ne reprochera pas à quelqu'un de se promener dans la nature. L'écriture doit s'exprimer librement. Et cela d'autant plus que les préoccupations de l'auteur passent plus aisément sous une forme littéraire. En écrivant des récits et des nouvelles, je m'adresse à un public plus vaste que celui de mes essais.

Mais je renouvelle ici un aveu. J'ai énormément souffert, autrefois, lors de mes études de théologie [1]. Aujourd'hui, je

1. Cf. p. 57.

suis déconcertée par la *braderie* concernant les valeurs dites spirituelles. La mode actuelle de parler d'intériorité et de la mélanger souvent à l'astrologie, la voyance, les sciences occultes, m'attriste. Le refus m'apparaît préférable à la confusion. Dévaloriser le spirituel correspond à une décomposition de l'intelligence et à un manque de discernement. Je suis profondément affectée, en fin d'existence, par ce mélange pernicieux. Heureusement, pour moi, avec l'âge, les passions deviennent moins virulentes et la violence de la jeunesse se transforme, ce qui ne veut pas dire que rien n'est éprouvé. Mon enthousiasme, ma ferveur, ma sensibilité demeurent identiques.

Certes, le temps qui s'accumule provoque une certaine distance à l'égard du passé. Lorsque l'avenir cesse de s'étaler devant nous comme une plaine, s'offre l'avantage de se situer dans l'instant présent. Le souvenir de ses propres erreurs permet de comprendre celles des autres. Et nos alternances personnelles relativisent la mobilité d'autrui. Ainsi, dans la mesure où l'on s'avance dans la durée, on risque de ne plus se voir dans le « temps des autres »[1]. Les souvenirs concernant une enfance commune deviennent rares, voire inexistants. Il m'arrive cependant, de rencontrer d'anciens camarades de la Résistance. La ferveur qui nous animait à cette époque s'est éteinte. Nous avions un courage fou et un mépris du danger que je serais totalement incapable de retrouver aujourd'hui. Malheureusement, après la guerre, j'ai assisté à des règlements de comptes, des jugements rapides, des assassinats. Déjà, durant les hostilités, des jalousies naquirent et se propagèrent en raison des choix politiques. J'ai appris avec horreur qu'elles pouvaient aboutir à des dénonciations. Après la Libération, certains pseudo-résistants revêtirent des masques de héros. D'autres essayèrent de tirer un profit financier. Les véritables résis-

1. Titre d'un ouvrage de Salvat Etchart, paru aux Presses de la Renaissance, en 1987.

tants entrés dans une des différentes lignes, dès les débuts de l'Occupation, conservèrent pour la plupart discrétion et dignité. Bien entendu, certaines femmes portèrent et portent encore leurs décorations sur leurs vêtements, y compris leur robe de chambre et peut-être aussi leur pyjama. Cela est enfantin ! J'ai dû conserver durant deux ans des petits rubans au revers de mes vestes. J'avais été décorée par le général de Gaulle, et j'en étais ravie. Un soir, après une conférence donnée à Amsterdam, un professeur de littérature française me dit, sur un ton plaisant : « De loin, je reconnais les Français parce qu'ils sont presque tous décorés ! » À mon retour à Paris, je fis sauter les rubans.

Un de mes comportements, qui m'afflige quelque peu depuis quelques années, consiste dans mon actuelle nécessité de confort. Confort d'ailleurs très relatif. Mais je préfère, lors de mes voyages, des hôtels à trois étoiles plutôt qu'à deux. Je n'ai jamais dépassé trois étoiles en France et j'aurais horreur des palaces. Lorsque j'habitais à Londres, le minuscule réchaud à gaz se trouvait posé par terre, dans ma chambre. Je faisais ma cuisine à genoux, ce qui ne m'empêchait pas d'inviter des amis à dîner. C'était l'époque où, en voyageant, je dormais n'importe où dans un sac de couchage, un jardin ouvert la nuit, le porche d'une maison inhabitée, un champ, un pré. Lorsque je faisais des randonnées en Suisse, seule ou avec une amie, le plaisir suprême était de dormir dans une grange pleine de paille et de se laver dans l'eau glacée d'un torrent. En dépit de mes imprudences, je n'ai jamais eu d'ennuis sérieux, sinon en Italie et au Maroc, mais j'ai pu m'en tirer in extremis sans dommage.

Il y a bien longtemps, en dépit de ma passion pour l'écriture et la méditation exigeant la solitude tranquille, il m'est arrivé de consacrer à autrui les mois d'été. Dans le petit village proche de la maison de campagne qui porte le nom de « Maison Simone Weil » et où je vais pendant les vacances, j'avais organisé des séjours d'étudiants. Durant plusieurs années, de nombreux garçons et filles anglais, allemands, scandinaves, hollandais, sont venus y faire des stages. Quelques amis parisiens donnaient des leçons de français et je présentais des auteurs européens contemporains. Un jeune acteur forma une petite troupe théâtrale et fit jouer des pièces de Bernanos et de Claudel : ce fut un très grand succès. Il y eut un monde fou venu du département et aussi du Maine-et-Loire, de la Vienne et de la Vendée. Lorsque je voyage, il m'arrive encore de rencontrer d'anciens étudiants de la Maison Simone Weil.

Ma sensibilité a pu parfois m'entraîner dans une fausse voie. Ainsi, à la campagne, j'ai fondé un petit atelier de couture pour quelques jeunes filles. Ne connaissant absolument rien en la matière, j'en avais confié la direction à un atelier de la région. Jugeant les ouvrières insuffisamment payées, j'étais, à chaque fin de mois, obligée de venir sur place afin d'arrondir, à mes frais, les traitements. L'atelier ferma au bout de quelques mois. En raison de ma naïveté et à cette époque, de mon manque d'une véritable connaissance de la condition humaine, je fus étonnée de l'indifférence à laquelle je me suis heurtée. Certes, je n'attendais aucune reconnaissance ni pour la Maison Simone Weil qui avait favorisé les commerçants et les deux petits hôtels, ni pour l'atelier, mais j'escomptais une apparence de chaleur amicale. À trois exceptions près, ce fut le vide, un vide glacial.

À la campagne, tout m'apparaît cloisonné. Les différences sociales sont marquées au fer rouge. Ce que je trouve navrant et rigoureusement périmé. La perte des valeurs chrétiennes et la stupide médiocrité prodiguée par la télévision décuplent la banalité et l'infraculture. Une certaine dureté s'ébauche ou, simplement, se poursuit. La civilisation de la machine s'étend dans les campagnes, celles que je connais, comme sans doute ailleurs. Cette mécanisation détruit la sensibilité et la créativité. La nouvelle ère n'est pas survenue d'un seul coup. Elle s'annonce par de lointaines prémices. Rien n'arrive à l'improviste, c'est une lente gestation que je n'avais pas vu venir, sans doute faute d'attention.

Je comprends les écologistes tout en étant persuadée que les jeux sont faits et qu'on ne saurait revenir en arrière. Lorsque l'homme perd son véritable visage, il entraîne la nature dans sa chute. Les agonies et les trépas se suivent. Je suis sensible à ces modifications du fait de mon tempérament. J'aime la nature, les animaux, les hommes ; et je ne peux que répéter un tel propos.

À Paris, c'est tout différent, il s'agit d'un autre monde. Il est possible de se sourire sans pour autant se connaître. On s'ignore, on se heurte mais on est ouvert. En raison du nombre, il est impossible de se comparer. La liberté est plus vaste et les signes d'aisance ou de pauvreté, moins retenus. Je comprends l'expression « monter » à Paris. Comme j'y suis née, je n'ai pas eu besoin d'en faire l'escalade !

À la campagne, j'étais persuadée que l'agressivité ne gagnerait pas ce pays si calme. Je m'étais trompée. La maison des étés de mon enfance a été cambriolée. Je n'ai pas tellement regretté ce qui a été pris, et j'ai une certaine reconnaissance envers les voleurs ; ils n'ont introduit aucun désordre [1]. Toutefois, j'éprouve désormais un malaise : celui d'une tranquillité perdue. Et je dois lutter pour ne pas ressentir une brisure. « Le monde cassé », disait Gabriel Marcel, je parlerais volontiers d'une « maison cassée ». Il me fallait sans doute cet incident pour me détacher d'un lieu où j'ai commencé à aimer, à rêver et aussi à écrire. Heureusement, j'oublie cette visite imprévue lorsque je travaille. C'est un peu comme pour l'âge, dès qu'on tient un stylo dans la main, le temps s'évanouit et les ennuis s'effacent.

Cependant, vieillir n'est pas tellement folichon ! Un moment arrive où il convient d'exercer à son propre égard

1. J'ai été cambriolée plusieurs fois à Paris. Quel travail pour tenter de ranger !

une extrême vigilance. Le corps se fatigue et cherche à monopoliser l'attention. Son désir vise à établir sa souveraineté et à réduire en esclavage le cavalier dont il est la monture.

Toutefois, il réagit suivant l'attitude qu'on prend envers lui. Gâté tel un gamin capricieux, il se voudra monarque ; traité avec gentillesse et humour, il puisera constamment en lui-même des énergies nouvelles.

À moins d'une maladie précise réclamant d'urgence des soins, il semble sage de se garder le plus longtemps possible de l'accès au cycle infernal des médicaments castrateurs. Mais la tentation est grande, pour certains individus, de se consacrer uniquement au culte du corps en obéissant à ses exigences.

En fin de vie, celui qui n'éprouve pas le goût de la culture, de l'écriture, des livres, de l'art — musique ou peinture — va saisir la seule évasion qui s'offre à lui : le souci et le soin exclusifs de son corps. Tel est le suprême danger pour l'être humain devenu solitaire par veuvage, abandon, célibat, choisi ou imposé.

Alors tout bascule. L'être vieillissant devient le visiteur assidu des cabinets médicaux et des pharmacies. Désormais, le docteur monopolise le destin ; il en est l'arbitre. Perturbé par la fatigue qui s'amplifie, le patient vit suspendu à des conseils auxquels il obéit comme un chien couchant. Le voici guettant les prescriptions qu'il provoque et oriente. Met-il en doute les sentences prononcées, son hésitation sera passagère : il opte pour leur véracité ou il multiplie le nombre des conseillers.

Si un praticien facétieux prescrivait à son client de marcher à quatre pattes, dix minutes par jour, dans son appartement, on verrait maint bipède se transformer en quadrupède, soufflant, grognant mais docile. Le transfert habituel à l'égard d'un psychologue ou psychiatre est remplacé ici par une urgence de soumission à une autorité qui prend en charge. Ce besoin d'être bercé, porté, peut devenir, sans doute, d'une grande importance dans l'amélioration ou la guérison d'un état de santé fragile.

Et durant ce temps, le déficit de la Sécurité sociale s'amplifie. Je proposerais qu'on décore d'une médaille, dont le nom serait à trouver, ceux qui n'y ont pas recours, soit parce qu'ils se portent bien, soit parce qu'ils savent soigner eux-mêmes leurs maux. Qu'une telle promotion soit décidée par le gouvernement, j'en revendiquerai aussitôt la distinction ! Jusqu'ici, en 1988, je n'ai fait appel qu'une seule fois à la Sécurité sociale : lorsque j'ai été soignée à l'hôpital de Genève [1]. J'ai d'ailleurs fait involontairement un mauvais choix. J'aurais dû tomber malade en France pour obtenir un remboursement adéquat.

La prochaine fois, je tâcherai d'être plus attentive et de me faire rapatrier avant de m'aliter, si du moins la maladie ou la mort accepte de surseoir, ce qui n'est pas certain.

De toute manière, le vieillissement est vécu par chacun de façon différente. On pourrait à certains moments l'oublier si les autres n'étaient là pour nous le rappeler. Constater l'affaiblissement de quelqu'un est une façon de se hausser soi-même ou encore de partager une identique infériorité. On fraternise dans la peine et la décrépitude.

Celui qui vit seul n'a ni témoin ni critique pour le stimuler du regard ou de la voix. Qui aurait le goût de nous faire quelques remarques ? D'ailleurs, on les accepterait mal. Je suggérerais volontiers à des horlogers compréhensifs de fabriquer des réveils destinés aux écrivains. Toutes les deux heures, ils pourraient répéter le même refrain : « Relève la tête, tire tes épaules en arrière, rectifie la position de ton buste... » On ne sait plus, à certains instants, si la paresse résulte d'une carence ou bien se glisse gratuitement sans qu'on puisse la chasser.

Un jour arrive où il convient d'accepter, sans tristesse, de ne plus pouvoir flâner en découvrant les ouvrages exposés

1. J'ai eu parfois recours à l'acupuncture à mes propres frais.

dans les librairies. Le lèche-vitrine s'impose uniquement pour prendre un bref repos. On s'arrêterait même devant un mur nu, au bord d'un trottoir, l'œil rivé sur le sol. Survient l'impression de gêner le passage, de susciter un regard compatissant ou agacé. On s'éprouve comme un objet encombrant.

Le plus souvent, c'est l'inconnu qui se charge de vous signifier votre lenteur. Dans la rue, il dépasse et parfois bouscule ; est-il dans la file en attente d'un taxi, il devance ; pour monter dans l'autobus, il se faufile avec rapidité. Les portes se ferment et le véhicule se met en marche tandis qu'on reste pantois, atterré ! Si on quitte un T.G.V. en cours de route et non au terminus, on ne saurait s'imposer pour descendre en premier ; il s'avère plus discret de laisser passer les autres, quitte à éprouver une légère angoisse lorsqu'il faut se hâter pour gagner le quai. Heureusement, tout devient plus facile en avion. Je n'ai jamais compris pourquoi les voyageurs se montrent si pressés, alors qu'ils savent qu'il y aura une place pour chacun. Peu importe si on traîne un peu la patte. On pourra toujours s'asseoir. L'astuce serait de monter tout d'abord avec les mamans et leurs bébés en prenant son temps, mais l'inconvénient serait d'être retenu par une charmante hôtesse, quelque peu autoritaire, qui vous imposerait de descendre en dernier. C'est un risque à courir. Je préfère ne pas le prendre encore et hâter le pas pour ne pas bloquer la ruée vers la passerelle.

Indépendamment de sa situation sociale, l'homme âgé sera entouré de femmes mûres et, parfois, de jeunes filles. L'une fera le ménage, l'autre lui servira de secrétaire. Le personnage masculin trouvera facilement quelqu'un pour lui porter sa valise au train ou l'accueillir lors de son arrivée. Tout homme, à moins d'être réduit à un état larvaire, sera protégé, parfois materné. On le jugera encore intelligent, charmeur, drôle et dragueur, du moins dans son regard, ses paroles ou son intention non suivie d'effets. Néanmoins, cela peut faire plaisir. Bref, le mâle polarise l'élément féminin jusqu'à son dernier soupir.

Pour la femme, la notoriété doit jouer, mais surtout la fortune. Si elle possède un grand appartement et peut encore inviter grâce à la présence d'une aide ou d'une gouvernante, on s'empressera, non pour la voir, mais pour rencontrer des inconnus ou encore des amis. Manquant de lucidité, elle pourra conserver l'illusion d'être recherchée pour elle-même. Une femme qu'on sait riche et sans enfant va attirer des jeunes gens. J'ai pu le constater dans trois cas précis durant mon existence. Ces femmes sont mortes ; il y a toujours eu un élu gratifié d'une succession. Quant aux autres, ils n'ont pas reçu le moindre don de la défunte. Ils durent se contenter de vivre de souvenirs plus ou moins affectifs, mais, en tout cas, privés d'espérances.

J'ai connu à Paris une femme d'une grande droiture, mais assez naïve, qui ne succombait pas à l'âge mais à des infirmités survenues à la suite d'un accident. Sa fidélité à son mari défunt se montrait touchante. Elle voulait faire connaître sa pensée, éditer ses manuscrits inachevés qu'elle était incapable de clarifier. Une avalanche d'hommes profiteurs l'entouraient : un défilé, une procession, une véritable exploitation éhontée !

Une autre personne, d'ailleurs intelligente et cultivée, vivait dans un appartement somptueux. Elle était assaillie d'écrivains, d'artistes, d'amis et de relations. Un changement total de situation la fit habiter dans un étroit studio. Son entourage se volatilisa comme une fumée de cigarette. L'exemple n'est pas adéquat, le mégot consumé laisse encore une odeur après avoir été éteint. Ici, rien ne subsistait : le vide total.

Le constater peut se faire sans la moindre amertume. Pour ma part, je n'aurais pas aimé être riche. L'argent engendre trop de soucis. Le pouvoir que procure la fortune m'apparaîtrait sans doute difficile à supporter. Il est vrai que le tempérament s'adapte à toutes les situations, ou bien les circonstances le forment. Si j'avais connu la facilité que procure la grande aisance, ma vie serait tout à fait différente. Or, celle que je mène me plaît; mon présent me convient. Cette vie alternée entre Paris et la campagne me permet de faire des conférences, de voir des personnes, et surtout de profiter d'une solitude qui non seulement m'est chère, mais se révèle indispensable pour me permettre de réfléchir et de travailler. Je n'écris jamais à Paris. J'éprouve la nécessité de voir des arbres, des feuillages, de la verdure. Toutefois, si je vivais sans jamais rencontrer des personnes cultivées, cela me manquerait peut-être. Je n'en suis pas certaine. C'est probable. Je n'ai pas à me plaindre. Ceux qui me connaissent savent mon indépendance et mon exigence de solitude. C'est pourquoi ils se montrent discrets. J'ai de merveilleux amis.

À l'opposé des femmes solitaires, les mères et les grand-mères se trouvent, le plus souvent, absorbées par leur progéniture. Leurs enfants se chargent de les dévorer, du moins d'absorber leurs finances. Elles se montrent prodigues, croyant, par leurs dons, provoquer ou retenir leur affection. Du moins, elles auront l'avantage de se sentir utiles en s'occupant de leurs petits-enfants. Ceux-ci, en grandissant, hériteront de l'appétence de leurs parents : ils serviront d'appâts.

J'ai connu des personnes qui ont terminé leur existence dans des maisons de vieillards plus ou moins sordides. Délestées de leur fortune, il leur fut impossible de subvenir à leurs dépenses quotidiennes.

Bien entendu, d'heureuses exceptions démentent ces affirmations. Il convient d'ailleurs de prendre avec humour mon précédent propos. La génération des jeunes grand-mères sera plus perspicace.

En avançant dans le temps, ou on thésaurise, par crainte de manquer, ou on devient prodigue, donnant inconsidérément sans rapport avec ses possibilités raisonnables. C'est là une façon très agréable de s'alléger! On peut avoir conscience de se laisser duper, sans en éprouver la moindre irritation. Gabriel Marcel distingue ceux qui se durcissent de ceux qui se blettissent. Il avouera qu'il se « blettit ». Je pourrais en dire autant !

La tentation de l'être vieillissant serait de vouloir tenir encore une place importante dans le cœur de ses enfants et amis. Peut-être serait-il sage de souscrire, à l'avance, à la disparition de ses pas, de son nom, de son passage, et d'accepter allégrement l'effacement de tout souvenir dans les mémoires.

Actuellement, je m'afflige de la maladie d'une ancienne camarade de la Résistance. À l'hôpital, le service dans lequel se trouve cette amie est fermé à clef. Lorsque j'entre, je croise des hommes et des femmes qui se tiennent debout devant la porte. Ils voudraient sortir, s'évader, fuir l'univers concentrationnaire où ils se trouvent bloqués du fait de leur santé déficiente. Je perçois des regards suppliants, des larmes coulent parfois sur certains visages. Tous se taisent. Les mots seraient incapables d'exprimer leur détresse. Je n'arrive pas à m'habituer à une telle vision. J'aurais été dans l'incapacité d'être médecin, infirmière et même aide-soignante.

Avant cette récente expérience, j'étais surtout sensible à la souffrance morale et métaphysique, je ne pensais guère à la détérioration physique et mentale. Ma sensibilité à l'égard du malheur de la condition humaine devient de plus en plus vive. Il me semble facile de dire à l'avance qu'on accepte pour soi-même ce qui adviendra au cours de son existence. Mais comment vivra-t-on la cruauté de l'épreuve physique lorsque celle-ci surviendra ? À la manière d'un individu écrasé par un rouleau compresseur, d'un animal meurtri ou d'un homme privé de son humanité et parfois devenu sous-animal ? La seule façon d'exister est, sans doute, de faire face à l'instant présent et de tenter de le vivre en l'assumant. Il s'agit alors d'un dépassement situé au-delà du simple fait de subir et même d'acquiescer. Position d'ailleurs compliquée à maintenir.

Mais n'oublions pas l'apparition de la grâce et sa fécondité. J'ai vu des cas où, dans la tempête, des êtres voguaient avec confiance, sans souffrir ni physiquement ni moralement. C'est pourquoi s'inquiéter à propos du lendemain serait une méprise. Mieux vaut se tenir dans la quiétude. J'aime ce terme et je l'emploie souvent. Il m'accueille, lorsque je rentre dans mon immeuble. En effet, sur une étroite pancarte, la gardienne a écrit : « Veuillez respecter la quiétude des autres après 22 heures. » Quelle merveille de trouver l'emploi de ce mot à domicile, sans se tenir dans la nécessité d'y avoir personnellement recours ! La quiétude monte par l'ascenseur et se répand à chaque étage ! Je la trouve présente en ouvrant la porte de mon studio.

La quiétude surgit lorsque le moi a commencé sa fonte, tel un glacier recevant la chaleur du soleil. Les enveloppes protectrices tombent ; le noyau, qu'on pourrait croire d'une extrême dureté, apparaît évanescent. Une évaporation s'est produite. Ainsi, le moi évoque un vase dont on chercherait vainement le contenu. Certes, le moi demeure mais il cesse d'encombrer car il est devenu transparent. On ne pourrait plus parler, à son égard, d'une pesanteur mais d'une légèreté. Comparable au serpent transmué en oiseau, le moi n'est plus le rampant qui se nourrissait de terre, le voici ailé. La métamorphose est incomplète. Cependant, une mue l'amorce. Rien n'est perçu au cours du travail d'éclosion. On ne découvre qu'ensuite le changement. L'expérience comporte une réalité indiscutable et contraignante. L'être se trouve libéré en partie de la prééminence de son moi. C'est ainsi que naît une béatitude secrète dont on ne saurait s'emparer. Vouloir se l'approprier la ferait fuir. Elle est éprouvée à la façon d'un parfum, d'un son, d'un battement d'ailes discret. Rien n'est définitif, d'où la nécessité de la veille et de la vigilance.

À ce propos, une question n'a jamais cessé de se poser à

moi. Je commence seulement à pouvoir lui donner une réponse. D'où provient l'extrême fragilité de la condition humaine ? On pourrait penser qu'elle s'origine à son animalité. Erreur ! L'animal est stable, il répond parfaitement à son propre statut. La mobilité de l'homme est issue, il me semble, de sa double nature humano-divine. Dans la mesure où l'homme adhère à sa condition pneumatique, il ne saurait s'ancrer dans le passage terrestre. En revanche, un psychique y plongera ses racines. Le théophore (porteur de Dieu) est comparable à un arbuste du désert. Rien n'est enfoncé dans le sol. Il ressemble aussi à l'arbre inversé dont a parlé Platon. La source à laquelle il s'abreuve appartient au monde invisible. Ayant combattu et ne cessant, tel Jacob, de lutter avec l'ange, il risque de boiter dans la condition terrestre à laquelle il ne se trouve pas apparenté. Sa véritable famille n'est pas charnelle mais spirituelle. Et ses frères et sœurs se trouvent sur les deux rives.

Un tel homme peut apparaître étrange. Impossible de le cerner et de le connaître. Porteur d'un secret, il vit dans l'incognito et cela lui convient parfaitement, tout au moins, il s'en accommode avec aisance. En lui, la révélation intérieure ne cesse de se poursuivre. Même lorsqu'il converse avec quelqu'un, il perçoit le doux murmure du dedans, le parfum d'une Présence, ou bien encore, la clarté d'une lumière soudaine. Le voici d'autant plus libre que la solitude l'accompagne partout. Capté par l'intériorité, son regard ne saurait s'en distraire. Les divertissements n'ont plus sur lui d'emprise. Monopolisé par un amour orienté vers la connaissance, il attend avec patience la plénitude d'une aurore sans déclin.

C'est dans ce sens, mais éloigné encore du terme qu'il conviendrait d'atteindre, qu'en fin d'existence je me trouve non pas dépouillée, mais allégée. J'ai dû consentir à des ruptures dont je n'avais pas pris l'initiative. Autrefois, l'intellectualisme m'a quittée et aussi le goût pour les formes confessionnelles. La solitude s'est détachée de moi. Il en a été de même pour la maison de mon enfance. J'ai dû constater ces divers abandons sans pouvoir esquisser à leur égard le moindre signe d'adieu. Tout s'écartait si vite, qu'en me retournant je me trouvais face au vide. Pas de traces derrière moi : rien. D'où une certaine liberté même à l'égard du dire et de l'écriture dont j'use encore actuellement.

Que me reste-t-il ? Une douce Présence que d'ailleurs je ne saurais étreindre. Une Présence qui n'a pas à être éprouvée, sinon en de très rares instants. On voudrait parfois sentir la chaleur de son amour, distinguer la clarté d'une connaissance : enfantillage ! Je ne crois pas à l'efficacité d'un désencombrement volontaire. Non seulement on risquerait de se tromper dans ses choix, mais on pourrait aussi se prendre au sérieux. L'orientation vers la dimension divine opère. Elle se charge d'enlever, de couper et même de détruire en effaçant.

Me voici, d'une certaine manière, semblable à un arbre dont le vent d'automne a fait tomber les feuillages. Sans verdure, il pourrait se croire mort. Le flétrissement au-dehors s'accélère ; le verdoiement opte pour le dedans. Ce dedans qui ne s'offre pas au regard. Il appartient au mystère de la dimension divine, au trésor dont tout homme est l'écrin.

Avant d'atteindre l'autre rive, il serait souhaitable d'avoir une expérience du saint repos. J'ai toujours été fascinée par ce mot, sans pouvoir, durant des années, en saisir l'ampleur. À cet égard, mon premier souvenir date de ma jeunesse. Passant rue de Vaugirard, j'étais entrée à la chapelle des Carmes. Devant quelques étudiants, un prêtre commentait le verset d'un psaume : *Vacate et videte quoniam ego sum Deus* (45,11). Il expliquait le sens des mots « vacances intérieures » et « loisir » à l'égard de la contemplation. Ce fut pour moi un choc d'une violence extrême ; la révélation de quelque chose d'important dont la réalité cependant m'échappait. La lecture d'un texte d'Eckhart devait me permettre d'en saisir la profondeur. « Dans l'essence, il n'y a pas d'opérations : l'âme en son essence n'opère pas... dans le fond... les moyens sont réduits au silence ; il n'y a plus là que repos : c'est le lieu de la naissance divine où Dieu prononce son Verbe... nul ne touche le fond de l'âme sinon Dieu lui-même[1]. » Dans un autre passage d'Eckhart, on peut lire : « ... en ce fond même Dieu regarde l'âme et l'âme regarde Dieu[2]. » Que l'âme, à sa fine pointe, puisse devenir ce regard, durant sa vie terrestre, la voici initiée à la véritable vision. Le visage éternel du passant — qui est aussi un passeur — s'ébauche avant de pouvoir se confirmer d'une façon définitive.

Eckhart insiste en précisant que Dieu n'éprouve aucun besoin des jeûnes, des prières et des diverses pénitences ; il demande uniquement que le cœur de l'homme puisse se tenir en repos[3]. Les moyens pour arriver à un tel repos ne sont pas identiques. Là encore, c'est à chacun de trouver ce qui peut lui en faciliter l'accès.

Un jour viendra où je partirai pour un voyage dont on ne revient pas.

Durant mon existence, j'ai été fascinée par la beauté de la nature : montagnes, océans, arbres, fleurs, gazon. La lumière du soleil, de la lune et la vision des étoiles m'ont séduite. Mes rencontres avec certains êtres ont provoqué en moi un enchantement. Peinture et musique suscitèrent ma ferveur. La passion de la lecture et de l'écriture m'aura accompagnée durant tout mon périple.

J'ignore comment je vivrai ma mort. À l'avance, je voudrais lui sourire et lui souhaiter la bienvenue.

Lorsque je quitterai la condition terrestre, je ne désire pas entendre à mon chevet des voix humaines. Je craindrais qu'elles ne puissent me distraire de l'essentiel, entraver

1. Texte cité par Dom Porion, *Hadewijch...*, *op.cit.*, p. 274.
2. *Hadewijch*, *op.cit.*, p. 275.
3. Sermon, *In omnibus requiem quaesivi* (Si 24,11), trad. Jeanne Ancelet-Hustache, t. 3, Paris, éd. du Seuil, 1979, p. 11.

l'accomplissement du passage. Du fait de notre commune ignorance, que pourraient-elle m'apprendre ? Nous savons seulement que la vie se poursuit dans une lumière émanant d'une dimension nouvelle. Parce qu'Il a mis l'Éternité dans notre cœur (Qo 3,11), nous parvenons en indigènes.

Le franchissement entre les deux rives m'apparaît devoir s'effectuer dans la gravité du silence.

Un silence ponctué de sons mélodieux d'oiseaux qui le rendrait plus vaste sans le rompre. Un merle, peut-être une fauvette, un rossignol, le cri d'un corbeau, un roucoulement de ramier ou tout simplement des pépiements de moineaux. Peu importe ! Déjà, je tente d'intérioriser ces chants.

Les cadets des anges m'annonceront une bonne nouvelle :

Lève-toi... et viens
... l'hiver est passé
Le temps des chants est arrivé (Ct 2,11-12).

Et l'homme s'émerveille en quittant la terre transfigurée, remplie de reflets. L'éternité n'est rien d'autre qu'une levée de voiles : une révélation de ce qui était caché. En dépassant le miroir et l'énigme (I Cor 13,12), le nouvel arrivant va de jubilation en jubilation.

À l'appel entendu, il répond : Me voici.

Fais lever sur nous
la lumière de ta face (Ps 4,7).

En guise de conclusion

APRÈS ce regard posé sur mon existence, je pourrais me demander : ai-je été heureuse ?

Que signifie le bonheur ? Sinon une plénitude intérieure que seul « l'œil fin » [1] discerne.

À cette interrogation, je peux répondre d'une façon affirmative. J'ai connu des moments merveilleux à la campagne durant les étés de mon enfance. J'ai été traversée par une exaltation dynamique lors de mes études en Sorbonne, pendant la Résistance, mon long séjour à Londres, mes lectures, mes voyages, mes conférences et mes rencontres.

Les instants d'intensité et de ferveur, je les dois surtout à l'écriture, à la solitude, à mon orientation, que je crois pouvoir dire constante, vers l'intériorité incluant le religieux et son dépassement.

Comme chacun, j'ai connu des épreuves. Lorsque j'ai été abandonnée par la conscience commune, je suis entrée dans le domaine de la tragédie. Il m'a fallu cruellement souffrir, passer par le laminoir, l'écartèlement, le questionnement qui taraude et parfois déchire. On ne sait plus où on est. Aucune possibilité de se mouvoir en avant ou en arrière. Peur de céder à l'attirance de l'abîme, du vertige ; plus encore, crainte de se tromper. Angoisse devant l'efface-

1. Expression employée par Samivel dans *L'Œil émerveillé ou la Nature comme spectacle,* Paris, Albin Michel, 1976, p. 22.

ment des chemins censés conduire à l'essentiel. L'Absolu interpelle. Comment le rejoindre lorsque les différents sentiers se gomment et qu'il n'y a plus aucune trace de pas ? L'insécurité, l'isolement, la crainte de céder inconsciemment à l'illusion peuvent faire frôler le désespoir.

Lors des périodes nocturnes, pétries de brouillard et même de pesante obscurité, aucun visage humain ne m'aura secourue. Je dis « visage humain » car j'ai été merveilleusement propulsée par le monde invisible. Tout cri de détresse est entendu. De cela, je suis certaine.

À l'extérieur, j'ai parfois distingué des ricanements que la malveillance suscitait. Certains auront essayé de freiner ma démarche en la condamnant avec agressivité : ils auraient voulu me blesser, mais ils n'ont provoqué que des égratignures superficielles. Ces détracteurs m'ont été utiles : leur dureté ne pouvait que renforcer le sens de ma recherche. Je leur suis donc reconnaissante de leur attitude. Cependant, que de fois j'ai pensé au texte de Matthieu : « Les renards ont leurs tanières, les oiseaux du ciel leurs nids, mais le Fils de l'homme n'a pas où reposer sa tête » (8, 20). L'orientation vers l'Absolu exige un tel isolement. Il faut nécessairement passer par la déréliction. Telle est la mutation de « fils de la femme » en « fils de l'Homme », inaugurant le passage du charnel au spirituel.

Depuis une dizaine d'années, je reçois de nombreuses lettres pleines de cordialité. Tout a changé ! Pas davantage qu'hier je ne cherche au-dehors un appui. Mais je me passe volontiers des grognements intempestifs émanant d'une vertu factice ou d'un dogmatisme bétonné. Nous sommes à une époque où tout s'aère. Je suis enchantée par mes nouvelles rencontres susceptibles de saisir et de partager le sens de mon cheminement.

Durant les vicissitudes de mon aventure, mon amour pour la nature a pu m'aider. Toutefois, privée peu à peu de mon innocence originelle — celle de l'enfance — j'ai senti le dialogue, sans être rompu, perdre en partie sa fonction active et nourricière. Je ne sais plus entendre et voir, sauf en des heures très rares, lorsque je me trouve à la campagne, dans le silence, près des arbres et d'une rivière.

Dès lors, c'est l'entrée dans une région désertique, le désert intériorisé devenu patrie, centre où les signes abondent et convergent ; lieu béni, visité par le soleil de minuit et le vent. Tempêtes de sable. Rares points d'eau. Oasis toujours à découvrir et rarement atteintes. Terre Promise qui ne cesse de reculer, même si, dans le lointain, on suppose distinguer les contours d'une Jérusalem céleste. Celle-ci s'ébauche uniquement au-dedans. Chercher au-dehors la Présence serait se condamner à ne jamais s'en approcher. La sécheresse du désert indique au nomade que la source d'eau vive n'appartient pas à la manifestation. Il convient de la situer dans l'invisible auquel la solitude donne accès et que l'homme contient en lui-même.

Surviennent alors les multiples détachements. Ils ne sont point l'œuvre d'une action consciente ; ils échappent à la volonté personnelle. Tout se retire en faveur de la nudité. Il n'y a plus rien à quoi s'accrocher. Le modèle est celui de l'oiseau sauvage. Absence de cage, de clôture : rien n'enferme. Et c'est la liberté.

La réalité semble étrange et l'on ne saurait prévoir à l'avance l'accès à une dimension toujours neuve. Dans la mesure où l'on pénètre dans la solitude et le détachement, l'intelligence et le cœur se rencontrent, se fiancent et célèbrent leurs noces. Une vasteté s'instaure que l'amour envahit. Cet amour ne rejoint pas une ou plusieurs personnes. Sa fonction est de s'étendre sur tout l'univers.

Afin qu'il ne soit pas bafoué, cet amour qui ne cesse de parvenir à une connaissance nouvelle gît dans le fond du fond. Un fond qui souhaite affleurer à la surface afin de répandre gratuitement sa clarté. Le théophore est porteur d'un secret : tout homme orienté vers le divin souhaite vivre dans le monde sans être du monde. Par discrétion, il cache sa véritable appartenance.

En écrivant ces feuillets, j'ai plusieurs fois été tentée d'en suspendre le récit. Je me suis demandé si je ne succombais pas à un intérêt dérisoire, celui de me voir et de me donner une certaine importance à laquelle, d'ailleurs, je ne saurais souscrire. Un soir, il m'a semblé qu'il s'agissait d'une délivrance. Je pouvais me dégager de mon existence, en quelque sorte m'en séparer; ne plus éprouver à son égard la moindre attention. Alors, tout devenait inusité en une sorte de lumière transfiguratrice.

En relisant ces pages, je me suis étonnée de constater une absence involontaire de citations de textes issus de la pensée appartenant à l'Extrême-Orient. Cependant, je suis profondément sensible à la mystique de l'intériorité émanant de l'Inde, du Japon, de la Chine et aussi du soufisme [1]. Toutefois, j'appartiens — et cela est indiscutable — au judéo-christianisme. Un christianisme déformé au cours des siècles, actuellement en voie de rénovation sous la motion de l'Esprit; un christianisme vécu par des hommes libérés de toute pesanteur dogmatique, grâce à une expérience personnelle.

Qu'il me soit permis d'espérer que certains lecteurs puissent trouver dans ce texte l'écho de leur propre expérience. Rien ne se répète, mais les correspondances existent.

Je jette une passerelle. J'invite à la traverser. Celle-ci ne conduit pas vers moi. Elle rapproche uniquement du mystère de la Présence que chacun porte en lui. Si j'osais lui donner un nom, je l'appellerais *le Pont de la Tendresse.*

1. J'ai abordé ma rencontre avec l'Extrême-Orient dans un livre intitulé *Tout est noces* (Albin Michel, 1993).

ANNEXE

Note de l'éditeur : Peu de temps avant sa disparition, le 1er novembre 1998, Marie-Madeleine Davy nous avait fait parvenir cet ultime texte. Nous le joignons à cette réédition de son autobiographie, conformément à son souhait.

Accès à une réelle solitude

En réalité, le titre de *Traversée en solitaire* pouvait sembler ne pas convenir parfaitement au contenu. En effet, dans ce livre, je faisais allusion à de nombreuses rencontres.

Depuis trois ans et demi, j'ai complètement rompu avec mon passé. Aucun voyage, pas de conférences ni d'échanges en dehors des communications téléphoniques. Une véritable solitude qui est pour moi d'une extrême importance en raison de ce qu'elle me fait découvrir.

Tout d'abord, j'ai dû voir s'éloigner des habitudes que je pensais conserver jusqu'à mon décès. Ainsi, durant toute mon existence, j'ai été une grande fumeuse de cigarettes américaines. Un jour le tabac m'a subitement quittée. Sa disparition ne laissait aucune trace.

Une certitude s'est rigoureusement imposée à moi : émettre un jugement de valeur concernant autrui est radicalement impossible. Les personnes qui en formulent sont les victimes d'un instant d'humeur ou encore de leur caractère intempestif.

Le verdict fixe ce qui se trouve nécessairement mobile. Sorte de photographie perdant rapidement les ressemblances. Il convient d'accepter les légendes que certains amis propagent à tort et à travers. Actuellement, je suis indifférente à ces formes de verbiages d'une grande banalité.

Au niveau social et familial, sans le moindre problème, je comprends la nécessité d'une pluralité successive de partenaires. Je me réjouis de la promotion de la femme. Sans se masculiniser, il me semble souhaitable qu'elle devienne plus indépendante. Se faire embrasser comme des enfants est assez ridicule. Le rire gratuit pourrait se supprimer.

Dans le domaine religieux, je respecte les adhésions et les refus. Je ne crois guère à la prééminence des croyants vis-à-vis des indifférents. Les religions se traversent avec respect. D'autre part, la vraie philosophie peut conduire à la sérénité.

Autrefois, Teilhard évoquait dans une lettre « le fardeau de choses chrétiennes dures à porter ». Je suis tout à fait en accord avec cette remarque. D'ailleurs le christianisme ne cesse d'évoluer et c'est merveilleux de constater sa compréhension des autres religions. Avec Eckhart, je pense nécessaire de distinguer Dieu de la Déité. Les bavardages sur Dieu sont fréquents. Quant à la Déité, impossible de gloser à son propos ; il arrive toutefois d'en avoir l'expérience.

Avant mon décès et après celui-ci, j'opte pour l'anonymat. Je souhaite que personne ne parle de moi après ma mort. Le respect de l'anonymat sera à mon égard une forme d'amitié. Je crois que la mort débouche sur une métamorphose. On ne peut rien en dire présentement. Ce n'est pas pour moi une espérance mais une certitude avec de rares doutes qui parfois me taraudent. Naturellement, je comprends très bien qu'on ne partage pas cette adhésion.

Fidèle à mon passé, j'ai en horreur tout ce qui s'apparente de près ou de loin à un quelconque racisme. Peu importe les origines nationales ou individuelles des personnes. Je ne favorise, en aucune façon, les aristocrates et les bourgeois. Et cela en raison de mes expériences.

L'extrême solitude apporte une NOUVELLE VISION DE SOI. Des rêves — exceptionnels — peuvent comporter un enseignement. Ce qui est neuf pour moi consiste dans la perception de *mon ignorance et de son ampleur*. Il ne s'agit en aucune façon d'un choix d'humilité. J'estime que je suis SEULE à pouvoir prendre conscience et à m'exprimer sur moi-même. Cette attitude ne comporte ni joie ni tristesse. Ma connaissance a été fragmentaire et incomplète.

Nous sommes tous plus ou moins des COMÉDIENS. Le reconnaître est déjà un mode de connaissance. Louanges et critiques dépendent souvent de la qualité du regard.

Chacun a son CHEMIN PARTICULIER. Il convient de l'envisager avec considération. Les influences provenant des groupes sont indésirables.

Mis à part de rares cas, l'extrême solitude, telle la mienne, n'est pas souhaitable.

1998

Table

DU MÊME AUTEUR
CHEZ LE MÊME ÉDITEUR

Bernard de Clairvaux,
coll. « Spiritualités vivantes poche », 2001.

Nicolas Berdiaev ou la révolution de l'esprit,
coll. « Espaces libres », 1999.

Henri Le Saux, le passeur entre deux rives,
coll. « Espaces libres », 1997.

La Montagne et sa symbolique,
1996.

Tout est noces,
1993.

L'Oiseau et sa symbolique,
1992, rééd. coll. « Espaces libres », 1998.

Le Désert intérieur,
coll. « Spiritualités vivantes poche », 1985.

Marie-Madeleine Davy, Les Chemins de la profondeur,
revue « Question de » n° 116, 1999.

EXTRAITS DU CATALOGUE

Spiritualités vivantes / poche

61. *L'Évangile de Thomas,* traduit et commenté par Jean-Yves Leloup.
65. *La Sagesse du désert, aphorismes des Pères du désert,* de Thomas Merton.
76. *L'Évangile de Jean,* traduit et commenté par Jean-Yves Leloup.
79. *Le Livre des Œuvres divines,* de Hildegarde de Bingen.
82. *La Paix monastique,* de Thomas Merton.
86. *Écrits sur l'hésychasme,* de Jean-Yves Leloup.
94. *Paroles du Mont Athos,* de Jean-Yves Leloup.
102. *Les Collations de Jean Cassien ou l'unité des sources,* textes choisis et présentés par Jean-Yves Leloup.
103. *Praxis et Gnosis, textes d'Évagre le Pontique,* choisis et présentés par Jean-Yves Leloup.
112. *Vie de Moïse, de Grégoire de Nysse, ou l'Être de désir,* présentée par Jean-Yves Leloup.
113. *Homélies de Jean Chrysostome sur l'incompréhensibilité de Dieu,* présentées par Jean-Yves Leloup.
117. *Œuvres,* de saint François d'Assise, traduites et présentées par Alexandre Masseron.
122. *Prière de Jésus, prière du cœur,* de Rachel et Alphonse Goettmann.
124. *Le Pèlerin chérubinique,* d'Angelus Silesius, traduit et présenté par Camille Jordens.
147. *Le Miroir des âmes simples et anéanties,* de Marguerite Porete.
156. *L'Étincelle de l'âme, Sermons I à XXX,* de Maître Eckhart, traduits et présentés par Gwendoline Jarczyk et Pierre-Jean Labarrière.
161. *L'Imitation de Jésus-Christ*, traduit par Pierre Corneille.
162. *Dieu au-delà de Dieu, Sermons XXXI à LX*, de Maître Eckhart, traduits et présentés par Gwendoline Jarczyk et Pierre-Jean Labarrière.
168. *Job sur le chemin de la Lumière*, d'Annick de Souzenelle.
170. *Guérir du malheur*, de Lytta Basset.
171. *Le Pouvoir de pardonner*, de Lytta Basset.
176. *Et ce néant était Dieu... Sermons LXI à XC*, de Maître Eckhart, traduits et présentés par Gwendoline Jarczyk et Pierre-Jean Labarrière.
177. *L'Évangile de Marie*, de Jean-Yves Leloup.
178. *Le Féminin de l'Être. Pour en finir avec la côte d'Adam*, d'Annick de Souzenelle.
183. *Les Psaumes,* traduits et présentés par Patrick Calame et Frank Lalou.
189. *Dietrich Bonhoeffer, Résistant et prophète d'un christianisme non religieux,* d'Arnaud Corbic.
197. *La Spiritualité orthodoxe et la Philocalie*, de Placide Deseille.
199. *Teilhard de Chardin*, d'Édith de la Héronnière.

200. *« Moi je ne juge personne ». L'Évangile au-delà de la morale*, de Lytta Basset.
201. *L'Évangile de Philippe*, traduit et commenté par Jean-Yves Leloup.
211. *La Joie imprenable*, de Lytta Basset.
212. *Jésus illustre et inconnu*, de Jérôme Prieur et Gérard Mordillat.

Espaces libres

21. *Teilhard de Chardin et le mystère de la Terre*, de Jean Onimus.
28. *Marie-Madeleine, un amour infini*, de Jacqueline Kelen.
44. *La Nuit privée d'étoiles*, de Thomas Merton.
60. *Confiteor. De la contestation à la sérénité*, de Bernard Besret.
62. *La Place de l'homme dans la nature*, de Pierre Teilhard de Chardin. Présentation de Jean Onimus.
64. *Accroche ta vie à une étoile*, de Stan Rougier. Entretiens avec Jean-Pierre et Rachel Cartier.
67. *J'attends Quelqu'un*, de Xavier Emmanuelli.
74. *L'Égypte intérieure ou les dix plaies de l'âme*, d'Annick de Souzenelle.
75. *L'Au-delà au fond de nous-mêmes*, d'Alphonse et Rachel Goettmann.
79. *La Parole au cœur du corps*, d'Annick de Souzenelle. Entretiens avec Jean Mouttapa.
81. *La Petite Sainte Thérèse*, de Maxence Van der Meersch.
83. *À l'écoute du cœur*, du cardinal Martini.
88. *Nous avons tant de choses à nous dire*, de Rachid Benzine et Christian Delorme.
96. *Dernier avis avant la fin du monde*, de Xavier Emmanuelli.
99. *Un Juif nommé Jésus*, de Marie Vidal.
104. *Cent prières possibles*, d'André Dumas. Préface d'Olivier Abel.
106. *Manque et plénitude*, de Jean-Yves Leloup.
113. *L'Absurde et la Grâce*, de Jean-Yves Leloup.
119. *Un art de l'attention*, de Jean-Yves Leloup.
120. *Religions en dialogue*, de Jean Mouttapa.
125. *Le Curé de Nazareth Émile Shoufani, Arabe israélien, homme de parole en Galilée*, d'Hubert Prolongeau.
126. *L'Évangile d'un libre penseur. Dieu serait-il laïque ?*, de Gabriel Ringlet.
136. *Dieu a changé d'adresse*, d'Odon Vallet.

Albin Michel Spiritualités / grand format

De l'amour des ennemis et autres méditations sur la guerre et la politique, d'Olivier Abel.
Quand le pape demande pardon, de Luigi Accattoli.
La Résistance spirituelle 1941-1944. Les cahiers clandestins du Témoignage chrétien. Textes présentés par François et Renée Bédarida.

Le Bon Pape Jean. Jean XXIII, la biographie, de Mario Benigni et Goffredo Zanchi.
Manifeste pour une Renaissance, de Bernard Besret.
L'Enfant hérétique. Une traversée avec Jésus, de Gérard Bessière.
Celle qui gardait toute chose en son cœur, de Roger Bichelberger.
L'Évangile de Véronique, de Françoise d'Eaubonne.
Fonctionnaires de Dieu, d'Eugen Drewermann.
Dieu en toute liberté, d'Eugen Drewermann.
La Vie de saint François d'Assise, d'Omer Englebert.
La Fleur des saints, d'Omer Englebert.
Prêtre au Cambodge. François Ponchaud, l'homme qui révéla au monde le génocide, de Benoît Fidelin.
Jésus, le Maître intérieur, de Laurence Freeman, préfacé par le Dalaï-Lama.
Le Désir et la Tendresse. Pour une éthique chrétienne de la sexualité, d'Éric Fuchs.
Profession théologien. Quelle pensée chrétienne pour le XXIe siècle ?, de Claude Geffré.
Petit traité de spiritualité au quotidien, d'Anselm Grün.
Invitation à la sérénité du cœur, d'Anselm Grün.
Petite méditation sur les fêtes de Noël, d'Anselm Grün.
Chacun cherche son ange, d'Anselm Grün.
Petit manuel de la guérison intérieure, d'Anselm Grün.
Petite méditation sur le mystère de l'amitié, d'Anselm Grün.
Les Traités, le Poème, de Maître Eckhart, traduits et présentés par Gwendoline Jarczyk et Pierre-Jean Labarrière.
Maître Eckhart ou l'empreinte du désert, de Gwendoline Jarczyk et Pierre-Jean Labarrière.
L'Autre Messie. L'extraordinaire révélation des manuscrits de la mer Morte, d'Israël Knohl.
Le Grand Livre du Cantique des cantiques, de Frank Lalou et Patrick Calame.
Le Testament de saint Luc, de Thierry Leroy.
Le Baptiseur, de Thierry Leroy.
Jésus rendu aux siens. Enquête en Israël sur une énigme de vingt siècles, de Salomon Malka.
Dieu et la révolution du dialogue. L'ère des échanges entre les religions, de Jean Mouttapa.
Éloge du simple. Le moine comme archétype universel, de Raimon Panikkar.
La Bible oubliée de J. R. Porter, traduction de Gabriel Veyret.
Comme un veilleur attend la paix, d'Hubert Prolongeau. Entretiens avec Émile Shoufani.
Ma part de gravité. Un itinéraire entre Évangile et actualité, de Gabriel Ringlet.
Voyage en Galilée, d'Émile Shoufani. Photographies Hanan Isachar.

Les Dix Commandements, Joseph Sitruk, Jean-Charles Thomas et Dalil Boubakeur.
Humanisme et mystique, d'Albert Schweitzer, textes choisis et présentés par Jean-Paul Sorg.
Alliance de Feu. Une lecture chrétienne du texte hébreu de la Genèse, Tome I, d'Annick de Souzenelle.
Alliance de Feu. Une lecture chrétienne du texte hébreu de la Genèse, Tome II, d'Annick de Souzenelle.
La Lettre, chemin de vie, d'Annick de Souzenelle.
Résonances bibliques, d'Annick de Souzenelle.
Les deux visages de Dieu. Une lecture agnostique du Credo, de Michel Théron.
Il n'y a pas d'avenir sans pardon, de Desmond Tutu.
Petit lexique des mots essentiels, d'Odon Vallet.
L'Évangile des païens. Une lecture laïque de l'Évangile de Luc, d'Odon Vallet.
Le Juif Jésus et le Shabbat, de Marie Vidal.

Célébrations

Célébration de l'Inespéré, de Didier Decoin et Éliane Gondinet.
Célébration de la Pauvreté, regards sur François d'Assise, de Xavier Emmanuelli et Michel Feuillet.
Célébration de la Paternité, de Sylvie Germain et Éliane Gondinet.
Célébration de la Rencontre, de Frédérique Hébrard et Paule Amblard.
Célébration de la Mère, regards sur Marie, de Colette Nys-Mazure et Éliane Gondinet-Wallstein.
Célébration de la Lumière, d'Émile Shoufani et Christine Pellistrandi.
Célébration de l'Offrande, de Michel Tournier et Christian Jamet.
Célébration de l'Amour, de Marie Rouanet et Agnès Lacau St Guily.

Les Carnets du calligraphe

L'Évangile de Thomas, traduit par Jean-Yves Leloup, calligraphies de Frank Lalou.
Le Cantique des créatures, de saint François d'Assise, calligraphies de Frank Missant
Le Dieu des hirondelles. Poèmes de Victor Hugo présentés par Robert Sabatier, calligraphies de Claude Mediavilla.
Tous les désirs de l'âmes. Poèmes d'Arménie traduits par Godel, calligraphies de Achot Achot.
La Rose est sans pourquoi, de Angelus Silésius, préface de Christiane Singer, calligraphies de Vincent Geneslay.

Reprophoto BCI
Impression BCI en août 2004
Editions Albin Michel
22, rue Huyghens, 75014 Paris
www.albin-michel.fr

ISBN 2-226-15430-2
ISSN 1147-3762
N° d'édition : 22625. – N° d'impression : 042496/1.
Dépôt légal : septembre 2004.
Imprimé en France.